资助项目：
江苏高校哲学社会科学研究基金项目：中国—东盟自由贸易区知识产权法制问题研究（项目批准号：2010SJB820013）

中国—东盟自由贸易区版权法比较研究

冯寿波 著

内 容 简 介

本书基于国际版权条约的视角,对中国—东盟自贸区诸国的版权法进行了较为详细的比较研究。主要内容涉及东盟成员国间知识产权法制统一化的努力及成果,以及中国—东盟自贸区法制建设的进展。主要研究内容还包括:作品的类型、著作权的内容及限制和保护期限、邻接权及其保护期限;侵犯著作权和邻接权的行为及救济措施;侵权责任。本书旨在通过对中国—东盟各国知识产权法的比较研究,揭示诸国版权立法的特点、差异和不足,有助于探讨中国—东盟版权法协调路径,并为中国《著作权法》的修订提供国外立法例的借鉴。

图书在版编目(CIP)数据

中国—东盟自由贸易区版权法比较研究/冯寿波著.
北京:气象出版社,2014.12
ISBN 978-7-5029-6078-0

Ⅰ.①中… Ⅱ.①冯… Ⅲ.①著作权法-对比研究-中国、东南亚 Ⅳ.①D923.414②D933.03

中国版本图书馆 CIP 数据核字(2014)第 301032 号

出版发行:	气象出版社		
地　　址:	北京市海淀区中关村南大街 46 号	邮政编码:	100081
总 编 室:	010-68407112	发 行 部:	010-68409198
网　　址:	http://www.qxcbs.com	E-mail:	qxcbs@cma.gov.cn
责任编辑:	姜　昊　蔺学东	终　　审:	黄润恒
封面设计:	博雅思企划	责任技编:	吴庭芳
印　　刷:	北京京华虎彩印刷有限公司		
开　　本:	787 mm×1092 mm　1/16	印　　张:	9
字　　数:	231 千字		
版　　次:	2014 年 12 月第 1 版	印　　次:	2014 年 12 月第 1 次印刷
定　　价:	30.00 元		

本书如存在文字不清、漏印以及缺页、倒页、脱页等,请与本社发行部联系调换

前　言

　　与市场经济联系密切的法律所呈现出的全球化趋势越来越明显,国际法与国内法之间的界限也逐渐变得模糊,且日益相互依赖,共同促进各国及地区间的经贸往来。区域经济一体化能否实现,以及能否良好运转取决于国际政治、外交、文化、贸易、法律等多种因素。知识产权已经成为贸易的对象。然而,各国对于知识产权法制的国际协调存在着不同的利益追求,由于诸多原因,知识产权在一些情况下衍变为国际贸易的壁垒,由此引发了许多争端,不利于国际贸易的自由化进程。为应对相关挑战,发达国家和发展中国家也在通过多种途径(包括双边、区域性和多边层面上的协调方式)来协调和统一各国知识产权法,以维护本国国民的利益。区域一体化程度往往与该区域法制趋同化程度密切相关,像欧盟、北美自由贸易区的法制就较为完善,包括法制在内的区域一体化水平很高。《北美自由贸易协定》(NAFTA)中对该区域知识产权法制统一、消除三国知识产权法律冲突做出了较为详细的规定;欧盟知识产权法制的统一化程度也很高,在知识产权诸领域基本上都制定了统一的法规,有力地促进了区域知识产权法制的发展,有利于消除区域乃至全球经贸合作中的知识产权法律冲突所造成的法律障碍。

　　东盟也重视东盟区域内各国法律的统一,但知识产权领域法制建设步伐明显慢于其他领域。在东盟内部,2007年11月20日,参加第13届东盟首脑会议的东盟成员国领导人签署了对东盟而言具有划时代意义的《东盟宪章》。它是东盟成立以来第一份对所有成员国具有普遍法律约束力的文件。这一文件的签署是东盟在机制化和法制化建设上的重要举措,是建立东盟共同体的重要法律保障,是东盟发展中的一个重要里程碑。它确立了东盟的目标、原则、地位和架构,同时赋予了东盟法人地位。东盟的长远目标是把"东盟自由贸易区"建设成为"东盟经济共同体",以实现商品、资本、劳动力等生产要素在区域内的自由流动,但这一目标的实现仍然存在诸多障碍,除政治体制、发展水平外(老挝尚未最终加入世界贸易组织),还包括东盟各国法律体系方面存在的差异。东盟在统一其成员国的知识产权法律方面所进行的尝试主要包括1995年12月15日通过的《东盟关于知识产权保护合作的框架协议》和1996年4月10—12日通过的"东盟知识产权合作行动计划(1996—1998)"。该框架协议为构建东盟知识产权保护的政策目标和组织架构规定了路线图与设想,虽然强调了对现存国际知识产权条约的尊重,强调创建统一的知识产权规则的重要性与必要性,但显然缺乏知识产权具体保护规则,似乎缺乏实践中的可操作性。因此,需要不断加以充实与完善。

　　鉴于中国—东盟自由贸易区各成员国政治体制、经济发展水平存在差异,更彰显出自由贸易区内外法律合作和对话的必要性,以及各国必须改变和调整包括知识产权法在内的国内法的必要性。近年来,中国与东盟经济一体化进程不断走向深入,中国—东盟自由贸易区的成立,为双边贸易和投资的进一步自由化提供了契机。2010年1月1日,中国—东盟自由贸易区正式建立。在货物贸易、服务贸易、投资及争端解决领域,该自贸区的法制建设远远快于知识产权领域,其重要成果包括:2002年11月的《中国与东盟全面经济合作框架协议》、2004年11月的中国—东盟《货物贸易协议》、2004年签署的《争端解决机制协议》、2007年1月的《服务贸易协定》、2009年8月签署的《中国—东盟自由贸易区投资协议》。

但在知识产权法制统一方面,则相对明显滞后,亟待加强。到目前为止,并无中国—东盟知识产权协议之类协调中国—东盟各国间知识产权冲突的法规诞生。鉴于知识产权保护问题与国际贸易、国际投资关系密切,因此,从长远看,中国—东盟知识产权协议的缺位,将阻碍中国—东盟自由贸易区内贸易、投资、环境保护、能源等领域合作的顺利开展,制约自贸区的一体化进程。

2012年9月21日,第九届中国—东盟商务与投资峰会暨2012中国—东盟自由贸易区论坛开幕式在广西壮族自治区南宁市举行。本次峰会的主题是"互联互通,携手共赢",旨在推动中国与东盟多领域务实合作。习近平主席出席开幕式并发表主旨演讲,他指出:"中国和东盟经贸合作不断扩大和深化,也对多领域合作提出新的需求。在经济全球化、区域一体化深入发展新形势下,中国和东盟的前途命运比以往任何时候都更加紧密地联系在一起,不断深化中国—东盟战略伙伴关系是双方共同的战略选择。"这其中除了进一步深化双方在投资、货物贸易和服务贸易领域的合作,加强中国—东盟自由贸易区的知识产权法制建设,也应当是双方经贸合作内容的重要组成部分,这是因为我国与东盟各涉及知识产权的经济贸易往来(甚至直接的知识产权贸易)必将日趋活跃,影响交流与合作的各种知识产权纠纷和冲突也会不断产生,所以,本区域内的知识产权法制建设将有利于促进区域内经济融合,提升地区竞争力,同时也有利于地区经济持续稳定增长。对此,习近平主席提出了相关建议:"希望双方继续落实和完善自贸区协议,进一步提高贸易和投资自由化、便利化水平,优化进出口商品结构,到2015年如期实现双方贸易额达到5000亿美元的目标。要以今年开展的中国—东盟科技合作年为契机,加强自贸区框架下的经济技术合作,促进政策宣传和能力建设,提高优惠政策利用率。继续深化产业合作,优化区域资源配置,秉持开放包容、平等互利原则,扩大自贸区覆盖范围。"没有区域内知识产权法制的协调与逐步趋同,中国—东盟高水平的贸易与投资自由化目标及科技合作就难以较快实现和顺利开展。

在世界贸易组织(WTO)法制基础上,加强对东盟各国知识产权法制与中国知识产权法制的比较研究,有助于为我国企业及产品、服务进入东盟市场消除知识产权法律障碍,并为制定中国—东盟间的《知识产权协议》提供学术研究基础。本书主要以中国、东盟诸国版权法为中心,以构建中国—东盟知识产权协调机制为目标,分析了中国—东盟自贸区各国版权法律保护现状,并对中国与东盟各成员国的版权法律保护制度进行了比较研究,为建立、完善中国—东盟自由贸易区知识产权法律保护制度提供理论研究成果支持。

自2010年1月1日中国—东盟自由贸易区正式启动以来,学界相关研究主要集中于投资和贸易法律制度以及争端解决机制的研究,而对自贸区的知识产权法律制度的研究仍较为薄弱,相关学术论文的数量并不多,相关研究远不如对欧盟和北美自由贸易区这两大区域知识产权法制研究的全面与深入。目前,国内尚无著作专门研究中国—东盟知识产权法制问题。本研究存在所涉法条浩繁、可资借鉴的成果不多、相关外文资料不足等困难,再囿于作者的学术水平,因此,书中必定存在诸多不足,甚至谬误,敬请同仁批评指正。

冯寿波
2014年6月

目 录

前言

第一篇　中国—东盟自由贸易区知识产权法制概论

第一章　中国—东盟自由贸易区概述 (3)
　一、东盟的起源 (3)
　二、东盟的机构与发展 (3)
　三、《东盟宪章》 (4)
　四、东盟的法律体系 (5)

第二章　区域经济一体化与中国—东盟自由贸易区知识产权法制 (17)
　一、区域经济一体化与区域知识产权法制的一体化 (17)
　二、中国—东盟自由贸易区的建立及相关知识产权法制 (18)
　三、中国、东盟各国知识产权立法概述 (20)

第二篇　中国—东盟自由贸易区版权法比较

第三章　东盟各国及中国的版权法 (25)
　第一节　东盟各国及中国版权法概述 (25)
　第二节　东盟各国版权法的主要内容 (27)
　　一、作品的类型 (28)
　　二、东盟各国著作权的内容 (34)
　　三、著作权的限制 (75)
　　四、著作权的保护期限 (97)
　　五、邻接权 (103)
　　六、邻接权的保护期限 (116)

第四章　著作权的保护 (118)
　第一节　侵犯著作权和邻接权的行为 (118)
　　一、侵犯著作财产权的行为 (118)
　　二、侵犯著作人身权的行为 (120)
　　三、侵犯邻接权的行为 (120)
　第二节　侵犯著作权和邻接权的救济措施 (121)

第三节　侵权责任 …………………………………………………… (124)
一、民事责任 ……………………………………………………… (124)
二、行政责任和刑事责任 ………………………………………… (126)
三、程序上的特别规定、临时保护措施 …………………………… (132)
参考文献 ………………………………………………………………… (136)

第一篇

中国—东盟自由贸易区知识产权法制概论

第一章 中国—东盟自由贸易区概述

一、东盟的起源

东南亚共有11个国家,除东帝汶(2000年经全民公决脱离印度尼西亚而独立)以外,其他10个国家已结成东南亚国家联盟,简称东盟(Association of Southeast Asian Nations,ASEAN)。前身是马来亚(现马来西亚)、菲律宾和泰国于1961年7月31日在曼谷成立的东南亚联盟。1967年8月7—8日,印度尼西亚、泰国、新加坡、菲律宾四国外交部长和马来西亚副总理在曼谷举行会议,发表了《东南亚国家联盟成立宣言》(即《曼谷宣言》),正式宣告东南亚国家联盟成立。1976年8月28—29日,马来西亚、泰国、菲律宾三国在吉隆坡举行部长级会议,决定由东南亚国家联盟取代东南亚联盟。20世纪80—90年代,另外5个国家——文莱(1984年)、越南(1995年)、老挝(1997年)、缅甸(1997年)、柬埔寨(1999年)先后加入。东南亚国家联盟成为政府间、区域性、一般性的国家间组织。

东盟一开始并不是朝着自由贸易区的方向发展,一度其政治用意多于经济意图。直到1992年东盟第四次首脑会议提出在15年内建成自由贸易区,其经济一体化才真正开始,东盟的经济合作步伐也由此加快。东盟人口5.3亿,陆地总面积为450万平方千米。从其经济的对外开放时间先后和发展水平来看,新加坡属于新兴工业化国家;泰国、马来西亚、印度尼西亚、菲律宾属于亚洲地区准新兴工业化国家;越南的对外经济开放时间在20世纪80年代末,属于新经济增长区;缅甸、老挝、柬埔寨经济还处于发展中的进口替代工业化阶段,属于欠发达的发展中国家(赵玉焕等,2007)。

《东南亚国家联盟成立宣言》是东盟成员国共同遵守的宪章,该宣言为东盟十国确定了共同努力遵守的宗旨和目标,即以平等与协作精神,共同努力促进本地区的经济增长、社会进步和文化发展;遵循正义、国家关系准则和《联合国宪章》,促进本地区的和平与稳定;促进经济、社会、文化、技术和科学等问题的合作与相互支援;在教育、职业和技术及行政训练和研究设施方面互相支援;在充分利用农业和工业、扩大贸易、改善交通运输、提高人民生活水平方面进行更有效的合作;促进对东南亚问题的研究;同具有相似宗旨和目标的国际和地区组织保持紧密和互利的合作,探寻与其更紧密的合作途径。

二、东盟的机构与发展

东盟的组织机构主要包括首脑会议、外长会议、常务委员会、经济部长会议、其他部长会议、秘书处、专门委员会及民间和半官方机构。

①首脑会议:自成立以来,东盟举行了7次首脑会议,4次非正式首脑会议,就东盟发展的重大问题和发展方向做出决策。2000年第四次非正式首脑会议决定取消正式非正式之分,每年召开一次首脑会议。

②外长会议:是制定东盟基本政策的机构,每年轮流在成员国举行。东盟外长还定期举行

非正式会议。

③常务委员会：由当年主持外长会议的东道国外长任主席，其他成员国驻该国大使（或高级专员）任当然委员，不定期举行会议，负责处理东盟日常事务和筹备召开外长会议，执行外长会议的决议，并有权代表东盟发表声明。

④经济部长会议：是东盟经济合作的决策机构，在区域经济合作方面发挥主导作用，每年不定期地召开一两次会议。

⑤其他部长会议：包括财政、农林、劳工、能源、旅游等部长会议，不定期地在东盟各国轮流举行，讨论相关领域的问题。

⑥秘书处：东盟的行政总部，并负责协调各成员国国家秘书处，向部长会议和常务委员会负责。

⑦专门委员会：包括9个由高级官员组成的委员会，即工业、矿业和能源委员会，贸易和旅游委员会，粮食、农业和林业委员会，内政和银行委员会，交通运输委员会，预算委员会，文化和宣传委员会，科学技术委员会，社会发展委员会。

⑧民间和半官方机构：包括东盟议会联盟、工商联合会、石油理事会、新闻工作者联合会、承运商理事会联合会、船主协会联合会、旅游联合会和博物馆联合会等。

三、《东盟宪章》

2007年11月20日，参加第13届东盟首脑会议的东盟成员国领导人签署了对东盟而言具有划时代意义的《东盟宪章》。它是东盟成立以来第一份对所有成员国具有普遍法律约束力的文件。这一文件的签署是东盟在机制化和法制化建设上的重要举措，是建立东盟共同体的重要法律保障，是东盟发展中的一个重要里程碑。2007年恰逢东盟成立40周年。随着时代变迁，东盟面临的任务在发生变化，但东盟各国渴望团结、呼吁和平和力图发展的愿望没有改变。《东盟宪章》的签署是东盟在发展历程中迈出的重要一步，把东盟一体化建设推向更高水平。宪章首次明确写入了建立东盟共同体的战略目标，就东盟发展的目标、原则、地位及框架等做出了明确规定。在当天举行的签字仪式上，东盟十国领导人还签署了《东盟经济共同体蓝图宣言》、《东盟环境可持续性宣言》及《东盟关于气候变化宣言》等重要文件，为东盟加快一体化建设，迎接未来挑战奠定了基础。该宪章是东盟成立40多年来第一份具有普遍法律意义的文件。它确立了东盟的目标、原则、地位和架构，同时赋予了东盟法人地位，对各成员国都具有约束力。

《东盟宪章》第1条规定了东盟的目的：维护并加强本地区和平、安全与稳定，以及进一步提升有利于维护和平的价值；通过促进本地区的政治、安全、经济和社会文化合作，以激发地区活力；保持本地区无核化并排除大规模杀伤性武器，支持民主、法制和宪政，保证东盟及其人民与其他国家在公正、民主与和谐的环境中自由地和平共处；创建稳定、繁荣和统一的、高度竞争的，以及经济一体化的东盟市场和生产基地，以有效促进商品、服务和投资自由流动；通过多边合作互助，减少本地区贫困并缩小发展差距；加强民主、善治及法治，促进并保护人权和基本自由；促进可持续发展，以保护区域环境、自然资源的可持续性、文化遗产；通过教育和科技合作，加强人力资源开发；鼓励社会各部门参与，使人民从一体化中获益；增强东盟大家庭意识；维持东盟在对外合作中的重要作用。第2条则规定了东盟的原则：尊重各成员国的独立、主权、平等、领土完整和民族特性；和平解决争端；不干涉成员国内政；对严重影响东盟共同利益的事项加强协商;坚持民主和法治原则;促进和保护基本人权,促进社会正义;遵守联合国宪章和国际法;尊重东盟成员的不同文化、语言和信仰,强调多样性中所体现的共同价值;维护东盟在对外关系中的权力;遵守多边贸易规则等。

东盟版的宪章与欧盟的相关一体化文件相比,具有鲜明的"东盟特色",两者在一体化思路和文化思维上存在较大的差异。欧盟2004年10月通过《欧盟宪法条约》,十分强调主权对一体化的让渡,重视约束力和强制力。《东盟宪章》强调不干涉内政和协商共识的"东盟理念"。这实质上仍延续了"东盟方式",与欧盟一体化偏重维护"民主、人权"的做法存在着差异。《东盟宪章》突出了东盟一体化特别是建设经济共同体的历史使命,细化了东盟组织体系和机构建设,宪章还突出了"包容、中庸"的特点,集中表现在对强制性条款的处理方式上。《东盟宪章》是一份适应东盟自身现状特点的法律文件,它将使东盟从一个松散的组织,转变成为一个更具凝聚力、更有效率和更以规则为基础的组织,促进东盟走向以宪章为本的共同体。

四、东盟的法律体系

东盟的长远目标是把"东盟自由贸易区"建设成为"东盟经济共同体",以实现商品、资本、劳动力等生产要素在区域内的自由流动,但这一目标的实现仍然存在诸多障碍,除政治体制、发展水平外,还包括东盟各国法律体系方面存在的差异。例如,尽管1995年1月缅甸就已成为WTO的成员国,但缅甸2005年才在世界知识产权组织(WIPO)的指导下,借鉴东南亚国家的相关法律,出台了一套涉及专利、工业设计、商标和版权保护的法律草案。……对于非WTO成员老挝来说,东盟框架协议第1条第6款和第2条第2款给该国的知识产权保护带来了很大的压力。尽管不是WTO的成员国,没有实施《与贸易有关的知识产权协议》(the Agreement on Trade-Related Aspects of Intellectual Property Rights, TRIPS)的法定义务,但是《东盟关于知识产权保护合作的框架协议》和《河内行动计划》要求其必须注意TRIPS协议的规定,任何不情愿实施国际标准的行为都会被认为是忽视《东盟关于知识产权保护合作的框架协议》的表现(杨静,2008a)。东盟统一其成员国知识产权法律的努力始于1995年。然而,1997年亚洲金融风暴的爆发打断了东盟知识产权法律一体化的进程。目前,东盟还没有一个具体的方案来实施其统一各国知识产权法律的计划。截至2007年底,东盟除了老挝以外的其余9个国家均已加入WTO,但是随着世界贸易组织实施知识产权国际保护"最低标准"期限的到期及东盟自由贸易区自身发展的需要,统一各国知识产权法律的问题又再一次摆到东盟各国政府面前(申华林,2005)。东盟在统一其成员国的知识产权法律方面所进行的尝试主要包括1995年12月15日通过的《东盟关于知识产权保护合作的框架协议》和1996年4月10—12日通过的《东盟知识产权合作行动计划》。

(一)《东盟关于知识产权保护合作的框架协议》

东盟国家于1995年签订了东盟知识产权保护的基础性文件——《东盟关于知识产权保护合作的框架协议》(ASEAN Framework Agreement on Intellectual Property Cooperation,以下简称《框架协议》)。该协议是东盟作为其遵守、履行世界贸易组织的TRIPS协议及其他有关知识产权国际公约,并协调东盟内知识产权合作及解决争端的一个框架性法律文件(杨静,2008a)。该框架协议共有8条,确立了东盟知识产权合作的目标、原则、合作的范围、对合作活动的审查、磋商、一般条款、资金以及最后条款,其中包括促进各国在知识产权领域和商标保护制度的实现。同时,该《框架协议》明确了在坚持履行国际义务的前提下,承认和尊重各国知识产权保护制度独特性。《框架协议》的实施由东盟知识产权合作工作组(WGIPG)负责(麻巧妮,2007)。

在协议的序言部分,东盟各国政府承认知识产权在成员国间贸易和投资流动中的重要作用,以及承认在区域知识产权中进行合作的重要性。东盟各国期望促进在知识产权领域和相关领域的合作,为经济发展、东盟自贸区的迅速实现及东盟成员国间的繁荣奠定坚实基础。东盟成员国承认有必要促进成员间在知识产权领域和相关领域的更紧密合作和谅解,以利于增加区域活力、协同和增长。

《框架协议》第1条规定了知识产权领域的六个目标,主要包括以下六个方面的内容:①成员国应当以开放的态度加强在知识产权领域的合作,以促进地区和全球贸易自由化;②促进成员国政府机构、私营机构和专业机构之间在知识产权领域的合作;③应当探索东盟在知识产权领域的适当的合作安排,以加强东盟成员国间的一致性,促进技术创新、转让和传播;④应当探索建立东盟专利制度的可能性,包括建立东盟专利局,以促进专利的区域保护和国际保护;⑤应当探索建立东盟商标制度的可能性,包括建立东盟商标局,以促进商标的区域保护和国际保护;⑥应当就知识产权制度的发展进行磋商,以创立与国际标准一致的东盟标准和习惯。

《框架协议》第2条确定了东盟知识产权保护的原则,共有6款:①在实施旨在加强东盟知识产权合作的措施或提议时,应当遵守互惠原则;②成员国铭记其国际知识产权公约及TIRPS协议下义务,应以与相关公约和TRIPS协议所规定的目标、原则和标准一致的方式履行东盟间知识产权协定;③成员国应当努力遵守东盟内部知识产权合作安排,该安排有益于知识产权发明者、生产者和使用者,并应以有益于社会福利和经济福利的方式实施;④在与其国际义务相符的情况下,应当承认和尊重每个成员国中对知识产权的保护和实施,承认和尊重成员国在对其社会经济和技术发展具有极大重要性的领域为促进对公共利益以及为保护公共健康和营养而采取必要的措施;⑤对于每个成员国采取适当措施以防止权利持有人滥用知识产权或者采取不合理的限制贸易的做法,或者影响国际技术转让,成员国意识到并理解该必要性。

可见,《框架协议》第2条强调东盟成员国知识产权合作的原则主要是在尊重现有的国际条约的基础上开展合作,只是东盟内部的知识产权制度安排与协调,同时强调公共利益原则,并防止知识产权滥用。

《框架协议》第3条共有4款,规定了合作的范围。第1款规定:合作的领域应当包括版权和相关权利、专利、商标、工业设计、地理标志、未披露信息和集成电路布图设计。第2款规定:本协议下的合作活动的目标应当是加强东盟知识产权管理,加强东盟在知识产权实施和保护方面的合作,并探索建立东盟专利和商标制度的可能性。第3款规定:本协议下的合作活动应当包括:(1)加强知识产权实施和保护的活动:①知识产权的有效保护和实施;②边境措施合作;③司法当局和知识产权实施机构的网络(networking)。(2)加强东盟知识产权管理活动,例如,①自动化,以改善知识产权管理;②创建东盟知识产权注册数据库。(3)加强知识产权立法,诸如:①对东盟知识产权局的程序、惯例和管理的比较研究;②与TRIPS协议和其他已获得承认的国际知识产权公约的实施相关的活动。(4)促进人力资源发展的活动,诸如:①知识产权培训实施网络,以探索建立区域知识产权培训机构或其他适当机构,并且,②交换知识产权职员和专家。(5)促进知识产权公共意识活动。(6)促进知识产权私人领域合作活动,以探索下列事项的可能性:建立东盟知识产权协会;为知识产权争端的解决提供仲裁服务或者其他可选择的争端解决机制。(7)知识产权议题方面的信息交换。(8)由成员国决定的其他合作活动。第3条第4款规定了应当遵守本《框架协议》并以知识产权行动计划形式来规划实施合作活动的细节和模式。

《框架协议》第4条规定了对合作活动的审查：应当建立由东盟成员国代表组成的东盟机制，以对本协议下的合作活动进行审查。应当定期会晤，以对合作活动的进展和由此产生的任何安排进行审查，并向东盟高级经济官员会议（SEOM）提交其审查结论和建议。东盟秘书处应当给予该机制以必要的文秘方面的支持。协定第5条规定了争端解决途径——磋商：成员国间涉及本协议的解释或者适用的任何分歧应当尽可能地在成员间和平解决。对于涉及成员国间的分歧，成员国应当就其他成员国提出的任何申诉提供充分的磋商机会。如果不能和平解决该分歧，应当由东盟高级经济官员会议来处理，并最终由东盟经济部长会议来解决。

《框架协议》第6条是一般条款的规定。本协定的任何规定不应当损害任何成员国缔结的任何现存的或将来的双边或多边协定或者损害涉及知识产权保护和实施的各成员国国内法。第7条规定了资金问题：本协定下的活动将受到可获得的资金的制约。除非所有成员国另有决定，一个成员国为完成本协定目标而从事的任何活动的费用应当由该成员国本国承担。

《框架协议》第8条是关于最后条款的规定，共有5款。主要内容为：各成员国政府应当采取适当措施，以履行本协定义务；对本协定的任何修订应当以协商一致方式做出，并且一旦为所有成员国解释就生效；对本协定的任何条款不得做出保留。

可以看出，该《框架协议》是目前为止世界上形式最完善的区域性贸易组织的知识产权合作协定。为构建东盟知识产权保护的政策目标和组织架构规定了路线图与设想，探讨了建立统一的东盟专利体系和商标体系的可能性。虽然强调了对现存国际知识产权条约的尊重，强调创建统一的知识产权规则的重要性与必要性，但显然缺乏知识产权具体保护规则，似乎缺乏实践中的可操作性。未能将传统知识、遗传资源、生物多样性、民间文学艺术等具有东盟地域优势和特色的内容纳入《框架协议》，是该协议存在的一个主要缺陷。因此，需要不断加以充实与完善。这或许要经历一个较长的过程。"十余年来东盟专利制度的协调并未取得实质性的进展，各国专利保护制度仍然存在着较大的差异，成员国在执行TRIPS协议时面临着较大的困难（杨静，2008a）。1997年亚洲金融风暴的爆发打断了东盟知识产权法律一体化的进程，加之各国经济发展水平及知识产权法律保护水平方面的差距甚大，使得东盟知识产权法律一体化的进程速度放缓（杨静等，2007）。

（二）《关于获取生物和遗传资源的东盟框架协定草案》

除新加坡外，东盟各国大多为发展中国家，经济发展水平相近，历史文化相通，传统知识拥有量较大。这些蕴含着巨大文化和商业价值的传统知识是构建中国—东盟知识产权法制的共同利益基础。

东盟是世界上资源十分丰富的区域。首先，东盟遗传资源非常丰富，生物多样化明显。这些地方主要是热带季风气候和热带雨林气候，大部分位于北回归线以南，气温高，终年温差小，一般在24～32℃，既有陆地，又有海洋（这10个国家都是邻海或海岛国家，唯有老挝是内陆国家），物种丰富。比如在农业生物资源方面，有享誉世界的三大谷仓——泰国的暹罗、缅甸的仰光、越南的西贡；经济作物有享誉世界的棕榈油、橡胶、咖啡、椰子。此外，在野生蔬菜、香料色素类、特色果品类、花卉、竹藤、生物药品、珍稀草药及民间秘方类也十分丰富。其次，东盟诸国文化呈多元化，民间民俗文化丰富多彩。东南亚文化与宗教有着密切的联系，分为四大类：一是属伊斯兰教的印度尼西亚、马来西亚、文莱；二是属佛教的缅甸、泰国、柬埔寨、老挝；三是属天主教的菲律宾;四是信仰儒家思想的越南。此外,有神秘香艳的东南亚家居饰品,艳而不俗的民族服饰,多姿多彩的东南亚风情建筑,神秘的东南亚习俗礼仪等。存储如此丰富的东盟国家的文化遗产,保护问题必须提上日程。2005年8月在泰国举行的第二次东盟10+3文化部长会议上,中国的建议使各成员国意识到文化遗产保护的重要性,决心通过法律等手段打击破坏和盗窃文化遗产的行为(陈宗波,2006)。

2000年东盟制定了《关于获取生物和遗传资源的东盟框架协定草案》(以下简称《协定草案》),在传统知识的界定、相关主管部门的设立、取得资源前的事先知情同意、利益分享等方面做出了较为明确、全面的规定。

该《协定草案》共13条,内容相当丰富和完整。该《协定草案》对传统知识作了专门的界定,即传统知识是土著和地方社区的与任何生物和遗传资源或其任何部分的用途、特性、价值和方法相关的知识、创新和做法。《协定草案》要求其成员国设立传统知识国家主管当局,建立地区委员会,其成员由国家主管当局的代表组成,在某些情况下,还可邀请其他有关的利害关系方参加。《协定草案》规定取得资源前必须经过国家主管当局事先知情同意。还规定必须填报申请书,申请书的要求主要有:申请人的身份、当地合作人的情况披露和遗传资源所在的具体地理区域、土著和地方社区或其他有关利害关系方参与事先知情同意等情况。《协定草案》要求,土著和地方社区应当参与有关获取和惠益分享协定的谈判,形成传统知识的获取和惠益分享协议,并列出了协定中应当包含的基本条款,获取和惠益分享合同应当酌情包括金钱的和非金钱的惠益。《协定草案》规定了基于传统知识的争端解决机制,明确提出资源使用者与成员国之间的争议,应当根据国家有关获取问题的规章条款,在国家一级加以解决。此外,《协定草案》还就传统知识的获取工具、区域交易机制、生物多样性保护的公共基金、环境和社会影响、生物安全及守法措施等方面作了规定。《协定草案》在传统知识的界定、传统知识主管部门的设立、取得资源前的事先知情同意、取得资源的分享、知识产权和守法措施问题上的处理等方面所做的明确、全面而具有操作性的规定,对于东盟国家提高遗传资源与传统知识的保护标准,维护生物开发中遗传资源与传统知识提供者的利益具有非常重要的意义。《协定草案》是未来东盟诸国生物和遗传资源保护及其法律协调的纲领性文件。就具体的东盟国家而言,各国谋求建立知识产权制度和传统知识的法律保护制度的努力和谋求提高知识产权保护水平的努力一刻也没有停止。缅甸、柬埔寨等最不发达国家用了不到20年的时间,就建立了适合本国国情的知识产权制度。如柬埔寨政府从1995年以来已经草拟了有关知识产权的法律,包括商标法、专利和设计保护法、版权及其他权利保护等。泰国、新加坡、马来西亚等国对原有知识产权法律进行了修改,以适应新的形势要求。菲律宾、越南等国,专门立法以保护本国的生物多样性。菲律宾法律还确认了原住民社区的传统知识的所有权制度。马来西亚正着手进行本国的生物多样性立法活动。随着《协定草案》的施行,传统知识的法律保护制度将全面在东盟各成员国中得以施行(陈宗波,2006)。

《关于获取生物和遗传资源的东盟框架协定草案》是东盟各国生物和遗传资源保护及其法律协调的纲领性文件。有力地促进了东盟国家保护传统知识的国内立法的建立和逐步完善。

(三)《2004—2010年东盟知识产权行动计划》

为了实施《知识产权合作框架协议》,东盟知识产权合作工作组(WGIPG)于1996年4月10日在泰国曼谷通过了一个为期两年的"东盟知识产权合作行动计划(1996—1998年)",其主要内容包括建立区域电子信息网络,建立知识产权数据库,建立统一的外观设计、专利权和著作权保护制度。东盟在知识产权保护方面合作的目的是要建立一个既符合国家标准，又能适应东盟各国经济发展的知识产权制度（麻巧妮，2007）。

该行动计划主要包括三个部分：背景，政策制定，表格（目标、活动、指示性时间框架）。

背景部分主要包括两个部分：策略说明，机遇和挑战概观。

在策略说明部分，该协议指出，知识财产和知识产权的创立、商业化和保护对全世界的人民、公司以及相互依赖的经济体的社会、经济和技术进步已经产生了深远的、没有先例的影响。确实，东盟集体向创新型和竞争性地区的转化已经成为国家政策关注和地区合作努力的中心问题。对于地区经济、工业和企业充分利用这些重要机遇以及应对诸多重大挑战来说，该转变是个先决条件，因为这些机遇在主要以知识为基础的、数字连接的、高度竞争的全球经济中已经出现。

机遇和挑战概观部分的主要内容为，科技和研发的迅速发展已经使得信息和通信技术的成本较大地、持续地降低。通过所有人的努力，从而得以逐渐地以创新方式把智力变为大量的产品、生产过程和服务。结果是，知识财产已经成为商业企业比较优势的重要来源和其竞争策略的主要推动者。而且，在商业化过程中，知识财产是商业伙伴或竞争者进入国内、地区和全球市场的诸多条件和情形中的一个决定性因素。特别是近年来，TRIPS协议已经进一步增强了知识财产的日益增长的重要性。此外，存在着全球性的加强和拓宽对知识产权的保护（或者具有双边或多边性质的不同自由贸易协定中的所谓TRIPS-plus机制）的趋势。已经把发达国家与发展中国家区分开来的主要特征是知识和实用技术方面不断扩大的鸿沟（在大多数情况下），这一点现在已经被普遍承认。在此背景下，从1997—1998年金融危机中获得了教训，特别是在波尔·克鲁格曼（Paul Klugman）教授的一篇煽动性的文章所产生的关于全要素生产率（TFP）的论战之后，东盟集体演变为外部市场的一个有活力的、有竞争力的提供者已经被给予增加了的推动力以及尚存脆弱的经济复苏。事实上，世界银行在2003年的一本出版物极为详细地审视了未来十年东亚和东南亚的未来增长以及先决条件。将该地区转变为一个主要依赖知识的、创新驱动的、通过终身学习获得可持续性发展的地区作为一项长期政策任务，该出版物对此进一步强调了紧迫性需要。

在《2004—2010年东盟知识产权行动计划》的政策制定部分，主要包括四个内容：任务、目标、途径、重点计划和项目。该部分的概述部分指出，东盟充分认识到知识财产和知识产权在本地区社会、经济和技术进步中，以及由此在发展方面和减少贫困方面的关键作用。成员国已经保证共同致力于对涉及知识财产和知识产权的地区政策框架和机构进行改进，促进本地区知识财产合作和对话，拓宽和加深涉及知识财产和知识产权的地区人力资源和机构方面的合作以及提升公众知识产权意识。《2004—2010年东盟知识产权行动计划》制定的基础在于东盟政府、东盟对话伙伴国和机构及国内社会组织间已经取得的合作。该计划也将知识财产和知识产权方面的地区合作置于更为广阔的且相互支持的东盟社会、经济和技术发展背景之下，并在微观层面上置于东盟企业（无论大小）的活力、效率和灵活性发展的背景之下。

主要包括以下的任务：集体促进东盟在学习、创新和创造方面的文化的发展，优化成员国的多样性；统一知识产权产生、注册、商业化、保护和实施方面的区域性规则；鼓励跨境合作和交流，以拓宽、深化东盟的科技基础和研发活动，并促进成果的注册和商业化。

存在四个目标：①帮助加快、拓宽东盟内外的知识财产创造和商业化的步伐和范围，并促进科技领域和研发活动方面的国内和跨境联系的形成；②发展并协调本地区有助于知识产权注册、保护和实施的政策和机构框架;③提升更多公众意识,并加强东盟涉及知识产权的人力资源和机构的建设;④在广泛的业务发展服务(BDS)的合作条款中,进一步授权国家知识产权局,以支持上述目标。

该《2004—2010年东盟知识产权行动计划》规定了实现上述目标的具体方法。经济和社会的进步、能力建设和机构的深化是一个长期过程。这尤其适合于知识产权和与知识产权相关的事项,因为,正如下面将要讨论的一样,直到20世纪90年代中期,在大多数发展中国家,相比较而言这些事项曾经一直不引人注目。因此,根据《2004—2010年东盟知识产权行动计划》所实施的一些计划和项目体现了《河内行动计划》(the Ha Noi Plan of Action)中的许多措施。另一方面,将提出的其他新计划和项目将具有一个比《2004—2010年东盟知识产权行动计划》较长的时间框架。此外,促进知识财产和知识产权的创造、商业化和保护需要大量的资源。这尤其适用于对创造力和创新的培育,包括通过形成科技和研发机构间的合作关系和战略联盟。尽管如此,来自国家和捐助者的资源通常非常有限。因此,《2004—2010年东盟知识产权行动计划》中与知识产权相关的建议在范围和资源要求方面就特别地适度。它们在重点和目标方面也是具体的,目的在于确保成本效益的最大化和可持续性。最后,在拥有不同资源禀赋和处于不同的经济、社会和技术发展阶段的经济体之间,涉及知识财产和知识产权的问题往往具有不同的实用性和重要性。而且,东盟六国对东盟四国的援助本身就是一个重要目标。《2004—2010年东盟知识产权行动计划》所列入的方案和计划中已经充分考虑了这些因素。

第四部分为重点计划和项目,包括三个内容:促进东盟知识资产的创造,构建一个简约的、统一的、登记的保护知识产权框架,进一步提高认识和加强能力建设。

1. 促进东盟知识资产的创造

(1)背景

众所周知,许多亚洲国家,包括大多数的东盟国家,在过去的数十年中已经取得了令人印象深刻的经济表现。尽管如此,这样的表现似乎主要是由较高比率的有形生产要素(如劳动力和资本资源)的堆积所驱动。全要素生产率的贡献反映了发明、创新和技术变革的刺激,该贡献在亚洲经济增长过程中的贡献一般来说非常有限。与美国的大约五分之四,法国、德国和英国的三分之二相比,在过去的30年中,它在GDP中所占比重不到三分之一。其他数据同样揭示出存在于主要依赖有形要素主导的经济表现中的关键弱点。专利是科技基础和研发能力的一个良好指标。在公司和产业的层面上,这些知识财产也是生产力离散收益(discrete gains)的基石,因此,也是部门和作为整体的经济活力和竞争力。根据世界知识产权组织(WIPO)及东盟知识产权局,在20世纪90年代期间授予东盟居民的专利数量低于其授予给该区域居民和非居民所有者专利总数的5%。美国专利商标局(USPTO)的数据也表明在知识和技术方面存在的类似巨大差距。例如,在1991—2001年期间,只有1%~5%的美国专利由USPTO分别授予东盟和所有发展中国家的居民和非居民。

(2)要解决的问题

上述提及的创造和创新方面较差的记录表明在资源配置方面的遗憾。这是因为发达国家的证据表明,在研发领域中的投资,其私人回报率为20%~30%,社会回报率超过50%。这些回报率远远高于从所有其他经济活动和服务投资中的所得。然而,在协作将东盟转变为一个富有创造性和竞争力地区方面,还存在几个严峻的挑战和困难。

首先,实际上在所有本地区国家中,当前的科技基础和能力都是薄弱和有限的。这是东盟在研发活动中值得注意的长期低投资的原因和结果。例如,在20世纪90年代末,作为国内生产总值的比例,在大多数地区经济体中,研发的公共开支平均为0.2%或更低。这样一个比例大大低于20世纪90年代末日本和韩国这些在研发(R&D)经费占国内生产总值的3%的技术驱动型国家。此外,在东盟工商界对研发支出几乎是可以忽略不计,新加坡是唯一的例外。在上面的连接中,跨国界联系以及科技(S&T)和研发(R&D)中战略联盟的形成,是分担风险、实现更大的集体效率和生产力的一个有用手段。事实上,自20世纪80年代初以来,这种联系和联盟在新的和有活力的技术领域中尤为明显,尤其是电子、生物科技和汽车行业。但是,存在一个困境的情况。首先,可持续发展的跨境联系和战略联盟取决于合作伙伴和利益攸关方之间的信任、可靠性、品质和及时交付这些由来已久的问题。因此,对建设或者提供强大的技术研发能力和科技的一些具体领域中的临界物质来说,它是有条件的。目前,所有这些都是几乎整个东盟的一个严重弱点。

其次,(政府资助的)科技和研发组织和东盟对产业技术需求之间存在一个大的鸿沟,新加坡的情况可能再次是个例外。因此,从科技公司和研发机构向商业部门转让的技术是有限的。同时,在该地区的许多地方,企业间的技术合作本身已经不能令人满意。

最后,在东盟,知识产权生成的模式和特征以及知识产权登记方面的信息和研究都存在很大的不足。这尤其适用于区域性研发活动的性质、科技领域和方向、生产力及商业可行性。这种短缺已经极大地使得促进创造知识财产的政策的设计和实施以及对其在该地区的影响之评价变得复杂化。

(3)建议

根据《2004—2010年东盟知识产权行动计划》,促进知识产权资产创造的方案和项目有三个主要的推力。第一个重点领域涉及协作活动,以促进创新和竞争力的部门和行业在东盟的出现,包括通过促进知识产权和更普遍的发展政策的实施。在科技和研发机构的跨境联系和网络合作促进活动构成了拟议中的方案和项目的第二个重点领域。通常强调:①鼓励东盟内部和外部的科技和研发之间的更多联系和战略联盟;②鼓励这些机构和私人行业和企业之间的密切关系和相互影响。第三个重点领域体现在协作活动,以在企业层面使得知识财产和知识产权的贡献最大化。这些活动包括知识财产纳入到商业战略和商业计划、知识资产评估(和自力更生的系统工具包或用于此目的的系统包的相关发展),并利用知识产权资产作为抵押。

2. 发展简化的、统一的知识产权登记和保护框架

(1)背景和需要解决的问题

东盟要集体转型成为一个具有创新和竞争力的地区,在很大程度上要取决于一个知识产权政策和机构之有用框架的有效性。在一般情况下,在知识产权注册和维护过程中,简化、合理化、统一和降低成本存在相当大的空间,尤其是对专利来说更是如此。

首先,搜索信息并非无成本,向商业数据银行订阅是一个花费昂贵的事情,尤其是对中小型企业来说。如果涉及翻译和其他技术服务就更是如此。此外,在许多国家,包括东盟国家,专利申请量和注册之间的周转率是个多年的过程。从企业和知识产权资产的创造者的观点来看,这可能是商业化中昂贵的延误和不确定性的来源。

其次,知识产权登记的财政负担非常沉重。例如,关于专利、法律和技术专家的意见(但不包括翻译费)构成专利注册和维护(共20年)的总成本估计为大部分(超过三分之一)。在东盟内部,这笔费用从11000~16000美元不等。相比之下,一个普通的、保护期为20年的日本专

利的费用为 21000 美元左右，而对于一个美国专利而言，费用为 10000 美元。

再次，保护知识产权免于滥用或未经授权的应用之稳定性。世界贸易组织成员或各种知识产权条约的签署方大体上往往有强大的知识产权制度。然而，在实践中，多数东盟国家监测和执法力度差别很大，因为除其他原因，实施能力薄弱、资源有限。事实上，知识产权保护和执法可能是链条中最薄弱的环节之一。

最后，由于经济活动日益全球化，知识产权的海外维护和保护已经变得越来越重要。但是，对大多数东盟企业来说，维持这样一个海外存在既复杂又昂贵。这部分是因为，尽管在跨边界的协调方面进行了旷日持久的尝试，但在不同国家之间的知识产权法律，法规和程序仍然存在相当大差异。此外，海外知识产权的监测和法律代表，以及专业技术的开支往往是巨大的，这也常常构成难以承受的负担。

(2) 建议

根据《2004—2010 年东盟知识产权行动计划》，在过去的几年中，为提高创造者和发明者注册和维持其知识财产的主动性而设置的方案和项目在很大程度上是建立在协同工作所取得的进展基础上。他们拥有三个主要的推动力。第一个涉及东盟地区知识产权(IP)身份的创立。要开展的有关活动包括对商标和设计在内的 IP 框架和政策领域的需求及其最实用的方法和手段的简化、合理化、降低成本和协调的详细审查。产生推动力的第二个领域的活动在几个方面与第一个重点领域的活动相关。这些活动包括对政策问题及其含义，以及涉及对不同的国际知识产权条约的加入和遵守方面的观点交流和经验的详细考虑。第三个要作为焦点予以关注的领域包括维护和深化与东盟对话伙伴国的知识产权的意见和经验的定期交流活动。此外，更密切的协调和监测将在与这些对话伙伴国的合作计划和项目的设计和实施中持续地进行。

3. 进一步提高认识和加强能力建设

(1) 背景和要解决的问题

自 1995 年以来，TRIPS 协议第一次直接将知识产权保护作为 WTO 管理下的国际贸易体制中的一个整体要素与多边贸易权利与义务联系起来。此外，本协议条款本身将知识产权保护水平提高到一个总体上可与发达国家高保护水平相比较的高度。而且，如前所述，自 20 世纪 90 年代中期以来，已经存在一个给予知识产权更高和更广泛保护的全球性趋势。

在世界贸易组织于 1995 年成立之前，在许多发展中国家知识产权管理和机构已经存在。尽管如此，通常这些国家当时拥有的资源有限。例如，在 1996 年，世界知识产权组织对 96 个发展中国家的一项调查表明，只有 10(或 15)个国家有一个独立的法定机构负责工业产权(或版权)管理。总的来说，自调查以来，情况并没有太大变化。在东盟本身，在各政府部门或在总统办公室，正如在菲律宾的情形一样，知识产权办公室作为一个实体在运行。新加坡的知识产权办公室在 2001 年 4 月成为法定机构，以及马来西亚的知识产权公司(目前处于变化之中)便属于例外。

最终的结果是，首先，当时许多发展中国家(包括东盟中的发展中国家)在 TRIPS 协议所涵盖的几个领域中并没有立法或现在仍然没有足够的立法(如地理标志、植物品种和其他生物资源、集成电路和未披露信息和商业秘密)。其次，在他们的国家学术、管理和治理机构中也没有充足的知识产权专家。产生的主要后果是，在包括东盟在内的发展中地区，持续性地严重缺乏具有与知识产权纪律相关的专业经验的法律和其他专业人士。此外，尽管东盟知识产权办公室在信息传播方面齐心协力,但是,在普通大众和商业企业中,尤其是中小企业中,对于知识产权制度和工具一直存在认识不充分和不熟悉的问题。与此同时,确实可以从广泛的业务发展服务(BDS)、扩大服务范围和其他项目,包括从会计师和律师的执业中寻求建议。然而,事实上这样的建议可能非常昂贵,同时在本质上又如此宽泛,以至于就知识产权的发展、注册、管理、商业化和保护而言并没有提供什么有用的指导。

(2)建议

根据《2004—2010年东盟知识产权行动计划》,提升公众对知识产权议题的更强意识的计划和项目包括与知识产权有关的研讨会和培训课程的组织、公共事件和纪念活动。此外,可以收集在提高知识产权意识方面的良好实践和成功故事以供多媒体传播和与知识产权相关教材和课程发展之需要。至于人和机构能力建设,在这个焦点领域的活动包括进行定期研讨会和各种与知识产权有关课程的培训课程,以及政策经验的交流。在适当时,也可以组织研究访问和实习计划。这些活动的目标受益者还将包括企业界人士和来自研发和科技机构的人员。

4. 通过东盟国家知识产权办公室来加强合作业务、商业发展服务(BDS)活动

(1)背景与要解决的问题

由于前面讨论的原因,在该地区大部分 IP 办公室通常很短缺的各种关键资源包括现代信息通信技术基础设施和设备,以及合格的、经验丰富的人力资源之充分供给。只要在传播技能和技术理解方面被适当授权,这些办公室就可以在合作促进知识产权资产创造和创新方面起到一个关键作用,从而直接影响东盟技术的发展轨迹和技术能力。特别是他们的活动可以帮助当前或潜在的企业家和公司:①在购买或获得许可时以更低的成本来选择合适的技术,以从技术的快速变化中及时应对资源需求;②发展、扩大和深化包括向上移动技术阶梯或者使得技术领域多样化的技术能力;③以监督和实施知识产权权利;④以在包括通过定期审计、内部知识产权资产的估值和在商业谈判中或作为抵押品的企业融资使用这些资产的业务策略和计划中整合知识产权问题。

在上述联系中,东盟的知识产权办公室当然能够向其他国家的同行的经验学习并受益。这些经验可能与下列事项中具体的和可复制的良好实践及成功经历相关联:以信息通信技术为基础的传播和与知识产权相关的 BDS. 条款中的证明服务。

与上述事项有关的一件事情是目前关于资源的最新和可比较信息和数据的有限实用性,这些信息和数据由国家知识产权办公室使用,这些办公室与期待这些办公室履行并能够真正执行的重要职能相关。在对知识产权办公室予以授权的特殊必要性而进行的任何系统和客观地评估中,以及在地区知识产权办公室及其与该地区之外的知识产权办公室之间根据商业发展服务(BDS)条款中的合作而为未来合作方向和活动所可能的路线图的拟定中,形成了一个严峻挑战。

根据《2004—2010年东盟知识产权行动计划》,经国家知识产权办公室批准的计划和项目在两个领域形成了推动力。第一个领域涉及对东盟所有知识产权办公室特征的需求的详细评估。在该评估的基础上,所有的利益相关方能够为今后的考量制定出 BDS 条款中所规定的合作之可能的路线图。第二个焦点领域的活动旨在提高与知识产权相关的商业发展服务的效率、有效性和可持续性,尤其是那些在地区基础上可以共享或者复制的活动。在该背景下,对于东盟专利数据库和专利技术中介系统以及其他东西的形成,给予了应有的关注(表1)。

表1 《2004—2010年东盟知识产权行动计划》介绍表

目标	活动	指示性时间表
促进东盟知识产权财产的创造		
知识产权政策及其与经济发展的关系	在促进创新、技术进步和提高商业部门的竞争意识中的已制定的知识产权政策方面的经验进行审查	2004年及之后
使得知识产权对包括中小企业在内的企业的增长和竞争力的贡献最大化	发展战略规划和政策措施,以促进企业创新和促进企业之间,尤其是中小企业间的合作协议。重点: · 促进创新活动,知识资产和企业的知识产权所有权; · 为了使中小企业能够推动与知识产权事项相关的业务发展计划和服务,编制具体和用户化的行动计划	2004—2006年
	在通过培训和研讨会活动提升知识财产管理方面的适当策略方面,培养更好的公司(包括中小企业)工作知识、科技和研发机构、大学和其他利益相关者。重点领域: · IP资产审计、评估、计划和知识产权的证券化; · 知识产权的识别和获取; · 知识产权的利用和实施; 对与知识产权相关的信息、合作者、知识产权注册等进行成本效益好的搜索	2005—2010年(继续执行)
网络的形成三者之间的联系和私营行业和商业和科技和研发机构和大学之间及其相互之间联系和网络的形成	在东盟建立IP商业发展服务(BDS)中心的可行性研究,该中心涉及所有主要利益相关者间的合作,诸如国家知识产权办公室、科技和研发机构、大学和私营企业协会、工商业	2009—2010年
传播系统工具包或程序包,以依赖自己诊断和排除故障(与目标4规定的活动一起共同实施)	自力更生的系统工具包或程序包的开发、实地测试和多媒体传播,以在规定中和与知识产权有关的商业发展服务(BDS)指导中,实现最大成本效益推广和可持续性	2006—2010年
建立一个框架,用于简化、协调、注册和保护知识产权		
注册和程序的简化与协调	考虑到在IP办公室当前IP注册和程序,分析和制定出简化了的和协调的程序	2004—2010年(继续执行)
东盟(ASEAN)商标制度	对与国际体系中的成员资格相比的区域性制度的适当性的考虑以及对结果的依赖	2004—2010年

续表

目标	活动	指示性时间表
东盟(ASEAN)设计制度	在考虑东盟设计制度可行性时,第一步是对问题和影响的审查; 如果决定走区域路径,那么要对协调领域和建议、与东盟设计制度等有关的框架协议规章的准备进行各种研究	2004—2010 年
知识产权立法、保护和实施的改进	审查和调整国内知识产权法律和规章,以使 WTO 的东盟成员之间与 TRIPS 保持一致。 对下列事项继续监督: ·知识产权保护的现状和发展; ·根据变化中的 TRIPS 标准变更和修订法律和规章	2005—2007 年以后继续监督
国际知识产权条约的成员资格	对加入世界贸易组织和遵守《国际知识产权条约》中问题和影响的考虑重点: ·WIPO 互联网条约(即 WIPO 版权条约和保护录音表演者、生产者和广播组织的国际公约《马德里议定书》); ·关于工业设计国际保存的海牙协定; ·保护工业产权的《巴黎公约》; ·保护文学艺术作品的《伯尔尼公约》; ·《专利合作条约》 ·为专利程序目的保存微生物的国际承认《布达佩斯条约》	继续执行
民族货物和服务的东盟分类	编译和分类合并列表的民族商品和服务; 对来自东盟成员国民族商品和服务的统一清单进行编制和分类	2004—2005 年

　　进入 21 世纪以来,东盟知识产权一体化的进程速度继续放缓,原因主要有两个方面。一是各国知识产权保护呈现出更加多元化的趋势,差距进一步扩大;二是东盟内部对于知识产权法律的一体化存在分歧:部分人士担心一体化会弱化各国刚刚建立起来的知识产权管理机构的作用进而影响其收益,另外,不能肯定一个统一的区域知识产权制度是否能够比各国已经和即将加入的类似于《专利合作条约》(PCT)这样的国际多边制度发挥更大的作用。因此,在这个问题上东盟显示出比 20 世纪 90 年代更加严谨和务实的态度:2004 年东盟万象峰会上通过的《2004—2010 年东盟知识产权行动计划》中,虽然重申了东盟知识产权合作的早期目标,但未制定雄心勃勃的具体实施步骤,而是提出了"优化成员国间知识产权保护多样性"的任务,并将未来重点放在简化和协调各国知识产权的登记和保护工作上。基于以上原因,短期内东盟很难建立一个单一的区域化知识产权法律体系,东盟知识产权的区域一体化不会有太大的进展,但就加强知识产权的管理和执行特别是履行共同的国际保护义务方面,东盟有可能建立起一个单一的区域化知识产权管理机制(杨静,2008)。尽管如此,为了扩大对外贸易、吸引外资,加上知识产权保护的双边协定、区域性知识产权法制的逐步推进以及多边层面上的知识产权

国际法制的驱动,在多方的共同作用之下,东盟诸国的知识产权国内立法正在走向趋同的特征是较为明显的,尽管最终形成如《北美自由贸易协定》(NAFTA)和欧盟那样的高水平区域知识产权立法尚不可能,但从东盟本身的利益考量,整合域内知识产权立法,有序追求东盟知识产权以及中国—东盟知识产权法制一体化目标,使之能够促进东盟的发展,仍然是一个难以回避的远期目标。虽然从目前来看,东盟各国的知识产权保护水平还有巨大差距,但是随着贸易自由化的不断推进,其知识产权法制一体化的趋势不可避免。为了更多地吸引外资,现在越来越多的东盟国家在知识产权法制建设方面向新加坡看齐。可以预见,在不久的将来,东盟很有可能借鉴欧盟体系,构建一个"统一且多样性的知识产权保护体系"。其实,东盟各国的这方面行动早已开始(王一流,2008)。

第二章 区域经济一体化与中国—东盟自由贸易区知识产权法制

一、区域经济一体化与区域知识产权法制的一体化

经济全球化和区域经济一体化是当代世界经济的两个显著特征。随着全球化的不断发展，区域经济一体化与其相伴而行，一体化程度和范围在不断提高与拓宽，"多边主义"与"区域主义"并行不悖。区域主义是指国家间的合作建立在区域的基础之上，它是20世纪特别是第二次世界大战之后国际关系中出现的一个重要特征。近年来，区域自由贸易协定（FTA）数量增长很快，这是因为大多数国家在国际经贸合作中往往既重视多边合作，同时又非常注重区域经济合作和双边经贸合作，国际经济关系发展的实践证明，无论是多边合作、区域合作还是双边合作，都存在自身的优势和不足，一国如果希望扩大对外经贸合作，不断提升并维护国际竞争中的比较优势，防止在区域合作的大潮中被边缘化，并以此应对许多严峻的挑战，就必须积极推动区域经济一体化。因此，许多WTO成员同时还与其他成员或区域贸易组织建立了自由贸易关系。

20世纪90年代以来，区域经济一体化与经济全球化相伴而行，加速了知识产权法律的国际趋同化和知识产权保护的区域一体化进程。美国通过签订双边、区域及多边协定，成功延伸了美国知识产权法律的适用范围，通过TRIPS-增加/减少（TRIPS-plus/minus）条款规避不利于美国的TRIPS条款。美国正在打造一个以美国为中心的自由贸易协定网络，借此实现在多边贸易体制中不能充分实现的知识产权利益。这必将影响到其他国家、区域自由贸易协定（FTA）的知识产权规则的确立，对TRIPS协议的发展将产生深远影响。美国在国际范围的知识产权保护模式演变为：TRIPS+FTA。中国应借鉴美、欧做法。在深入研究贸易伙伴知识产权法制的同时，通过双边协定、区域性协定来推行符合本国利益的知识产权规则及与之相关的促进机制，例如强化对我国生物多样性、传统知识与地理标志产品的保护。《知识产权公约》成为中国、东盟诸国知识产权区域合作的坚实的国际法律基础。我国与东盟建立自由贸易区为区域知识产权一体化提供了一个非常重要的平台。双方间的贸易、投资必然会涉及知识产权保护问题，逐步推进区域知识产权保护的一体化是中国知识产权区域合作的战略选择。《货物贸易协议》和《服务贸易协议》已逐步实施，更凸显中国—东盟自由贸易区（China and ASEAN Free Trade Area，CAFTA）知识产权的协调亟待加强。双方应加强知识产权合作，最终签订《知识产权协议》，否则，知识产权法制差异将成CAFTA一体化的法律障碍与壁垒。

东盟国家纷纷与澳大利亚、新西兰等国达成一系列涉及知识产权的自由贸易协定。2009年2月27日，东盟与澳大利亚、新西兰两国在泰国签署了《东盟与澳大利亚和新西兰自由贸易区协定》（AANZFTA），该协定在澳大利亚、新西兰两国和东盟六国（新加坡、马来西亚、文莱、菲律宾、越南、缅甸）完成国内批准程序后于2010年1月1日开始生效。有关知识产权的规定在该协定第13章，共12条，内容涉及缔约目的、知识产权的范围、国民待遇、版权、政府使用的软件、遗传资源和传统知识、知识产权合作、透明度、商标、设立知识产权委员会、AANZFTA 与 TRIPS 关系问题等。虽然 AANZFTA 第 3 条规定,缔约各方应承担 TRIPS 所规定的有关知识产权方面的权利义务,但除此之外,AANZFTA 还用大量篇幅规定 TRIPS 未涉及内容及削减了缔约方根据 TRIPS 所享有的自由选择空间(韦凤巧,2010)。

众多领域的经贸法规的全球趋同甚至统一化,为全球贸易与知识产权保护和利用逐步消除了法律障碍。目前,在已持续数年的"多哈发展回合"中,WTO 各成员方试图为在新规则的制定和现有规则的修订中实现国家利益最大化而激烈地进行讨价还价。

区域经济一体化能否实现以及实现的程度取决于国际政治、外交、文化、贸易、法律等多种因素。区域一体化程度往往是与该区域法制趋同化程度密切相关,像欧盟、北美自由贸易区的法制就较为完善,包括法制在内的区域一体化水平很高。《北美自由贸易区协定》(NAFTA)中对该区域知识产权法制统一、消除三国知识产权法律冲突做出了较为详细的规定;欧盟知识产权法制的统一化程度也很高,在知识产权诸领域基本上都制定了统一的法规,有力地促进了区域知识产权法制的发展,有利于消除区域乃至全球经贸合作中的知识产权法律冲突所造成的法律障碍。欧盟的法制一体化进程水平很高,在知识产权领域已经出台多项指令、条例及公约,如《共同体商标条例》(1993)、《协调成员国知识产权实施措施的指令》(2004)、《计算机软件保护指令》、《版权和邻接权保护期指令》、《欧共体专利公约》(1975)、《农产品及食品地理标志和原产地名称保护条例》(2081/92)、《知识产权海关条例》(2003)等。这些措施有力地推动了欧盟的一体化进程。

二、中国—东盟自由贸易区的建立及相关知识产权法制

中国与东盟已签署《货物贸易协议》和《中国—东盟全面经济合作框架协议争端解决机制协议》(以下简称《争端解决机制协议》)(2004)、《服务贸易协议》(2007)、《中国—东盟知识产权领域合作谅解备忘录》(2009)、《中国—东盟投资协议》(2010)及《中国国家知识产权局与印尼法律人权部关于知识产权保护的合作谅解备忘录》(2013年)。或许《CAFTA 知识产权协议》将成为继上述协议之后 CAFTA 法律框架中的下一个重点合作目标。《中国—东盟知识产权谅解备忘录》虽已取得显著效益,但知识产权保护问题对双边贸易的制约问题并未根本解决。有必要加强对缔结《CAFTA 知识产权协议》相关问题的研究。东盟于 2000 年制定了《关于获取生物和遗传资源的东盟框架协定草案》,东盟知识产权一体化趋势已有所体现。中国与印尼、泰国等在传统知识和遗传资源保护方面有共同利益。中国须适时促进、加入东盟知识产权保护一体化进程,并施加必要影响。

2010 年 1 月 1 日,中国—东盟自由贸易区正式建立,其主要建设历程如下:2001 年 11 月,"10+1"宣布 10 年内建成自由贸易区的目标。2002 年 11 月,依据《中国与东盟全面经济合作框架协议》,决定到 2010 年建成中国—东盟自由贸易区。这标志着中国—东盟建立自由贸易区的进程正式启动。《中国与东盟全面经济合作框架协议》提出了中国与东盟加强和增进各缔约方之间的经济、贸易和投资合作;促进货物和服务贸易,逐步实现货物和服务贸易自由化,并创造透明、自由和便利的投资机制;为各缔约方之间更紧密的经济合作开辟新领域等全面经济合作的目标。但该《框架协议》仅直接规定了货物、服务和投资领域的全面经济合作措施,没有直接规定知识产权领域的合作措施,仅在第二部分第 7 条"其他经济合作领域",第 2 款规定:"合作应扩展到其他领域,包括但不限于银行、金融、旅游、工业合作、交通、电信、知识产权、中

第二章　区域经济一体化与中国—东盟自由贸易区知识产权法制

小企业、环境、生物技术、渔业、林业及林业产品、矿业、能源及次区域开发等。"同时，在第8.4条规定："对于本协议第二部分中所列的经济合作的其他领域，各缔约方应继续巩固实施本协议第7条中所列的现有的或经同意的各项计划，制订新的经济合作计划，并在经济合作的各个领域达成协议。各缔约方应迅速采取行动，以便以所有相关缔约方都能接受的方式和速度尽早实施。这些协议应包含实施其中各项承诺的时间框架。"

2004年11月，中国—东盟签署了《货物贸易协议》，规定自2005年7月起，除2004年已实施降税的早期收获产品和少量敏感产品外，双方将对其他约7000个税目的产品实施降税。2004年1月1日，中国—东盟自由贸易区早期收获计划实施，下调农产品的关税。到2006年，约600项农产品的关税降为零。"①在法制协调方面，主要成果除了上述的《货物贸易协议》外，还包括2004年签署的《争端解决机制协议》、2007年1月中国与东盟签署了自贸区《服务贸易协议》(于2007年7月实施)、2009年8月签署的《中国—东盟自由贸易区投资协议》。完善的争端解决程序既是中国—东盟自由贸易区各个协议得以执行的重要保障，也是实现中国—东盟自由贸易区的目标及其安全运转的重要支柱(张晓君，2011)。《争端解决机制协议》是落实《中国—东盟全面经济合作框架协议》的重要步骤和措施，共18个条款及一个附件。协议以WTO争端解决机制为基础，内容涵盖争端适用的范围、磋商程度、调停和调解、仲裁庭的设立、仲裁的执行、补偿及中止减让等。该《争端解决机制协议》的第2条规定了协议的适用范围："本协议适用于《框架协议》项下发生的争端，《框架协议》包括附件及其内容在内。除非另有规定，下文中提及的《框架协议》应包括将来依据《框架协议》达成的所有法律文件。"可见，该协议也将适用于未来可能制定的中国—东盟知识产权协议下的争端。此外，已经建立起来的争端解决机制似乎未能充分考虑到知识产权争端的特殊性。

《争端解决机制协议》中的争端当事方将企业和个人都被排除在争端主体之外，因为只有成员国政府才能作为争端主体提起申诉。此外，由于成员方的双重身份，如果一项争端既可以适用WTO争端解决机制，又可以适用中国—东盟自由贸易区争端解决机制，针对该冲突如何解决的问题，沈四宝教授认为，需要建立有私人主体参与的中国—东盟商事纠纷解决机制，通过该机制可以打破西方世界在商事仲裁领域内的垄断局面，减少解决商事纠纷的成本、提高中国与东盟各国之间的商贸效率(张晓君，2011)。

2009年10月东盟系列峰会上签署了多项合作文件，包括《建立中国—东盟中心谅解备忘录》、《中国—东盟知识产权领域合作谅解备忘录》、《中国—东盟关于技术法规、标准和合格评定程序谅解备忘录》等，极大地推进了中国与东盟各国在知识产权领域的合作进程。

在经济全球化和区域经济一体化的大背景下，近年来，世界经济的持续低迷更加凸显了中国—东盟加强区域经济一体化建设的重要作用和意义，并由此不断产生积极的成果，逐步实现双赢目的。在中国—东盟自由贸易区经贸法制方面，尤其在投资、贸易领域成果丰硕，但在知识产权法制统一方面则相对明显滞后，亟待加强。到目前为止，并无《中国—东盟知识产权协议》之类协调中国—东盟各国间知识产权冲突的法规诞生。鉴于知识产权保护问题与国际贸易、国际投资关系密切，因此，《中国—东盟知识产权协议》的缺位，必将阻碍中国—东盟自由贸易区内贸易、投资、环境保护、能源等领域合作的顺利开展。目前，我国经济与世界经济已经须臾不可分。我国的知识产权制度已成为国际知识产权制度体系的组成部分，其优劣牵动全球

---

① 《中国东盟自贸区》，资料来源：http://baike.baidu.com/view/351255.htm，访问时间：2011年11月20日。

利益。如果知识产权制度长期落后于技术经济的发展,不但影响自身的利益,也会影响我国经济赖以发展的国际经济环境(刘春田,2012)。

2012年9月21日,第九届中国—东盟商务与投资峰会、2012中国—东盟自由贸易区论坛开幕式在广西壮族自治区南宁市举行。本次峰会的主题是"互联互通,携手共赢",旨在推动中国与东盟多领域务实合作。习近平出席开幕式并发表主旨演讲。习近平主席指出:"2010年中国—东盟自由贸易区全面建成以来,双方互利共赢的经贸合作更显示出强大发展动力和活力。……中国和东盟经贸合作不断扩大和深化,也对多领域合作提出新的需求。……当前,世界经济增长乏力,欧债危机持续发酵,面临诸多不稳定、不确定因素,亚洲地区虽然也面临不少困难和挑战,但总体仍保持较快发展势头,中国同东盟作为友好近邻和战略伙伴,应该审时度势,顺势而为,携手推进深度合作,共同赢得持续发展。……在经济全球化、区域一体化深入发展新形势下,中国和东盟的前途命运比以往任何时候都更加紧密地联系在一起,不断深化中国—东盟战略伙伴关系是双方共同的战略选择。"可见,全面深化中国—东盟自由贸易区建设、应对当前世界经济和国内经济中存在的挑战符合双方的战略利益,这其中除了进一步深化双方在投资、货物贸易和服务贸易领域的合作,加强中国—东盟自由贸易区的知识产权法制建设,也应当是双方经贸合作内容的重要组成部分,这是因为我国与东盟各国涉及知识产权的经贸往来(甚至直接的知识产权贸易)必将日趋活跃,影响交流与合作的各种知识产权纠纷和冲突也必然会不断产生。所以,本区域内的知识产权法制建设将有利于促进域内经济融合,提升地区竞争力,同时也有利于地区经济持续稳定增长。对此,习近平主席提出了相关建议:"希望双方继续落实和完善自贸区协议,进一步提高贸易和投资自由化、便利化水平,优化进出口商品结构,到2015年如期实现双方贸易额达到5000亿美元的目标。要以2012年开展的中国—东盟科技合作年为契机,加强自贸区框架下的经济技术合作,促进政策宣传和能力建设,提高优惠政策利用率。继续深化产业合作,优化区域资源配置,秉持开放包容、平等互利原则,扩大自贸区覆盖范围。"没有区域内知识产权法制的协调与逐步趋同,中国—东盟高水平的贸易与投资自由化目标以及科技合作就难以较快实现和顺利开展。此外,中国还注重与东盟具体成员国间的知识产权合作。例如,2013年中国与印度尼西亚签署了《中国国家知识产权局与印尼法律人权部关于知识产权保护的合作谅解备忘录》。事实上,中国、印度尼西亚两国在传统知识和遗传资源方面也有很多相似之处。

三、中国、东盟各国知识产权立法概述

东盟各国中既有新加坡这样的发达国家,也有越南、菲律宾等发展中国家,还有老挝这样的最不发达国家,成员国间社会制度、经济发展水平差异较大,东盟各国在相当短的时间内修正了殖民时代留下的过时的法律,大多数东盟国家已经制定了较为完整的知识产权法律制度,《2004—2010年东盟知识产权行动计划》表明,近年来,与20世纪末相比较,东盟各国的知识产权政策已经出现了重大的变化,通过建立和不断完善国内知识产权法律制度,推动知识产权法制区域一体化和全球一体化,不断向知识产权管理、实施和司法制度方面的趋同目标推进,以激励国民和企业积极、主动创新扫除制度障碍,从而提升东盟和其各成员国的竞争力,应对经济区域一体化和经济全球化带来的严峻挑战,这也是东盟及其成员国知识产权法发展的主要趋势。

东盟国家都曾经有被西方发达国家殖民统治的历史,印度尼西亚被荷兰、越南被法国、菲

律宾被西班牙和美国,文莱、新加坡和马来西亚被英国殖民统治,深受外来法律文化的影响(杨静,2008)。这些国家获得独立之后,其国内知识产权立法不可避免地打上了原宗主国法律文化的烙印。尽管存在着趋同化现象,但两大法系代表性国家的知识产权理念与制度也存在较大差异。东盟的不断扩大及其成员国国情差异所导致的知识产权法差异,导致了东盟各国间及其与区域外其他国家间知识产权法律的冲突,妨碍了区域内外国际贸易、国际投资的顺利开展,构成了更高水平国际经济合作的法律障碍。这主要是因为东盟各国的经济发展水平参差不齐,新加坡经济发展和工业化水平最高,印度尼西亚经济发展水平不高,实力有限,而且国内问题较多。马来西亚、泰国、菲律宾实力相当。越南发展速度很快,但加盟不久,经济基础薄,实力弱,跟东盟主要国家又有意识形态的差别(霍伟东,2005)。从我国司法的角度来看,随着中国—东盟自由贸易区的建设,双方的知识产权纠纷必然增多,由于知识产权在现代社会中的重要地位,国际知识产权纠纷不仅仅是与贸易有关的经济问题、法律问题,而且还可能成为重大的国际政治问题。由于我国长期以来的法律交流与研究都比较侧重于西方发达国家和地区,相对而言,对东盟各国的法律,尤其是东盟各国的知识产权立法、执法、司法及保护状况都知之甚少,所以,涉东盟知识产权案件必将成为考验我国法官司法能力的一大挑战,成为我国法院运用法律手段构建法治和国际和谐社会的崭新课题(廖冰冰,2011)。

目前,多哈发展回合多边贸易谈判举步维艰,谈判已长达十年之久仍不见曙光,以美国、欧盟为代表的国家(国际组织)不满于多边贸易谈判机制的表现,早已开始通过双边及区域合作方式来实现其中多边机制下难以有效达到的目标,就知识产权国际保护而言,通过 TRIPS-plus/minus 条款来规避 TRIPS 协议,维护其国家利益。在这种双边经贸合作中,特别是与美国等知识产权强国的双边协定条款的谈判中,总的特点是相关发展中国家需要承诺加强对美国知识产权保护的方式来换取美国的市场和经济援助。总之,WTO 下 TRIPS 协议、区域经济一体化潮流中的知识产权合作以及东盟各国与其诸如美国、欧盟等主要贸易伙伴间的双边贸易协定中的合作压力,是推动东盟各国国内知识产权立法及东盟知识产权立法沿着趋同方向前进的直接外部推动力。《2004—2010 年东盟知识产权行动计划》预示着东盟及其成员国知识产权立法及相关机构和行政框架的快速发展趋势。

本书旨在通过对东盟各国版权法的比较研究,揭示各国版权立法特点、差异和不足,并以此明确东盟版权法域内外协调的努力方向。鉴于中国—东盟自贸区主要由发展中国家组成,未来的中国—东盟自由贸易知识产权法制应当依托 TRIPS 协议,制定具有地域特色的知识产权法制,如加强对传统知识、生物资源的保护、对白酒地理标志的保护。

---

① 例如,马来西亚后来形成的知识产权法律制度无不打上英国法的烙印,其版权制度英国化的特点也比较明显。马来西亚 1936 年的《版权条例》(1936 年 5 月海峡殖民地法规修订本)第 160 章)和沙巴州的《版权条例》(1953 年《北婆罗洲法规修订本》28 章)均是 1911 年英国《联合王国版权法》翻版,沙捞越州 1959 年的《版权(沙捞越)令》,规定该州使用 1956 年的《联合王国版权法》。马来西亚现行的版权法在很多方面也沿袭了英国的立法例,将邻接权所保护的对象包容于作品之中而非独立规定邻接权。

第二篇

中国—东盟自由贸易区版权法比较

第三章 东盟各国及中国的版权法

第一节 东盟各国及中国版权法概述

当利益机制、市场因素引入文化产品领域后,文化产品不再是敬而远之、遥不可及的圣物,而是一种关乎交易主体利益的商品。在该商品进行交易的过程中,趋利避害的民事主体之间必然产生利益冲突,引发纠纷。因而,需要法律法规为从事交易活动的民事主体提供明确的行为规范指引,为文化产业发展营造良好的法治环境。具体而言,文化创意、移动多媒体、动漫游戏、数字出版等新兴文化产业形态的出现,给传统的法律制度体系带来挑战。法律法规需要解决如何合理配置权利、任何设置交易规则、任何进行权利救济等问题,通过设定权利、义务和责任的规范模式界定了社会各交往主体之间的行为边界,从而形成良好的法律秩序(郑维炜,2012)。中国—东盟自贸区的有效运行也同样离不开一定程度上的统一知识产权法律规范的规制。

从根本上看,涉外著作权民事纠纷的法律成因是由于版权的权利地域性与权利利用的国际性之间的矛盾造成的,而为解决此矛盾应运而生的国际版权保护法律体制并不能从根本上消除涉外著作权民事纠纷的法律成因(廖冰冰,2011)。东盟国家在其民族独立、经济发展、对外开放的过程中纷纷建立起有利于促进、鼓励创作,丰富民族文化遗产,吸引外国投资的版权制度。在经济全球化、版权保护国际化的趋势下,东盟各国努力执行国际公约、国际协定的基本规定,各国版权制度体现出协同化的趋势,版权保护的总体水平得到较大的提升,但目前仍面临着如何有效执法的问题。……随着民族的独立和经济的飞速发展,殖民时期的版权制度在各种现实问题面前显得力不从心,阻碍了东盟各国文化科学的繁荣,同时也不利于吸引外资,于是,从20世纪80年代开始,泰国、印度尼西亚、马来西亚、新加坡和菲律宾等国纷纷制定颁布了适合自己国情的版权法,越南也在1995年的《民法典》中规定了版权保护制度,文莱、柬埔寨和缅甸紧随其后,于2000年前后加紧了制定新版权法的步伐。目前东盟国家中除了老挝以外,均以成文法的形式建立版权保护制度。而老挝政府也已意识到需要更全面的知识产权法,已经制定了一系列包括版权法在内的关于法律改革的综合计划,以实现现在和将来老挝在各种国际公约和条约尤其是WTO的TRIPS协议中需承担的义务。

TRIPS协议是对之前相关公约的继承与发展,其第二条便是集中体现[①]。知识产权保护制度已有200多年的历史,WIPO的建立和运行已达20多年(到1994年通过TRIPS时为止)。WTO的TRIPS协议不能游离于已有的知识产权保护制度之外,完全另搞一套。保持TRIPS与已有的知识产权国际公约协调、一致是非常必要的。TRIPS把已有的知识产权国际

---

① 第2条 知识产权公约:1、就本协定的第二部分、第三部分和第四部分而言,各成员应遵守《巴黎公约》(1967)第1条至第12条和第19条。2、本协定第一部分至第四部分的任何规定不得背离各成员可能在《巴黎公约》、《伯尔尼公约》、《罗马公约》和《关于集成电路的知识产权条约》项下相互承担的现有义务。

公约分成了3类:第1类是属于基本完全肯定、要求全体成员必须遵守并执行的国际公约。共有4个(《巴黎公约》、《伯尔尼公约》、《罗马公约》、《集成电路知识产权公约》);第2类是属于基本肯定,要求全体成员按照对等原则执行的国际公约(主要是指《巴黎公约》的子公约);第3类是不要求全体成员遵守并执行的国际公约。……在TRIPS中没有提到的,不属于上述两类的国际公约,就不要求全体成员遵守和执行。我国已经加入的世界版权公约、录音制品公约等,就属于第3类国际公约(李顺德,2006)。与《巴黎公约》的大多数内容一样,《关税及贸易总协定》GATT的支持者认为,商标义务远不够全面和缺乏操作性。针对WIPO管理的条约的主要批评是,经过20世纪60—80年代,在发展新标准或者确定解决争议的有效方式方面,没有或者几乎没有任何进展。由此导致了国际假冒行为日益猖獗,发达国家深感缺乏有效的国际保护,其商贸利益受到了严重的损害。因此,在"乌拉圭回合"①中提出要解决该问题。(孔祥俊,2002)。《巴黎公约》等知识产权国际保护成果已有百余年的历史,凝结着几代人的智慧和努力,随着全球化的发展,这些先前的成果面临着众多的新挑战,TRIPS对其进行"扬弃"是个明智的、有效率的选择。

TRIPS协议第9.1条规定了"与《伯尔尼公约》的关系":"各成员应遵守《伯尔尼公约》(1971)第1条至第21条及其附录的规定。但是,对于该公约第6条之二授予或派生的权利,各成员在本协定项下不享有权利或义务。"在经济全球化和知识产权法全球化的趋势下,东盟国家中除了老挝以外均已加入世界贸易组织(WTO),有七个国家已经加入了《伯尔尼公约》。如同其他许多国家一样,在此前后东盟各国纷纷主动或被动地修订版权法以保持其与国际公约的一致性②(杨静,2008)。此外,在与美国等发达国家签订双边经贸协定及在加入WTO时,东盟国家也不得不对国内知识产权法进行"立、改、废"工作,以履行条约义务或减轻美国等国国内知识产权执法所带来的强大压力,如"337调查"、"301条款"。

关于我国著作权法律制度的基本情况,可以说,我国著作权法律制度的基本框架由法律、行政法规、地方性法规、部门规章、地方政府规章、规范性文件、司法解释,以及相关国际公约等组成。经过20多年努力,我国已经形成了较为完备的著作权法律体系。其中,《中华人民共和国著作权法》是我国著作权法律制度中最重要和最基本的法律,在规范著作权行为中起着统领作用。根据《著作权法》相关规定,国务院先后制(修)订了《实施国际著作权条约的规定》(1992年9月25日发布,1992年9月30日施行)、《计算机软件保护条例》(2001年12月20日发布,2002年1月1日施行)、《中华人民共和国著作权法实施条例》(2002年8月2日发布,2002年9月15日施行)、《著作权集体管理条例》(2004年12月28日发布,2005年3月1日施行)、《信息网络传播权保护条例》(2006年5月18日发布,2006年7月1日施行)、《广播电台电视台录音制品支付报酬暂行办法》(2009年11月10日发布,2010年1月1日施行)。上述"一法六条

---

①乌拉圭回合谈判:1986年9月,GATT缔约方部长级会议在乌拉圭的埃斯特角城举行,并由此启动的GATT第八轮多边贸易谈判,旨在全面改革多边贸易体制,被称为"乌拉圭回合(多边贸易)"谈判。

②东盟国家加入《伯尔尼公约》的情况:

东盟国家	泰国	印尼	马来西亚	菲律宾	新加坡	越南	文莱
加入《伯尔尼公约》时间(年.月.日)	1931.7.17	1997.9.5	1990.10.1	1951.8.1	1998.12.21	2004.10.26	2006.8

例"(一部法律、六部行政法规)是我国著作权法律体系的基本内容。此外,关于侵犯著作权犯罪的问题规定于《中华人民共和国刑法》;国务院著作权行政管理部门制定了9部部门规章和44部规范性文件,相关司法部门为解决《著作权法》在民事和刑事司法实践中的具体适用问题制定了6部司法解释或指导意见,部分省、自治区和直辖市人大常委会或政府还根据本地情况制定了地方性法规或地方政府规章。在国际条约方面,目前我国已经先后加入6部国际著作权条约:《保护文学艺术作品伯尔尼公约》、《世界版权公约》、《保护录音制品制作者防止未经许可复制其录音制品公约》,世界贸易组织《与贸易有关的知识产权协定》、《世界知识产权组织版权条约》,以及《世界知识产权组织表演和录音制品条约》(国家版权局,2012)。

中国与东盟诸国修订国内知识产权法具有类似的外部压力,我国《著作权法》的颁布和前两次修改均与外部压力有很大关系。1990年颁布的《著作权法》既是为了建立与国际接轨的著作权制度,也是为了履行在中美知识产权谈判中做出的承诺。2001年的第一次修改是为了使《著作权法》符合TRIPS协定等国际条约,适应我国加入WTO的需要。2010年第2次修改的直接动因,是在"WTO中美知识产权争端"中,原《著作权法》第4.1条有关'依法禁止出版、传播的作品不受本法保护'的规定被WTO专家组裁定为不符合《伯尔尼公约》和TRIPS协定,由此产生了修改第4条的需要(王迁,2012)。到20世纪80年代止,两大法系的多数国家,特别是主要西方国家都成为《伯尔尼公约》与《世界版权公约》这两大公约的成员国,从而为现代著作权法的一体化、趋同化提供了基础(胡开忠,2004)。

2012年,我国国家版权局发布了《中华人民共和国著作权法》(修改草案)和《关于"中华人民共和国著作权法"(修改草案)的简要说明》。表2为中国和东盟国家现行版权法立法状况。

表2 中国、东盟国家现行版权法立法状况

国别	现行版权法制定时间、修订及名称
新加坡	1987年《版权法》(1988年、1999年、2006年分别修订);1989年《版权特别法庭(程序)规则》
菲律宾	1999年《菲律宾知识产权法典》,其第四部分为《版权法》
文莱	1999年《紧急(版权)令》
马来西亚	1969年版权法(分别于1979年、1990年、1995年、1996年、1997年、2000年、2003年修订),现行的为《1987年版权法》;《版权(修订)法》;2000年《版权(许可)条例》
越南	2005年颁布《知识产权法》;2005年颁布《民法典》其第34章规定了版权及邻接权的保护
印度尼西亚	1982年(分别于1987年,1997年,2002年三次修订),《印尼关于版权的2002年19号法律》
缅甸	1914年《缅甸版权法》;1996年《计算机科学发展法》;1996年《动作电影法》
泰国	1994年《版权法》(曾于1978年制定颁布实施);此外,还制定了《泰国光盘生产法》、《保护和推动传统泰医知识法》
老挝	2008年《知识产权法》第5章
柬埔寨	1996年《保护文化遗产法》;2003年《版权和邻接权法》
中国	1990年《著作权法》(经2001年、2010年修订);2002年《著作权法实施条例》

第二节 东盟各国版权法的主要内容

文学艺术和科学作品是著作权产生的前提和基础,是著作权法律关系得以发生的法律事实构成。没有作品,就没有著作权,脱离具体作品的著作权是不存在的(刘春田,2002)。

一、作品的类型

著作权是依据文学艺术和科学作品而产生的法定权利。2002年《中华人民共和国著作权法实施条例》第2条界定了"作品"的含义:"著作权法所称作品,是指文学、艺术和科学领域内具有独创性并能以某种有形形式复制的智力成果。"[①]在著作权法中明确规定作品定义,可以有效解决作品类型列举不全的弊端,使其可以涵盖因科技发展而产生的各种新作品类型。基于此,此次修法增列作品定义条款,即将《著作权法实施条例》的规定上升为法律条文,同时对现行的作品类型进行修正:将"电影作品和以类似摄制电影的方法创作的作品"修改为"视听作品",同时在第三章相关权中删除"录像制品"规定;增加关于实用艺术作品的规定;将"计算机软件"改为"计算机程序"。上述条款与有关"作品定义"修改相结合,从抽象和具体两方面入手,更为准确地界定著作权法意义上的作品(吴汉东,2012)。

我国2001年修订《著作权法》时,首次将"杂技艺术作品"列为保护对象,是世界上唯一做出此种规定的国家。然而,根据著作权法原理,杂技、魔术和马戏本身是不可能构成作品的,这一点在国际上早有定论。背离国际通行规则的"首创"无论在理论上还是在实务中都导致了混乱。"技巧"属于一种"操作方法",而著作权法只保护具有美感的表达,不能保护任何操作方法。……"杂技、魔术和马戏"本身不能构成独立于技巧之外的,"以技巧表现的作品"(王迁,2012)。《伯尔尼公约》第2.1条界定了"文学和艺术作品",实际上确定了作品的类型。我国《著作权法》第3条和《著作权法实施条例》第4条列举了"作品"的类别。以上分类,是著作权立法的传统做法,并非科学的分类标准。著作权法第6条还规定,民间文学艺术作品亦受著作权法保护(沈任干等,2003)。国家版权局的著作权法修改草案增加了作品的定义,并将《著作权法实施条例》中关于各类具体作品的定义上升至法律中。与现行《著作权法》相比,其主要区别为:①将"电影作品和以类似摄制电影的方法创作的作品"改为国际社会较普遍使用的"视听

---

① 2002年我国《著作权法实施条例》第四条:著作权法和本条例中下列作品的含义是:(一)文字作品,是指小说、诗词、散文、论文等以文字形式表现的作品;(二)口述作品,是指即兴的演说、授课、法庭辩论等以口头语言形式表现的作品;(三)音乐作品,是指歌曲、交响乐等能够演唱或者演奏的带词或者不带词的作品;(四)戏剧作品,是指话剧、歌剧、地方戏等供舞台演出的作品;(五)曲艺作品,是指相声、快书、大鼓、评书等以说唱为主要形式表演的作品;(六)舞蹈作品,是指通过连续的动作、姿势、表情等表现思想情感的作品;(七)杂技艺术作品,是指杂技、魔术、马戏等通过形体动作和技巧表现的作品;(八)美术作品,是指绘画、书法、雕塑等以线条、色彩或者其他方式构成的有审美意义的平面或者立体的造型艺术作品;(九)建筑作品,是指以建筑物或者构筑物形式表现的有审美意义的作品;(十)摄影作品,是指借助器械在感光材料或者其他介质上记录客观物体形象的艺术作品;(十一)电影作品和以类似摄制电影的方法创作的作品,是指摄制在一定介质上,由一系列有伴音或者无伴音的画面组成,并且借助适当装置放映或者以其他方式传播的作品;(十二)图形作品,是指为施工、生产绘制的工程设计图、产品设计图,以及反映地理现象、说明事物原理或者结构的地图、示意图等作品;(十三)模型作品,是指为展示、试验或者观测等用途,根据物体的形状和结构,按照一定比例制成的立体作品。

我国国家版权局于2012年3月提出的《关于"中华人民共和国著作权法"(修改草案)》第3条规定了15种作品,与《著作权法实施条例》第4条的不同之处在于,该草案第3条还规定了其他类型的作品;(七)杂技艺术作品,是指杂技、魔术、马戏等通过形体动作和技巧表现的作品;(八)美术作品,是指绘画、书法、雕塑等以线条、色彩或者其他方式构成的有审美意义的平面或者立体的造型艺术作品;(九)实用艺术作品,是指具有实际用途的艺术作品;(十)建筑作品,是指以建筑物或者构筑物形式表现的有审美意义的作品;(十二)视听作品,是指固定在一定介质上,由一系列有伴音或者无伴音的画面组成,并且借助技术设备放映或者以其他方式传播的作品;(十三)图形作品,是指为施工、生产绘制的工程设计图、产品设计图,以及反映地理现象、说明事物原理或者结构的地图、示意图等作品;(十四)模型作品,是指为展示、试验或者观测等用途,根据物体的形状和结构,按照一定比例制成的立体作品;(十五)计算机程序,是指为了得到某种结果而可以由计算机等具有信息处理能力的装置执行的代码化指令序列,或者可以被自动转换成代码化指令序列的符号化指令序列或者符号化语句序列,同一计算机程序的源程序和目标程序为同一作品。

作品",同时在相关权部分取消了"录像制品"的规定,主要理由是视听作品的表述更加简洁,单设一类录像制品作为相关权客体的立法例不普遍,多数情况下录像制品都可作为"视听作品"保护。②增加关于实用艺术作品的规定。我国现行《著作权法》中并无实用艺术作品的规定,但在《实施国际著作权条约的规定》中却有保护25年的规定这种超国民待遇的规定长期以来受到学术界和实务界的质疑,并且对于我国国民的实用艺术作品是以美术作品保护还是不保护没有统一认识。因此,草案根据《伯尔尼公约》规定,对实用艺术作品单列为一类作品进行保护,其保护期规定为25年。③将计算机软件改为计算机程序,主要理由是文档可以直接以文字作品保护,无须专门规定(国家版权局,2012)。《最高人民法院关于审理涉及计算机网络著作权纠纷案件适用法律若干问题的解释》(法释〔2006〕11号)第2条规定:"受著作权法保护的作品,包括著作权法第3条规定的各类作品的数字化形式。在网络环境下无法归于著作权法第3条列举的作品范围,但在文学、艺术和科学领域内具有独创性并能以某种有形形式复制的其他智力创作成果,人民法院应当予以保护。"

草案中明确增加了作品定义,将《著作权法实施条例》中关于作品定义的规定上升为法律条文,同时对现行的作品类型进行修正:①将"电影作品和以类似摄制电影的方法创作的作品"修改为"视听作品",同时在第3章"相关权"删除了"录像制品"的规定;②增加关于实用艺术作品的规定;③将"计算机软件"修改为"计算机程序"。该条款与上述有关"作品定义"的修改建议相结合,从抽象和具体两方面入手,更为准确地界定了著作权法意义上的"作品"(吴汉东,2012)。《著作权法》的相关规定却没有提及作品的构成要素,如表达和独创性。《著作权法实施条例》第2条似乎界定了作品的构成要素——涉及了独创性、智力成果和有形形式的复制等要素。在对此略作改动的基础上,"修改草案"第3条对作品给出的定义中所涉及的要素包括了独创性、智力成果和固定。显然,"修改草案"中的"能以某种形式固定",来自于《实施条例》中的"能以某种有形形式复制"。二者都在有关作品的定义中明确了"独创性"的要素,值得肯定。然而,作品的定义也存在着两个明显问题,一是没有明确规定"表达"的要素,二是提出了"固定"的要求(李明德,2012)。

东盟十国版权立法中对于作品类型的规定仍然存在不同之处。

(一)新加坡《版权法》

新加坡政府一直致力于把新加坡建成重要的区域知识产权中枢。因此十分重视知识产权的保护和鼓励,制定了一系列保护知识产权的法律法规,同时通过资金支持等手段积极营造鼓励创新、方便智力成果产业化的科研、政策和商业环境。新加坡规范版权的主要法律是《版权法》(Copyright Act),它的保护范围包括小说、软件程序、剧本、活页乐谱、绘画作品等。在新加坡取得版权需要满足的条件是作品的作者或创作人是新加坡公民或居民,该作品首次在新加坡出版。在新加坡外以外的地方取得版权的作品也可以在新加坡得到保护,条件是作品的作者或创作人是加入WTO或《伯尔尼公约》的成员国的国民或居民,该作品首次在WTO或《伯尔尼公约》的成员国出版①。

新加坡1987年《版权法》(1988年、1999年、2006年分别修订)第Ⅱ部分第7条对"艺术作品"做出了解释:"艺术作品指:①绘画、雕塑、素描、雕刻或者摄影,不论该作品是否具有艺术

---

① 《新加坡保护知识产权有关规定》,资料来源:http://sg.mofcom.gov.cn/aarticle/jmxw/xmpx/200902/20090206050465.html。访问时间:2011年12月20日。

性;②建筑或者建筑模型,不论该建筑模型是否具有艺术性;③上述两类都不适用的艺术工艺(artistic craftsmanship)作品,但是并不包括《集成电路布图设计法》第 2 节(1)含义下的布图设计或者集成电路。"该法第 7A 条规定:"'文学作品'包括任何形式的编撰和计算机程序。"

(二)马来西亚《版权法》

马来西亚 1987 年制定了《版权法》,此后分别于 1995 年和 1997 年修订,1998 年通过版权法修正案,2003 年再次修订。

在马来西亚,有关版权保护的法律法规主要包括《版权法》(1987)。《版权法》为版权作品提供全方位的保护。该法在其第 3 节"解释"部分规定:"'艺术作品'指的是:①绘画作品、素描、雕塑或者拼贴画,不论其艺术水平;②建筑物的建筑作品;③艺术工艺品。但是并不包括 2000 年的《集成电路布图设计法》下的布图设计。"该法对"艺术作品"的解释与新加坡 1987 年《版权法》第 Ⅱ 部分第 7 条对"艺术作品"含义的解释基本相同。

马来西亚 1987 年《版权法》第 3 节"解释"部分规定:"'作品'包括①小说、故事、书籍、小册子、手稿、诗歌作品和其他作品;②戏剧(plays)、话剧(dramas)、舞台指导(stage directions)、电影场景(film scenarios)、广播原稿、舞蹈作品和哑剧;③论文(treatises)、历史、传记、论文和文章(essays and articles);④百科全书、字典和其他参考作品(works of reference);⑤信件、报告和备忘录;⑥讲座(lectures)、演说(addresses)、布道和其他性质相同的作品;⑦表或汇编(compilations),不论是否用言语表达,数字或符号,以及不论是否以一个可见的形式;⑧计算机程序;但不包括政府或法定机构的立法,或监管性质的正式文本(official texts),或司法裁决。

(三)菲律宾《知识产权法典》第四部分《版权法》

菲律宾 1997 年《知识产权法典》(IP Code)第四部分为"版权法"。其第二章标题为"原创作品"部分的第 172 条规定了"文学和艺术作品的范围":文学和艺术作品,以下简称"作品",是在文学和艺术创作领域原创的知识,从其产生时起就受到保护,应当特别包括:①书籍、小册子、文章和其他作品;②期刊和报纸;③讲座、布道、演说、准备口头提交的学位论文,不管是否在书面或者其他物质形式方面有所减少;④信件;⑤戏剧性或戏剧化音乐(dramatic-musical)乐曲;舞蹈作品或用手势表示的娱(entertainment in dumb shows);⑥乐曲,不论有或没有语词;⑦绘图(drawing)、绘画(painting)、建筑、雕塑、版画、石印或其他艺术作品;模型或设计的艺术作品;⑧原创的装饰图案设计或制造品的模型,不管作为一个工业设计和其他应用艺术的作品是否可登记;⑨插图、地图、计划、草图、图表和涉及地理、地形地貌、建筑或科学的三维作品;⑩具有科学或技术特点图纸或塑料作品;⑪摄影作品,包括以类似摄影方法制作的作品、幻灯片;⑫视听作品和电影作品以及以类似于摄影或以制作视听录音制品的任何方式制作的作品;⑬绘画插图和广告;⑭计算机程序;⑮其他文学、学术、科学和艺术作品。

(四)印度尼西亚《版权法》

随着印度尼西亚不断融入世界经济,印尼政府对知识产权的保护问题越来越引起人们的关注。目前,印尼的知识产权法由工业产权框架构成,工业产权中包括商标、地理标识、原产地标识、专利、实用专利、外观设计、集成电路版图设计、商业机密和版权等,版权包括版权和邻接权①。印度尼西亚版权法制定于 1982 年,先后经历三次修订(分别于 1987 年、1997 年、2002

---

① 《印度尼西亚知识产权发展概况》,资料来源:http://ip.people.com.cn/GB/138147/139488/index.html。访问时间:2012 年 1 月 3 日。

年三次修订)。

2002年《关于版权的印度尼西亚共和国2002年19号法律》(Law of the Republic of Indonesia Number 19 Year 2002 Regarding Copyright)在标题为"受版权保护的作品"的第四部分包括第12条和第13条两个条款。第12条明确规定了受版权法保护的作品的范围："(1)在本法律中,受保护的作品应当是包括下列作品在内的科学、艺术和文学领域的作品:①书籍、计算机程序、小册子、已经发表的作品版式设计和所有其他的文字作品;②布道、讲座、演讲和其他话语作品;③为教育和科学的目的制作的直观教具;④有或没有歌词的歌曲和音乐;⑤戏剧、音乐戏剧、舞蹈作品、木偶表演、哑剧;⑥所有的艺术形式,如油画、素描、版画、书法、雕刻品、雕塑、拼贴画和应用艺术;⑦建筑;⑧地图;⑨蜡染艺术;⑩摄影;⑪电影作品;⑫翻译、解释、改编、选集,数据库和其他作为模式的形式变化结果的作品。(2)在不损害原著版权条件下,第(1)款⑫项提及的作品作为独立作品受到保护。(3)本条第(1)款和第(2)款提及的受保护作品包括所有的尚未发表但已以一个明显的形式存在的作品,这将使其能够被复制。"

第13条从不受本法保护的作品角度来对第12条的作品范围予以进一步明确:"下列应没有版权:①国家机构的公开会议的任何结果;②法律和规章;③国家声明或政府官员的演讲;④法院判决和司法命令;⑤仲裁委员会或其他类似机构的裁决。"

(五)泰国《版权法》

泰国现行版权法律为1994年的《版权法》(Copyright Act, B. E. 2537 (1994))。其第4段对包括"文学作品、计算机程序、戏剧作品、艺术作品"等术语进行了解释。

"文学作品"是指任何类型的文学作品,诸如书籍、小册子、著作、印刷品、讲座、布道、演讲、发言,包括计算机程序。"计算机程序"意味着指令,一组指令或任何与电脑一起使用以使计算机工作或生成一个结果,而不管计算机语言是什么。"戏剧作品"指舞蹈编排、跳舞、包括哑剧在内的戏剧性安排中的表演。

"艺术作品"指下列说明中的一项或多项:①油画或者素描作品,指由线条、光、颜色或任何其他元素,或者其中的合成物,通过使用一种或多种原材料所创作而成的;②雕塑作品,指使用有形物创作而成;③平版印刷作品,指通过印刷过程制造的图片并且包括印版(printing blocks)或用于印刷的平板;④建筑作品,指建筑或者构筑物设计、室内或室外装饰以及景观设计或创建一个模型建筑或结构;⑤摄影作品,指通过使用形象记录仪器所创建的图片,该仪器允许光穿过镜头至胶卷或玻璃,并用特定配方的液体化学品冲洗或者通过能够将由任何其他仪器或方法录制的图片或者影像制成照片的任何过程;⑥插图作品,指关于地理、地形或科学的地图、结构、素描或三维作品;⑦应用艺术品,指对①~⑥中提及作品的一种或者数种,除了对该作品的欣赏以外,诸如对其的实际使用所产生的作品、装饰材料或者设备,或者为商业利益的使用,而不管有或没有艺术价值,并且应当包括这类作品的照片和计划。

"音乐作品"指作曲以供演奏或者歌唱的作品,不论是否具有旋律和歌词或者仅有歌词,包括已安排和转录的音符或音乐图。

"视听作品"是指记录在任何一种媒介并且能够使用适合该媒介的设备重播的连续的可视形象所构成的作品,包括该作品的声道,如果有任何声道的话。"电影作品"是指由连续的视觉图像构成的作品,该图像能够连续不断地作为移动图片被播放,或者为了连续不断地放映移动图片,该图像能够被录制在另一个媒介上,包括该电影作品的声带,如果有任何声带的话。"录音资料"指由录制在介质上并能够使用适合该介质的设备来重播的连续不断的音乐、表演的声音或任何其他的声音所构成之作品,但是不包括电影作品的或者其他视听作品的声带。"

该法第1章第1部分"版权作品"部分第7段规定了不受该法保护的某些作品:"以下不得依据本法被视为版权作品:①不属于文学、科学或者艺术领域的时事新闻和具有纯信息性质的事实;②宪法和法律;③各部、各部门或其他任何政府或地方单位的条例、规章制度、通知、命令、解释和公函;④司法判决、命令、决定和官方报告;⑤第①～④中规定的,由各部、各部门或其他任何政府或当地的单位制作的材料的翻译和集辑。"

（六）越南《第12/2009号命令》

越南于1986年、1996年颁布了《著作权法保护条例》,1995年颁布的《民法典》中包括了版权法。2005年颁布了《知识产权法》(Law No. 50/2005/QH11)。越南2005年颁布的《民法典》(No. 33/2005/QH11)第6部分的标题为"知识产权与技术转让",包括3章,其标题分别为"版权和相关权"（第34章）、"工业产权和植物多样性权利"（第35章）、"技术转让"（第36章）,但是该法典中并没有对版权保护客体的范围做出界定。

《第12/2009号命令》(Order No. 12/2009/L-CTN of June 29, 2009, on the promulgation of law)第5段标题为"对第14条作如下的修正和补充",规定:"第14条 版权保护适格作品类型:(1)受版权保护的文学、艺术和科学作品包括:①文学和科学作品、教材、教学课程和其他以书面语言或其他文字表达的作品;②讲座、演讲和其他的布道;③新闻作品;④音乐作品;⑤戏剧作品;⑥电影作品以及由类似于摄影方法制成的作品（以下统称为电影作品）;⑦造型艺术作品和应用艺术作品;⑧摄影作品;⑨建筑作品;⑩草图、计划、地图和与地形有关的图纸、建筑或科学作品;⑪民间传说和属于民间文化的民间艺术作品;⑫计算机程序和数据汇编。(2)仅当派生作品不损害被用于创建这些派生作品的作品版权时,派生作品应当依据本条第(1)款受到保护;(3)本条第(1)款和第(2)款界定的受保护作品必须由作者本人通过其没有复制他人作品的个人劳动方式做成。(4)政府应当对本条第(1)款中规定的作品类型给予详细指南。"

（七）缅甸《版权法》

1914年缅甸《版权法》第35段对受该法保护的作品范围做出了界定:除非上下文另有要求,在本法中,"文学作品"包括地图、图表、计划、表和汇编;"戏剧作品"包括诗歌的任何片断、舞蹈作品或者用手势表示的娱乐作品,不论是否以文字固定的戏剧安排或者表演形式、任何电影产品,只要该安排或者表演形式或者所代表的事件的综合赋予该作品以原创性。"艺术作品"包括绘画、素描、雕塑和艺术工艺作品,以及建筑艺术作品和版画和照片;"雕塑作品"包括铸件和模型;"建筑艺术品"是指具有艺术特征或设计的任何建筑或结构,在尊重这样的字符或设计,或该建筑或者结构的任何模型,只要本条例所提供的保护应当限于艺术特征和设计且不得扩展到建设方法或者流程;"版画"包括蚀刻画、平刻画、木刻、印刷品和其他类似的作品,但不包括照片;"照片"包括平版印刷照片和以类似摄影方法产生的任何作品;"电影摄制"包括以类似于摄影的任何方法产生的作品;此外,该还对"集体作品"、"表演"、"演讲"予以界定。

（八）柬埔寨《版权及相关权利法》

柬埔寨于2003年颁布了《版权及相关权利法》,该法第7条明确规定了受保护作品的范围:"与本法第3条规定相符的下列客体受本法保护:①各种供阅读的书籍或其他文学、艺术、科学和教育文件;②讲座、演讲、布道,口头或书面诉状和其他相同的特征的作品;③戏剧作品或音乐戏剧;④舞蹈作品,不管是现代或改编自传统的作品或民间传说;⑤马戏团表演和哑剧;⑥乐曲,不论是否有或没有词;⑦视听作品;⑧绘画、版画、雕塑作品或其他拼贴画作品,或应用艺术；⑨摄影作品或借助类似摄影技术制作的作品；⑩建筑作品；⑪地图计划，草图或与地理、地形有关的作品或其他科学作品；⑫计算机程序和与这些程序有关的百科全书设计文件；⑬在手工艺品方面的拼贴作品、手工纺织产品或其他服装时尚产品。"

2003年《版权及相关权利法》第8条规定了对派生作品的版权保护问题："派生作品包括翻译、改编、安排和修改或对作品的其他改进、数据库编辑，无论其是在机可读或其他形式，也都应当受本法保护。上述任何作品的保护不应当损害对被纳入或使用来产生新作品的原作品的任何保护。"该法第9条规定了对作品标题的保护："对于代表作品原创性质的任何作品的标题像该作品本身一样受本法保护。"

2003年《版权及相关权利法》第10条规定了不受保护的某些作品："下列作品不受本法任何保护：①宪法、法律、皇家法令(royal decree)、二级法令(sub-decree)和其他条例；②公告、裁决、证书以及由国家机关发布的其他通告(instructed circulars)；③法院判决或法院的其他支付命令；④本条上述①~②中提及的材料的翻译；⑤思想、仪式、操作方法、概念、原理、发现或纯粹的数据，即使它们在任何作品中被表达、描述、解释或包含。"

（九）文莱《版权法》

文莱于1999年颁布了《紧急(版权)令》(Emergency (copyright) Order, 1999)，其全称为《关于版权和相关事项的命令》(An Order in Respect of Copyright and Related Matters)。在"作品的描述和相关规定"标题下有6段条文，其中涉及该法所保护的作品范围的规定。第5段规定："(1)本命令中，戏剧作品包括舞蹈作品或者哑剧；文学作品指除戏剧或者音乐作品之外的书面、口头或者演唱的任何作品，还包括：①计算机程序；②表格、数据或其他材料的汇编，无论其是以机器可读形式还是其他形式，对原著内容的选集或者安排；音乐作品指由音乐构成的作品，不包括与音乐一起为了用于歌唱、口头或者表演的任何词语或者行为；(2)在文学、戏剧或者音乐作品中并不存在版权，除非并且直到该作品已经以书面形式被记录，或者有其他的规定；本部分所提及的产生作品的时间是指其被记录下的时间。"

《紧急(版权)令》第6段规定了艺术作品的范围："(6)本命令中，艺术作品指：①绘画作品、摄影、雕塑或者拼贴，不论艺术质量；②作为建筑物或者建筑物模型的建筑作品；③艺术工艺作品。'建筑物'包括任何固定的结构以及建筑物的一部分或者规定的结构；'绘画作品'包括任何油画、素描、图表、地图、图纸或者计划，以及任何雕刻的、蚀刻的、平版印刷、木刻或类似的作品。"

（十）老挝《知识产权法》

老挝于2008年颁布了《知识产权法》，第5章的标题为"版权及与版权有关的权利"，其中第74条规定了保护版权的条件，共有两个条款，第1款涉及艺术作品的保护条件，第2款涉及文学作品的保护条件。

第1款规定："艺术作品是指以下任何作品：①油画和素描、雕刻、光刻或衣服的图案和其他的美术作品；②雕塑、石雕和其他雕塑作品；③建筑物或建筑的设计、内部设计或外部装潢，以及其他建筑作品；④使用任何技术手段拍摄的照片；⑤插图、地图、计划、草图或有关地理位置、地形地貌和科学的三维数据；⑥为戏剧谱写的音乐、哑剧或舞台表演、舞蹈设计及舞蹈、为表演所创作的其他种类的作品；⑦与节奏和歌词相关的音乐作品或者仅指包括经安排和转录的音符在内的节奏；⑧声音—图像录制，这是指在诸如唱片、磁带、录像带、激光唱盘、CD、VCD、DVD、mp3、mp4或者其他任何录制材料上录制的作品；⑨电影摄制是指以可视形象形式播放的图像序列，并能够在另一种材料上录制并也能够被不断地作为包括该电影作品的声道在内的移动图片来播放。"

第 2 款规定:"文学作品是指以下任何作品:①书籍、论文、传单、期刊、印刷品和其他作品;②讲座、文章、演讲、布道和演说;③戏剧和故事;④计算机程序和信息编译。"

该法第 75 条规定了派生作品:"版权派生作品是指从任何语言翻译成老挝语或者翻译成其他语言,或者从老挝语翻译成其他语言的作品;选定或者当选作品经修改、转换、改编、编辑、进行解释而产生的作品。对该类作品的保护内容应当遵守本法第 74 条规定,对该条中规定的任何作品没有任何影响。"

老挝《知识产权法》第 76 条排除了对某些种类作品的版权保护,该条的标题为"没有资格获得版权保护的情形",其具体规定为:"以下没有资格获得版权保护:①有新闻特征的信息;②任何法律、行政规则、司法文件和官方翻译;③程序、系统、练习方法、定义、原则和统计。"

尤其值得关注的是,老挝《知识产权法》第 87 条涉及对传统知识的保护:"艺术作品和民间风俗(folklore)的版权——艺术作品和民间风俗指的是对根据下列事项的创造进行编纂的结果:共同体或反映该共同体生活方式的群体的传统;与该共同体的文化和社会特征相一致的表演;口头继承下来的、模仿的或类似的条件和价值。①民间传说、押韵、箴言、谚语;②民间歌曲、当地的声乐和音乐;③当地的舞蹈、当地的演奏、当地的仪式和当地的比赛;④使用当地任何材料制作的乐器、油画、素描、彩色图、雕刻、建筑设计。使用该艺术作品或民间风俗的人或组织必须表明该当地表演的来源并保护该作品的原创价值。"

二、东盟各国著作权的内容

著作权的内容一般是指著作权人对于其作品所享有的财产权利和人身权利。著作权的内容是指著作权人根据法律的规定对其作品有权进行控制、利用、支配的具体行为方式,反映了法律对作者与其所创作作品之间的具有人格利益和财产利益的联系方式(刘春田,2002)。在英美法系国家,尤其是在美国,版权被当作是一种经济权利,因而在版权法中不注重对于作者精神权利的规定和保护。在大陆法系国家,尤其在法国和德国,著作权被当作是基于作品的创作而产生的权利,是基于自然人的创作而产生的权利。因而在大陆法系国家里,著作权由作者的精神权利和经济权利构成(李明德等,2003)。

TRIPS 协议第 9.2 条规定:"版权的保护仅延伸至表达方式,而不延伸至思想、程序、操作方法或数学概念本身。"有一个基本观点是,思想本身是不受著作权保护的。要获得这种对思想的保护必须求助于专利法,而不是著作权法。因此,除了受专利保护,一个人公开他的思想后,是没有办法阻止他人使用这一思想的。但这一思想一旦被阐述或表达出来,就存在对籍以表现这一思想的文字、符号、线条等的著作权保护。换句话说,能受到保护的是表现形式而不是思想本身(刘波林,2002)。但《伯尔尼公约》中,只详述了版权应保护什么。至于版权不应保护什么,该公约只提到了一条——"纯新闻报道"。为了更突出"不应保护"的这一面,TRIPS 协议在第 9.2 条中,把思想、工艺、方法及概念与它们的"表达"做了一个明显的区分。……该款对《伯尔尼公约》作另一侧面的补充是必要的(郑成思,2001)。国务院 2002 年实施的《计算机软件保护条例》第 6 条规定:"本条例对软件著作权的保护不延及开发软件所用的思想、处理过程、操作方法或者数学概念等。"

(一)著作权的获得及归属

由于各国法律规定的不同,著作权的获得方式也不尽相同。大体说来,著作权的获得有自动获得、加注版权标记获得和登记获得三种(李明德等,2003)。版权的取得条件,也就是取得版权的途径,这是享有各项版权权利内容的前提。从历史上看,版权的取得经历了一个从"有手续原则"到"无手续原则"的演变过程,东盟国家现行的版权制度也顺应这一趋势,均规定获得版权无须登记。不过,印度尼西亚版权法第35~44条对作品的注册进行了专门规定。菲律宾《知识产权法典》第191条也有类似规定。两国采取这样的做法主要是为了在发生版权纠纷时,方便举证,利于保护版权人的合法权益(杨静,2008)。

1. 自动获得

在多数建立了版权制度的国家,版权随着作品的创作完成而依法自动产生,或(对外国人或并非同一公约成员国之人)随着作品的出版及其他形式发表而自动产生,不需要履行任何形式的手续,作品上也不需要有任何特别的表示"享有版权"的形式(郑成思,2003)。可见,作为版权获得方式之一的自动获得是指版权的产生仅以作品的创作完成为根本条件,与其是否出版没有关系。《伯尔尼公约》规定了作品的自动保护,即著作权获得的方式。第3.2条规定:"属于本联盟成员国国民的作者,不论他们的作品已否发行";第5.2条规定:"这些权利的享有和行使无须履行任何手续,并与作品的来源国给予的保护无关。"①保护不能以履行任何手续为条件。"手续"一词必须理解为指内法规定的权利保护要件意义上的行政义务,未履行这些义务将导致丧失著作权。例如,交存作品的复制品,在某一公共机构或官方机构进行作品注册,缴纳注册费,或履行其中一项或一项以上的义务。如果保护取决于履行任何这样的手续,就违反了公约的规定(刘波林,2002)。作品的自动保护原则是著作权法有别于商标法、专利法的一个重要特征。

关于"作品创作完成"的时间或者界限,新加坡《版权法》第16条规定:"本法中文学、戏剧或者音乐作品产生的时间或者期间应当理解为该作品首次变成书面或者某些其他物质形式;以声音形式存在的文学、戏剧或者音乐作品应当被认为是已经以物质形式固定了;在包含该录音的首次录音产生之时间即应当视为录音已经产生;该录音的录制者是此时该录音的拥有人;电影拍摄的产生应当被理解为制作该电影第一个拷贝而进行的必要事项;该人在该可视影像或者声音,或者影像和声音被转播的时间和地点,在卫星直播传送情况下则在该可视影像或者声音,或者影像和声音被传送到卫星转发器的时间和地点,电视转播或者声音转播应当视为完成制作。"此外,该条还规定"通讯"产生的时间为其制作之时。马来西亚《版权法》界定了"物质形式"的含义:"'物质形式'与作品或者演绎作品相关,包括存储的任何形式(不论是否可视),该作品或者演绎作品,或者该作品或者演绎作品的大部分能够从该存储中予以复制。"越南的《知识产权法》中基本没有规定版权方面的内容,而在越南《民法典》第6部分"知识产权权利与技术转让"中,该部分的第一章(法典的第34章)标题为"版权和邻接权"。该法第739条规定:"版权产生的时间和版权的效力:版权应当自作品产生并以给定的物质形式表达的日期起产生。"印度尼西亚、泰国、缅甸《版权法》中对"作品创作完成的时间界线"问题并无明确规定。越南《民法典》第737条规定了版权客体,版权的获得无须任何程序:"版权客体应当包括文学、艺术或科学领域中创造的,以任何形式和任何手段表达的所有作品,而不论其内容和价值如何,并且也不依赖任何程序。"老挝《知识产权法》第3部分第79节规定:"当作品的产生没有登记的要求时,版权或者邻接

---

① 《伯尔尼公约》第5.2条规定了"版权独立性原则"。对该原则的理解请参见郑成思著《知识产权法》,法律出版社2003年版,第252—253页。

权是自动产生的权利,……"《柬埔寨版权和邻接权法》第 38 条规定:"作品自动获得保护。"菲律宾《版权法》第 172.1 条规定:"文学、艺术作品从其产生之时受到保护。"第 172.2 条也规定:"作品根据其产生的唯一事实而受到保护,而不论其表达模式或者方式、内容、质量和目的。"

不过,柬埔寨《版权与邻接权法》第 26 条也对作者创作的权利进行了限制:基于任何人或家庭生活的真实故事创作作品的作者必须获得该人或作为该家庭继承人的家庭成员的授权。印度尼西亚《版权法》第 17 条规定:"在听取版权委员会的考量之后,政府应当禁止出版违反宗教、防卫和国家安全、道德和公共秩序领域中政府政策的任何作品的出版。"

我国《著作权法》第 2.1 条也同样规定了作品的自动保护:"中国公民、法人或者其他组织的作品,不论是否发表,依照本法享有著作权。""在我国,著作权法中没有规定受保护作品需要履行任何手续或符合任何形式,因此等于暗示我国实行'依法自动产生'版权等制度。"(郑成思,2003)。2002 年我国《著作权法实施条例》第 6 条规定:"著作权自作品创作完成之日起产生。"该条例还规定,著作权法第 2.3 条规定的首先在中国境内出版的外国人、无国籍人的作品,其著作权自首次出版之日起受保护。外国人、无国籍人的作品在中国境外首先出版后,30 日内在中国境内出版的,视为该作品同时在中国境内出版。

2012 年 3 月国家版权局公布的《著作权法修改草案》第 4 条第 2 款规定:"相关权自使用版式设计的图书或者期刊首次出版、表演发生、录音制品首次制作和广播电视节目首次播放之日起自动产生,无须履行任何手续。"

在著作权的自动保护方式中,"作品"并非必须是指完成的整部作品,也可以是其一部分。"创作完成既包括全部完成,也包括部分完成。……总之,从理论上讲,只要作者的某一思想或某一构思已经完整地以某种形式表达出来,即使这只是他全部构思的一个组成部分(甚至是非主要的组成部分),也应视为作品中一定阶段上的完成。"柬埔寨《版权和邻接权法》第 5 条规定了"部分作品"也受法律保护:"依据作者思想得以实现的唯一事实,即使并不完整,该作品被视为已经产生,而并不考虑是否公开。"

此外,"不依赖任何形式而获得版权,还不能等同于不需要任何条件即获得版权。在一些英联邦国家(如英国、爱尔兰、澳大利亚、新西兰、新加坡等),版权法明文规定了只有'合格人'才能享有版权。另外有一些国家的实践中(或者版权法的暗示条款中)也同样要求享有版权等人必须是'合格人'。'合格人'在多数国家指定是:①本国国民;②在本国有长期居住所的外国国民或无国籍人;③在本国首次出版其作品的非本国国民;④本国所在地公约之成员国的国民;⑤在本国所在公约的成员国中首次出版其作品的非成员国国民。……在法人可以成为原始版权人的国家,有些还专门规定了依本国法律登记或设定的法人团体应视为可获得版权等'合格人'。"(郑成思,2003)。新加坡《版权法》第 27 条中多次提及"合格人"并对之进行了界定:"(1)根据本法规定,版权应当存在于尚未出版的原创的文学、戏剧、音乐或者艺术作品,并且该作品的作者①在该作品产生时是合格的人;②如果作品的产生持续了一段期间,那么,在该期间的大部分时间里该作者是一个合格人;(2)根据本法的规定,当原创的文学、戏剧、音乐或者艺术作品已经出版:①版权应当存在于该作品;②作品首次出版,如果其版权立即存在,那么,版权应当在作品中继续存在,但是仅仅是如果;③作品的首次出版是指新加坡;④在作品首次出版时,该作品的作者是合格人;⑤在该时间之前,作者已经死亡,但是其死前是合格人;(3)尽管有本条第(2)款的规定,但根据本法其他条款的规定,版权应当存在于①建筑物位于新加坡的原创艺术作品,②附属于该建筑物或者构成该建筑物一部分的原创艺术作品;(4)本条中的'合格人'是指新加坡公民或者居住在新加坡的人。"此外,马来西亚《1987年版权法》第3条"解释"部分对"合格人"进行了界定:"①与个人有关,是指马来西亚的公民或者马来西亚的永久居民;②与一个法人团体有关,是指依据马来西亚法律成立于马来西亚并享有法律人格的法人团体。"文莱《版权法》第202条也是对合格的表演者的相关规定。泰国《版权法》第8.2条规定:"在作者必须是泰国国民的情形中,如果他是一个法人,就必须是根据泰国法律成立的法人。"柬埔寨《版权和邻接权法》第13条也规定了自然人和法人的作者权问题。印度尼西亚《版权法》第9条规定了"法律实体"成为作品作者的条件。

我国《著作权法》中的"作者"既可以是自然人,也可以是法人或者其他组织(如第16条的规定);既可以是本国人,也可以是在一定条件下的外国人(第2条①)。《世界版权公约》第2条也有类似规定②。《伯尔尼公约》对版权主体的规定较简单明确:惟作者是原始版权人。……《伯尔尼公约》暗示仅自然人可以成为作者。我国《著作权法》第11条则承认在特定条件下,法人或非法人单位可以视为作者。这些在理论上看起来有很明显的差异,在实践中却不经常产生冲突,尤其在版权贸易中很少发生冲突(郑成思,2003)。

2. 固定要求与版权的获得

《伯尔尼公约》虽然规定了作品的自动保护原则,但是并非没有例外,其第2.2条规定了"要求固定的可能性":"本联盟的成员国的立法可以规定,所有作品或任何特定种类的作品除非以某种物质形式固定下来,否则不受保护。"《伯尔尼公约》给予成员国的这一自由,已经在与舞蹈作品及电影相关的段落中提到了。一些国家的法律要求作品必须进行固定(不一定由该作品的制作者),以识别该作品及避免同他人的创作成果相混淆。固定不是第5条第(2)款意义上的手续,因为这种手续仅涉及行政要求,如名称的注册;固定则证明该作品的存在。其他国家的法律则认为以某种物质形式固定不必是取得著作权的条件;即使在电影领域也可能有"未固定的"影片需要保护(刘波林,2002)。以物质形式将作品固定下来才能获得版权,这主要把"口头作品"排除在外了。此外,还排除了把表演活动视为作品的所谓"演艺作品"。按照"固定"为前提的保护,表演者的演出,如果只是由无线电台直接将声音转播或由电视台将音、像转播,这种声音或形象出现在接收设备上,而事先并没有录在磁带上,那么这种声音或形象就受不到版权法的保护。要求作品事先固定在物质形式上,本来目的是版权纠纷产生时便于取证,电台或电视台转播未加固定的表演而得不到保护,事实上就会使表演者得不到保护或得不到完整的保护。……这显然是不合理的。所以,有些原先曾要求作品必须固定之后才受版权保护的国家,正在修改版权法以使其"固定在物质形式上",只作为司法程序中的一项要求,而不作为获得版权等前提,以便与其保护表演者权的单行法,在法理上一致起来,并在实践中减少漏洞。……"固定"要求的典型国家应当是非普通法国家。……在要求以"固定"为条件的国

---

① 我国《著作权法》第2条规定了作者为外国人时作品受保护的条件:"外国人、无国籍人的作品根据其作者所属国或者经常居住地国同中国签订的协议或者共同参加的国际条约享有的著作权,受本法保护。外国人、无国籍人的作品首先在中国境内出版的,依照本法享有著作权。未与中国签订协议或者共同参加国际条约的国家的作者以及无国籍人的作品首次在中国参加的国际条约的成员国出版的,或者在成员国和非成员国同时出版的,受本法保护。"

② 《世界版权公约》第2条规定:"①任何缔约国国民出版的作品及在该国首先出版的作品,在其他各缔约国中,均享有同那一国家给予其本国国民于本国首先出版之作品的同等保护,也享有本公约特许之保护。②任何缔约国国民未出版的作品,在其他各缔约国中,享有同该国给予其国民未出版之作品的同等保护,也享有本公约特许之保护。③为实施本公约,任何缔约国可依本国法律将寄居该国的任何人看作本国之国民。"

家,可以推定:作品未固定在物质形式上之前,作者不仅不享有经济权利,也无精神权利可言(郑成思,2003)。不过,TRIPS协议第14.1条弥补了《伯尔尼公约》相关规定的漏洞,有利于保护表演者的权利:"就将其表演固定在录音制品上而言,表演者应有可能防止下列未经其授权的行为:固定其未曾固定的表演和复制该录制品。表演者还应有可能阻止下列未经其授权的行为:以无线广播方式播出和向大众传播其现场表演。"作品的固定与复制权的行使联系密切,"广义的复制权一直是以'固定'为基础的。要构成版权意义下的作品的复制,必须满足规定的要求。充分的稳定性一直是定义'固定'的主要功能性因素,只有稳定到能被观看、复制或者传播,才符合'固定'要求。因此,版权术语下的所有复制行为都构成某种有形的固定。"(万勇等,2008)

新加坡《版权法》第205条在解释相关术语时指出,"戏剧作品"包括以书面形式固定的或者以其他形式表现的相关作品。马来西亚《版权法》第7.3条规定了获得版权保护条件:"文学、音乐或艺术作品不应当获得版权,除非:①……②该作品已经被写下、录制或者变成物质形式。"该法第10A条在规定"表演者保护资格"时指出,表演者的现场表演应当享有表演者权,包括表演者并非马来西亚国民或者永久居民,但其表演尽管尚未固定在录音资料中,却被包括在符合本法保护条件的广播中的情形;在规定"表演者权利的性质"的第16A条中,"在马来西亚,表演者权利应当是排他性的控制权:①……②将未固定的表演予以固定。"该法第4.1(4)条规定:"仅当经固定的现场表演的一个复制品或数个复制品,在经表演者同意时,以足以满足公众合理要求的方式已经能够获得时,现场表演才应当被认为已经出版。"印度尼西亚《版权法》第50条将录音制品的固定日期作为确定作品受保护日期的一个标准。缅甸《版权法》第35条在界定"戏剧作品"时涉及"固定"一词。柬埔寨《版权和邻接权法》第3.2(2)条规定:"不是柬埔寨国民的表演者,但是其表演:……尚未在录音中固定,但是被包含在符合本法保护条件的广播中。……首次在柬埔寨王国固定的录音制品。"其第41条规定,表演者对于以录制方式固定其尚未固定的表演的行为具有排他的同意权利。此外,该法第42条也提及了"经固定的表演"、第53条提及"固定在唱片中的表演"。文莱《版权法》第2条在解释"戏剧作品"时提及"以书面或其他形式固定的表演……";其第6条规定:"'建筑物'包括任何已固定的结构和建筑物或者已经固定的结构的一部分";第186条规定:"……使公众能够获得其已经固定的表演……";第188条规定:"表演者对其经录音固定的表演享有权利。"泰国《版权法》没有关于作品固定的相关规定。

虽然我国法律对"固定要求"并无规定,也无这种行政管理实践或司法实践,但了解这种版权获得形式仍旧可能对我们的单位或个人处理中国外遇到的版权纠纷有所帮助(郑成思,2003)。我国《著作权法》第10.13条规定:"摄制权,即以摄制电影或者以类似摄制电影的方法将作品固定在载体上的权利。"《著作权法实施条例》第4.9、4.10条分别规定:"⑨建筑作品,是指以建筑物或者构筑物形式表现的有审美意义的作品;⑩摄影作品,指借助器械在感光材料或者其他介质上记录客观物体形象的艺术作品。"2002年9月修改后颁布的著作权法实施条例,对原来的第4条第2项作了不成功的删改,有可能使人误解为我国现在也与美国一样增加了"固定要求"。但是人们应当注意,中国版权保护中并不存在美国那样的"固定要求"(郑成思,2003)。

3. 版权标记与著作权的获得

《伯尔尼公约》规定了版权自动保护原则,版权的获得无须履行任何手续,而《世界版权公约》与此不同,其第3.1条规定了版权标记作为获得版权的前提条件问题:"依本国法律要求履行手续,如缴送样本、注册登记、刊载启事、办理证书、偿付费用或在该国国内制作出版等,作为版权保护条件的各缔约国,对根据本公约加以保护的一切作品和在该国领土以外出版而其作者又非本国国民的作品,应视为符合上述要求,只要这些作品是作者或版权所有者授权出版的,且自初版之日起,在所有各册的版权栏内,标有的 C 符号,注明版权所有者之姓名、初版年份等。"但是,其第 3.4 条规定了例外情形:"缔约各国应有法律措施保护其他各缔约国国民尚未出版之作品,而无须履行手续。"由于一大批原《伯尔尼公约》的成员国后来也参加了《世界版权公约》,所以,许多在本国立法中并不要求以版权标记为获得版权形式的国家在出版物中也都加注这种标记,以免作品载于出版物之后,在某些国家丧失版权。版权标记一般只能在印刷出版物或音像出版物上标出。所以,即使要求以这种标记获得版权的国家,也不会要求在某些美术作品或建筑艺术作品上以加注这类标记为取得版权的条件(郑成思,2003)。按照加注版权标记的做法,只要在作品出版发行时印上符合规定的标记就可以获得版权。作者也不需要申请注册,不需要获得任何机关或个人的授权或批准。所以有人认为,这也是自动获得版权的一种方式。当然,这种说法只是相对于专利权和商标权的申请和获得而言。就著作权的获得来说,加注版权标记仍然是一种手续。如果应当加注而没有加注版权标记,就会丧失或者不能获得著作权(李明德等,2003)。TRIPS 协议第 9.1 条规定:"各成员应遵守《伯尔尼公约》(1971)第 1~21 条及其附录的规定。"可见,《伯尔尼公约》规定的版权自动保护原则已经为 TRIPS 协议所纳入。近年来,随着《伯尔尼公约》在国际版权保护中所发挥的作用日益增大,尤其是随着《伯尔尼公约》的实体性条文纳入了世界贸易组织的《与贸易有关的知识产权协定》,已经很少有国家将加注版权标记作为版权获得的要件,或者说,即使有些国家还坚持加注版权标记作为获得版权的条件,只要它们加入了《伯尔尼公约》或者世界贸易组织,这种要求也仅仅适用于本国国民,而不适用于其他成员国或成员的国民(李明德等,2003)。

东盟十国版权法尚未发现有规定版权标记是获得版权条件的条款。

中国既是《伯尔尼公约》的成员国,又是《世界版权公约》的成员国。因而,为了让自己的作品在《世界版权公约》成员国中也得到保护,尤其是在那些既没有加入《伯尔尼公约》又没有加入世界贸易组织的成员国中得到保护,在出版物上加注版权标记还是必要的。况且,版权标记还有一个公告的作用,向社会公众宣告版权保留、出版年份和版权人等事项,也有利于作品的使用者与版权人联系,商谈有关的使用事宜。此外,加注版权标记也是一件非常简单的事情,只要权利人和出版者稍加留意就可以做到(李明德等,2003)。

2012 年,我国国家版权局发布了《中华人民共和国著作权法》(修改草案)第 3 条规定:"著作权自作品创作完成之日起自动产生,无须履行任何手续。"既包括无须注册(或登记)、无须交存样书等,也包括无须在作品上加注任何版权保留的标记(郑成思,2003)。

4. 登记与版权的获得

登记获得著作权,又称注册获得,是指一部作品完成或出版后,作者或相关人必须向有关的政府部门登记注册,才能获得著作权。不过,近代以来,登记作为著作权获得要件的国家并不多见。……即使是今天仍然实行登记获得著作权的国家,只要它们加入了《伯尔尼公约》或《世界版权公约》,就只能要求本国国民这样做,而不能将这一要求适用于其他成员国的国民。所以,登记获得著作权的要求对于绝大多数国家的国民来说没有什么意义(李明德等,2003)。西班牙、阿根廷、玻利维亚、巴拿马等国把登记注册作为作品获得著作权的必要条件;加拿大、阿根廷、巴西、葡萄牙等国规定著作权转让需经登记,否则便视为非法。……履行手续的好处是,发生侵权行为时,既有利于登记管理机关协助处理,又可以作为法院审理时著作权归属的初步证据(沈任干等,2003)。在著作权的转让方面,菲律宾、新加坡等国视著作权为著作财产权,因而著作权的转让与财产所有权的转让无异。在中国、泰国等国把著作权区分为人身权和财产权,原则上人身权不得转让、继承,只有著作权中的财产权才能转让(柳福东等,2005)。

印度尼西亚《版权法》第35~44条对作品的注册进行了专门规定:作者、其他版权持有人或者其代理人可以就其作品向知识产权理事会提出注册申请。提出申请时,应递交以印度尼西亚语书写的申请书,附作品复制件,并交纳相关费用。知识产权理事会在收到申请书9个月内做出是否准予注册的决定。准予注册的,将其在《作品注册簿》上正式注册。不过该法同时规定了对作品申请注册并非获得版权的法定义务。菲律宾《知识产权法典》第191条也有类似规定,鼓励版权人在作品第一次公开传播或表演发生后3周内交付符合形式的作品的完整复制件及规定的费用,向国家图书馆和最高法院资料室进行登记和寄托(杨静,2008)。

在以往著作权立法中,采用著作权登记手续的国家大致有以下几种模式:①将著作权登记手续作为著作权取得的必要条件,如利比里亚、马里;②将登记作为受保护作品著作权合法转让的必要条件,如阿根廷、巴西、智利等国著作权法的规定;③将登记作为行使起诉权和请求法律制裁侵权行为的程序之一,如黎巴嫩(胡开忠,2004)。

关于著作权和相关权登记的问题,2012年,我国国家版权局发布了《中华人民共和国著作权法》(修改草案)第6条规定:"著作权人和相关权人可以向国务院著作权行政管理部门设立的专门登记机构进行著作权或者相关权登记。登记文书是登记事项属实的初步证明。登记应当缴纳费用,收费标准由国务院著作权行政管理部门会同国务院价格管理部门确定。著作权和相关权登记管理办法由国务院著作权行政管理部门另行制定。"对此,我国国家版权局相关草案说明认为:"著作权和相关权权利的产生适用'自动保护'原则,无须履行任何手续。但是著作权和相关权作为无形财产权在适用'自动保护'原则的实践中存在两方面不足:一是权利状态不清晰,不利于权利人,尤其是未发表或匿名作品的著作权人行使权利;二是交易相对方很难判断权利状态,不利于市场交易,过大的交易风险和过高的交易成本会抑制交易市场的发展和繁荣。"为有效解决上述问题,许多国家和地区纷纷建立著作权登记制度。该制度不影响"自动保护"原则的适用,对权利人享有著作权起到初步证明的作用,是确保版权交易安全、减少版权交易成本、降低版权法律风险的重要制度保障。我国早在1994年12月就由国家版权局制定了《作品自愿登记试行办法》。……最高人民法院《关于审理著作权民事纠纷案件适用法律若干问题的解释》、海关总署《关于〈中华人民共和国知识产权海关保护条例〉的实施办法》等均对作品登记证书的法律地位有明确的规定,而在公安机关办理侵犯著作权刑事案件的实践中,作品登记证书则是证明权利人权利的重要证据。因此,草案从我国国情出发,借鉴国际社会做法,参考《计算机软件保护条例》规定,明确了著作权和相关权登记制度的法律依据、登记文书的法律效力以及收费标准制定问题。"①

---

① 《关于"中华人民共和国著作权法"(修改草案)的简要说明》(国家版权局,2012年3月)。关于专有许可合同与转让合同登记制度,该《说明》认为,近年来,著作权和相关权市场交易中经常出现"一物二卖"或者"一女二嫁"的案件,对于著作权交易安全产生很大威胁,社会各界也多次提出要建立专有许可和转让的登记备案制度。草案综合考虑各方因素,规定了著作权和相关权专有许可和转让的登记制度,在法律效力上采取了"登记对抗主义",同时规定法定许可赔偿必须以登记为前提条件(另一类法定赔偿的前提条件是著作权和相关权登记)。

史文清等在《简述普通法著作权法系与大陆法著作权法系的哲学基础及其主要区别》,载《版权参考资料》,1990年第4期,转引自(胡开忠,2004)。

2002年国家版权局发布的《计算机软件著作权登记办法》第6条规定：国家版权局认定中国版权保护中心为软件登记机构。2002年实施的《计算机软件保护条例》第7条规定："软件著作权人可以向国务院著作权行政管理部门认定的软件登记机构办理登记。软件登记机构发放的登记证明文件是登记事项的初步证明。"可见，我国已经设立了版权的自愿登记制度，其中外国及港澳台著作权人的作品由国家版权局负责登记。国内作品中，计算机软件由中国版权保护中心负责；其他作品的登记则由各地方版权局或者其委托的机构负责（吴汉东，2004）。

印度尼西亚《版权法》第13条规定："申请应当是指由申请人在总局提出的版权登记申请。"该法第4章的标题为"作品的登记"，共有10条（第35～44条）。第35条规定："①总局应当对作品登记进行管理并在作品总登记簿上予以记载；②任何人可以不付任何费用而查阅该登记簿；③任何人可以为自用通过付费而获得该登记簿的摘录；④第1款中提及的登记规定不应当是获得版权的一项义务。"第36条规定："在总局进行作品登记不应当被解释为是对已登记作品内容、含义或者形式的确认。"第37条规定："①在总局对作品的登记应当在作者或代理人提交的申请基础上进行；②在总局提出的作品登记申请应当提交两份，以印度尼西亚语书写，并附作品样品一份或其替代品，并支付费用；③一经收到第1款中规定的申请，总局应当在自收到该完整申请的日期起最迟9个月内做出决定；④第1款中提及的代理人应当是指总局登记的顾问；⑤关于提出申请的条件和程序的进一步规定应当由总统令规定。"第39条规定："当代表对作品共享版权的一个以上的人或者法律实体提出登记申请时，该申请应当附有证明所述事实的书面解释或行为的官方文本。"第39条规定了登记的内容："作品总登记簿尤其应当包括：①作者和版权持有人的姓名；②收到申请的日期；③完成第37条规定的要求的日期；④作品登记的数目。"第40条规定了登记完成的时间："当总局收到符合第37条规定的完整的申请，或如第38条所规定的多于一人或者团体提出申请，那么，当总局收到符合第37条和第38条规定的完整的申请时，应当认为已经完成作品登记。"第41条规定了经登记的作品权利转让问题。第42条规定了当事人向商事法院请求撤销登记申请的条件。第43条规定了自然人或法律团体的名称和/或地址的变更问题。第44条规定了作品登记法法律效力丧失的情形。

菲律宾《版权法》第191条规定，符合该法第172.1、172.2和172.3条规定的作品经版权人授权的表演在第一次向公众传播之后，应当通过个人递送或挂号信方式予以登记和保存，旨在完成国家图书馆和最高法院图书馆的记录。第192条规定了"版权的公告（notice of copyright）"："已经出版的或者供销售的作品的每个复制件可以包含有版权人姓名、首次出版的年份和在创作者死亡后的复制品中的作者死亡年份的公告。"第220条在一定条件下承认版权的国际登记。

柬埔寨《版权和邻接权法》第8部分规定了"作品的保存和登记"问题，共有3条。第38条规定："每件作品自动受到保护。作者或者权利持有人可以在文化和美术部（the Ministry of Culture and Fine Arts）存放其作品。"第39条规定："登记可以自愿在文化和美术部进行。该登记要求记录作者的真实姓名、作品首次出版的日期、作品产生的日期以及作者权的记录。"第40条规定："文化和美术部应当为已登记作品颁发登记证书。申请人必须按照《文化和美术部与经济和金融部的共同宣言》（the Joint-Declaration (PRAKAS) of the Ministry of Culture and Fine Arts and the Ministry of Economy and Finance）的规定支付登记费。"

老挝《知识产权法》第5条规定："关于知识财产的原则如下：……2.在老挝领土内，仅当工业产权的所有人已经获得登记时,将生效的工业产权获得保护。"该法第79条规定了"版权或邻接权的通知":"当作品产生时,版权或邻接权是自动产生的权利,没有任何登记的要求,但是,可以通知负责该作品的组织,尤其是在存在任何侵权或争端时作为证据或资料。"

马来西亚《版权法》第13C条规定:"根据《联合王国1949年登记设计法》已经登记的人的许可,对艺术作品的版权并不构成侵权……"。

越南、缅甸和新加坡的版权法没有规定登记作为获得版权的条件。

我国《著作权法》第11~19条规定了著作权的归属。2012年,我国国家版权局发布了《中华人民共和国著作权法》(修改草案)较详细地规定了著作权的归属问题。著作权属于作者,本法另有规定的除外。创作作品的自然人是作者。由法人或者其他组织主持和投资,代表法人或者其他组织意志创作,以法人、其他组织或者其代表人名义发表,并由法人或者其他组织承担责任的作品,法人或者其他组织视为作者。如无相反证明,在作品上署名的自然人、法人或者其他组织为作者(第12条)。以改编、翻译、注释、整理等方式利用已有作品而产生的新作品为演绎作品,其著作权由演绎者享有。使用演绎作品应当取得演绎作品的著作权人和原作品著作权人许可,并支付报酬(第13条)。两人以上合作创作的作品,著作权由合作作者共同享有。没有参加创作的人,不能成为合作作者。合作作品可以分割使用的,作者对各自创作的部分可以单独享有著作权,但行使著作权时不得妨碍合作作品的正常使用。合作作品不可以分割使用的,其著作权由各合作作者共同享有,通过协商一致行使;不能协商一致,又无正当理由的,任何一方不得阻止他方使用或者许可他人使用合作作品,但是所得收益应当合理分配给所有合作作者。他人侵犯合作作品著作权的,任何合作作者可以以自己的名义提起诉讼,但其所获得的赔偿应当合理分配给所有合作作者(第14条)。汇编若干作品、作品的片段或者不构成作品的数据或者其他材料,对其内容的选择或者编排体现独创性的作品,为汇编作品,其著作权由汇编人享有。使用汇编作品应当取得汇编作品的著作权人和原作品著作权人许可,并支付报酬(第15条)。如当事人无相反书面约定,视听作品著作权由制片者享有,但编剧、导演、摄影、作词、作曲等作者享有署名权。制片者使用剧本、音乐等作品摄制视听作品,应当取得作者的许可,并支付报酬。编剧、作词、作曲等作者有权就制片者使用或授权他人使用该视听作品获得合理报酬,合同另有约定除外。视听作品中可以单独使用的剧本、音乐等作品,作者可以单独行使著作权,但不得妨碍视听作品的正常使用(第16条)。职工为完成工作任务所创作的作品为职务作品,其著作权归属由当事人约定。如无约定或者约定不明的,职务作品的著作权由职工享有,但工程设计图、产品设计图、计算机程序、受聘于报刊社或者通讯社创作的作品,以及大型辞书等作品的著作权由单位享有,作者享有署名权;职务作品的著作权由职工享有的,单位可以在其业务范围内免费使用该作品(第17条)。受委托创作的作品,其著作权归属由委托人和受托人约定。如无约定或者约定不明的,著作权由受托人享有,但委托人在约定的使用范围内可以免费使用该作品。当事人没有约定使用范围的,委托人可以在委托创作的特定目的范围内免费使用该作品(第18条)。作品原件所有权的移转,不产生著作权的移转。美术作品、摄影作品原件的所有人可以展览该原件。作者将未发表的美术作品、摄影作品原件转让给他人,受让人展览该原件不构成对作者发表权的侵犯(第19条)。作者死亡后,其著作权中的署名权和保护作品完整权由作者的继承人或受遗赠人保护。著作权无人继承又无人受遗赠的,其署名权权和保护作品完整权由著作权行政管理部门保护(第20条)。作者生前未发表的作品,如果作者未明确表示不发表,作者死亡后五十年内,其发表权可由其继承人或受遗赠人行使;没有继承人又无人受遗赠的,其发表权由作品原件的所有人行使(第21条)。著作权属于自然人的,自然人死亡后,著作权中的财产权利在本法规定的保护期内,依照继承法的规定转移。著作权属于法人或者其他组织的,法人或者其他组织变更、终止后,著作权中的财产权利在本法规定的保护期内,由承受其权利义务的法人或者其他组织享有;没有承受其权利义务的法人或者其他组织的,由国家享有(第22条)。合作作者之一死亡后,其对合作作品享有的著作权中的财产权利无人继承又无人受遗赠的,由其他合作作者享有。作者身份不明的作品,其著作权除署名权外由作品原件的所有人行使。作者身份确定后,其著作权由作者或者其继承人行使(第23～24条)。下列著作权的保护期尚未届满的作品,使用者可以向国务院著作权行政管理部门申请提存使用费后使用作品:①作者身份不明且作品原件的所有人经尽力查找无果的;②作者身份确定但经尽力查找无果的。前款具体事项,由国务院著作权行政管理部门另行规定(第25条)。

(二)作者的精神权利

大陆法系国家著作权法以"精神"(人格)价值观作为其立法的哲学基础。这种价值观以"天赋人权"思想及德国哲学家康德、费希特等人的哲学思想为依据,认为作品是作者生来就享有的人身权利在新法律关系中的具体反映,作品是作者灵性感受到创作物,是思想与愿望的表现形式,即作品是作者人格的延伸。因而大陆法系国家著作权法不仅关注作者的经济权利,更关注作者的精神权利(史文清等,1990)。

《伯尔尼公约》第6条之二规定的"精神权利来自这样一种事实,即作品反映了其创作者的人格,正如经济权利反映了作者需要同时维持生存和精力一样"(刘波林,2002)。著作人身权和民法中的普通人身权有密切的联系,它是后者的一种独特形式。普通人身权的规定对作者人身权的保护起着补充作用。两者的区别主要在于著作人身权利是因作者创作出作品而产生的;它的人身性质不像普通人身权那样强烈,因而在一些场合下作者可以放弃、许可他人行使甚至有限地转让(吴汉东,2004)。泰国近代法律在其西方化的历程中深受法国法律影响,属于大陆法系。其版权法即以大陆法系的人格价值观为立法的哲学基础,对著作人身权的保护贯彻了以法国为代表的"二元论"学说,将版权分为人身权利和财产权利,并对人身权利的内容进行了详细的规定(杨静,2008)。

2012年,我国国家版权局发布了《中华人民共和国著作权法》(修改草案)第10条规定:"著作权人包括:①作者;②其他依照本法享有著作权的自然人、法人或者其他组织。"

版权所有人根据版权法规定,对其作品享有处分的权利并禁止他人任何未经许可的、不符合版权法权利限制规定的使用。作者对其作品享有的精神权利与自然人所享有的一般人格权利存在一定的差异,前者的范围小于后者:"由于著作权本身与一般人格权保护的区别,就会产生一些问题。实质上讲,著作权法对作者人格权的规定比《民法典》第823条关于一般人格权的规定要宽泛得多,一般人格权仅仅为作者的名誉与荣誉方面的利益提供各方面的保护,而作者人格权在方式某种篡改行为而损害了作者精神利益但不一定直接牵连作者本人的情况下也会对作者的利益提供保护。反过来讲,由于一般人格权与某个特定的作品无关,因此它的保护范围比作者人格权要宽得多。……作者人格权才真正涉及作者与其作品之间的人格与精神联系。……一般人格权的各项权益根据不同的情况而随着主体的死亡或早或晚地逐步归于消灭,下一代亲属只能援引自己的人格权来获得相应的保护,而著作权法上的作者人格权则全部被转移到继承人手中。而且,人们对作者人格权所产生的各项权利及一般人格权所产生的各项权利还可以同时或者单独予以行使。"M·雷炳德认为:"人们既没有必要、也不应当把作者人格权在法律特征归属上划分到一般人格权的范畴之中。只要在实体意义上及在无形财产权意义上体现了人格,人们就可能把这些权益与主体的人格区分开来并且把它们转移到他人手中,而在这种情况下,人们就可以援引作者人格权的相关规定对这些利益进行保护。"对此也存在着不同的观点:著作人身权和民法中的普通人身权有密切的联系,它是后者的一种独特形式。普通人身权的规定对作者人身权的保护起着补充作用。两者的区别主要在于著作人身权利是因作者创作作品而产生的;它的人身性质不像普通人身权那样强烈,因而在一些场合下作者可以放弃、许可他人行使甚至有限地转让(吴汉东,2004)。作者的精神权利与人身权利具有一定的联系。例如,人们可以从身份的角度去理解作者与作品的关系。但是,民法上的身份权是基于伦理亲情而产生的身份性权利,与作者基于创作而产生的与作品的关系迥然不同。又如,人们可以从人格的角度去理解作品中所体现的作者的人格。但即使是在这样的情况下,法国的法院还是认为,作者的精神权利不同于他的人格权,并且在司法实践中着力将作者的精神权利与他的"其他的人格权区别开来"。著作人身权不同于民事权利中的其他人身权。这是由于它们各自赖以发生的法律事实构成不同。后者多以民事主体的生命存续为前提,每个人无差别地享有。著作人身权则不是基于以自然人的生命现象为法律事实,而是以创作出文学艺术作品为法律事实,所以它不因创作者的生命完结而消失。著作人身权基于作品的存在而依附其上,在理论上可能无限存在,因而其期限不受限制(刘春田,2002)。

作品是作者的人格或精神状态的延伸,或者说作品体现了作者的人格,体现了作者的思想、情感等精神状态。……从某种意义上说,作品是作者人格和精神的产物,作者就其中所体现的人格和精神拥有绝对的权利,……该人格或精神权利,也只能由作者本人享有。……在大陆法系国家,精神权利在著作权中居于核心的地位。一般认为,作者就作品所享有的权利,是先有精神权利的产生后有经济权利的产生。……作者的精神权利虽然不可以转让,却可以有条件地放弃(李明德等,2003)。根据《伯尔尼公约》第6条之二的规定,"精神权利是'不受作者的经济权利的影响',甚至'在上述权利转让后'仍然存在的。这样可以保护作者不因自己的行为而受到损害,以及防止企业家将精神权利变为一种不道德的权利。甚至有一些国家的法律明文规定,精神权利不可转让,而且作者放弃这种权利也不会发生效力。"(刘波林,2002)。例如,越南《民法典》第742条规定了版权转让问题:"本法典第738.2条(a)、(b)和(d)中规定的人格权不能够被转让。第738.2条(c)中规定的人身权利根据知识产权法律确定的标准能够被转让。"

作者的精神权利一般包括四个部分:发表权、署名权、修改权和保护作品完整权。各国著作权法关于著作权的内容大同小异,但规定方式却有区别。英美法系的国家一般对著作权的内容作统一规定,不强调规定人身权利,但大多数国家实际同样保护作者的人格利益。欧洲大陆法系国家则明确规定著作权中的人格权,同时保护财产权(刘春田,2002)。《巴黎公约》第6条之二的第1款规定了精神权利的内容及保护期:"①不受作者经济权利的影响,甚至在上述经济权利转让之后,作者仍保有要求其作品作者身份的权利,并有权反对对其作品的任何有损其声誉的歪曲、割裂或其他更改,或其他损害行为。②根据以上第1款给予作者的权利,在其死后应至少保留到作者经济权利期满为止,并由被要求给予保护的国家本国法所授权的人或机构行使之。但在批准或加入本公约文本时其法律中未包括有保证在作者死后保护以上第一款承认的全部权利的各国,有权规定对这些权利中某些权利在作者死后不予保留。"新加坡保护版权的法律架构在很长一段时间内与英国的架构大体相似。1987年通过的《版权法》用澳大利亚模式取代了英国模式,至今已修订过多次,仍然秉承英美法系认为版权是一种财产性权利的理念,对精神权利进行保护是在1998年底加入《伯尔尼公约》之后才规定的(杨静,2008)。

1. 发表权

发表权,指的是仅作者有权决定其作品是否发表、何时发表、以何种方式发表、通过哪些形式发表(郑成思,2003)。如果不经作者同意,擅自发表作者未发表的作品,这不仅是侵犯作者著作权中人身权的行为,而且是侵犯作者隐私权的行为,侵权者要承担多种法律责任(沈任干等,2003)。我国《著作权法》第10条解释了"发表权"的含义:"即决定作品是否公之于众的权利。"该法《实施条例》第20条规定发表权行使主体:"著作权法所称已经发表的作品,是指著作权人自行或者许可他人公之于众的作品。"对于作者生前没有发表的作品的发表权的行使,条例第17条规定:"作者生前未发表的作品,如果作者未明确表示不发表,作者死亡后50年内,其发表权可由继承人或者受遗赠人行使;没有继承人又无人受遗赠的,由作品原件的所有人行使。"《伯尔尼公约》第6条之二的第2款规定了作者死亡后其精神权利的保护问题①。发表权虽然如此重要,但《伯尔尼公约》至今未列入保护发表权的条款(胡开忠,2004)。由于发表意味着作品进入社会,接受公众的检验、品评,而对作品的看法将直接影响到作者的名誉、荣誉等精神利益,所以发表权是一项重要的人身权利。同时,发表又常常是实现著作财产权必经的过程,因为只有将作品公开,权利人才能实现他所享有的各项著作权。所以,该权利还兼具财产权的性质(吴汉东,2004)。2012年3月国家版权局《著作权法修改草案》第6条规定了作品的登记②。但现行《著作权法》对作品的登记问题没有做出规定。

马来西亚《版权法》第13条规定:"版权应为在马来西亚境内享有以下专有权:①在任何材料上复制;②向公众进行传播;③向公众表演、放映或播放;④通过销售或其他转让所有权的方式向公众发行复制品;⑤出租。"从这一条文可看出,马来西亚版权法中"版权"这一用语实际上指的是不包括人身权利在内的著作财产权。换句话说,在马来西亚,作者的精神权利不是"版权中"的权利,该国版权法对著作人身权(包括署名权及保护作品完整权及表演者的人身权利)是在版权法第25条中另行规定的。这一用语体现了英美法系在版权立法上的某些特点。而其他东盟国家的版权法中"版权"一词则是著作财产权与人身权的集合,印度尼西亚、菲律宾与属于传统大陆法系的柬埔寨和越南版权法中对于著作人身权和著作财产权均是分别加以规定的(杨静,2004)。

马来西亚《版权法》第25条专门规定了"精神权利",其第2款规定了"发表权":"根据本条规定,如果作品上存在版权,任何人不经作者的同意,或在其死后,未经其遗产管理人的同意,不可以为或者授权为下列行为:不论以何种方式,没有标识作者或者标识了非作者的名字而呈现作品;以及……"显然,呈现和披露的含义要比出版广泛得多。

菲律宾《版权法》第10章的标题为"精神权利",共有7条,分别规定了精神权利的范围、违

---

① 该款规定:根据前款赋予作者的权利,在作者死亡后,至少在经济权利的保护期间,仍受到保护,并可以由被请求保护国的法律授权的个人或机构行使。但批准或加入本文本时其法律未规定在作者死亡后保护前款赋予的所有权利的国家,可以规定其中一些权利在作者死亡后不再受到保护。

② 《草案》第6条规定:"著作权人和相关权人可以向国务院著作权行政管理部门设立的专门登记机构进行著作权或者相关权登记。登记文书是登记事项属实的初步证明。登记应当缴纳费用,收费标准由国务院著作权行政管理部门会同国务院价格管理部门确定。著作权和相关权登记管理办法由国务院著作权行政管理部门另行制定。"

反合同、精神权利的放弃、对合作作品的贡献、作品的编辑、整理和改编、精神权利的期限、实施救济。该法第 193.2 条规定："独立于第 177 条中的经济权利或者关于该权利的转让或许可，作品的作者应当有权不予发表其作品。"该法第 194 条规定了合同的违反问题："不可以强迫作者履行其创作作品的合同或将其已经存在的作品予以发表。尽管如此，可以使该作者对其违约负损害赔偿责任。"

泰国《版权法》中没有直接使用"精神权利"一词，但其第三部分"版权保护"中，规定了作者的精神权利。该法第 15.2 条规定："根据第 9 条、第 10 条和第 14 条规定，版权所有人应当享有向公众公开（作品）的排他性权利。"

印度尼西亚《版权法》标题为"精神权利"的第 7 部分并没有明确规定作者的"发表权"。

越南《民法典》第 738 条第 2 款（c）项规定："版权中的个人权利应当包括公开或者允许其他人公开作品。"

新加坡《版权法》第 26 条规定："就本法而言，除非有相反意图出现，与作品相关的版权是指排他性权利——……(1)对于文学、戏剧或者音乐作品，实施下列全部的或者任何的行为：……②如果作品尚未出版，出版该作品；③在公共场所表演该作品；④向公众传送该作品；……(2)对于艺术作品，为下列所有的或任何行为：①……②如果作品尚未出版，则在新加坡或者在本法适用的任何相关国家出版；③向公众传送该作品。"

柬埔寨《版权法》第 18 条规定作者对其作品享有的排他性权利包括"精神权利和经济权利"；第 19 条规定："作者的精神权利是永久性的、不可剥夺的并且是不可侵害的。应当由作者死亡时的继承人或者与遗嘱规定内容相符的第三方予以承接。如果没有继承人，则由被文化美术部所代表的国家的政府和行政部门来处理。"该法第 20 条规定了精神权利的三个内容："作者精神权利包含下列三个特定内容：①对于披露其作品的方式和时间以及支配该披露的原则，作者有排他性的决定权；……"。

老挝《知识产权法》第 84 条规定："版权所有人应当享有下列权利：……④公开作品或授权其他人公开该作品；……⑦通过电子数据网络或者其他技术系统经有线或者无线传输系统向公众传输。"文莱《版权法》第 4 章的标题为"精神权利"，共有 13 条；第 5 章有两个条文（第 97～98 条）规定精神权利。第 97 条规定："第 4 章授予的权利不可转让。"第 97 条规定则规定了作者死亡时其精神权利的承接问题。

缅甸《版权法》第 1.2 条规定："如果作品尚未发表，为了发表该作品或其任何实质性部分，版权应当包括下列独占权——①……发表任何翻译作品。"该条第 1 款第 3 项界定了发表的含义："就本法目的而言，与任何作品有关的发表是指向公众发行作品的复制品，但并不包括公开表演戏剧或音乐作品、公开"传送讲话、艺术作品的公开展览或建筑艺术作品的建造。但是，就本条目的而言，照片、雕塑作品的雕刻和建筑艺术作品的发行不应当认为是该作品的发表。

马来西亚《版权法》第 4.2 条也有近似规定："就本法目的而言，文学或音乐作品的表演和艺术作品的展出并不构成该作品的发表。"

由于表演者是版权中的精神权利出现在立法中之后很久才出现的权利，因此，很少有对表演者享有的精神权利（尤其是"发表权"）以全面方式作出规定的。……把作者与表演者明确地区分开，把作品与表演活动明确区分开，而又规定表演者也享有精神权利的全部（尤其是"发表权"）的版权法或邻接权法，则是较少有的。在工业版权主体中，软件作者（或设计者）也很少有被赋予"发表权"的（郑成思，2003）。

2. 署名权

在各国著作权立法中,署名权大多与作者身份权规定在一起,但也有少数国家将署名权与作者身份权分开或仅规定署名权。有些国家的著作权法在规定作者身份权的同时,规定了禁止"冒名"权(郑成思,2003)。

《伯尔尼公约》第15.1条规定了确定作者身份的一般原则:受本公约保护的文学或艺术作品的作者,如果其姓名以通常方式出现在作品上,在没有相反证据的情况下,被推定为该作品的作者,并有权在本联盟成员国提起侵权诉讼。即使作者采用化名署名,只要该化名明确无误地表示其本人,也适用本款规定。

关于署名权的含义,我国《著作权法》第10条规定:"署名权,即表明作者身份,在作品上署名的权利。"2012年3月国家版权局《著作权法修改草案》第11条规定:"署名权,即决定是否表明作者身份,以及如何表明作者身份的权利。"《伯尔尼公约》第6条之二也规定作者享有署名权,但将其表述为"表明作者身份权","不受作者的经济权利的影响,甚至在上述权利转让后,作者仍有权请求就作品确认其作者身份,……"这一款规定了作者享有的两种神圣的权利。一种是主张他对作品拥有作者身份——请求确认他是作品的创作者——的权利。他一般通过将自己的名字加在复制品上来行使这一权利。这一作者身份权可以由作者任意行使:他甚至可以消极地使用它,即用化名或隐名发表他的作品,并可以随时改变主意,不采用他的化名或放弃隐名做法。凭借这一权利,作者可以制止将他的名字用在他人的作品上;任何人都不能将他人的名字加在他人未曾创作的作品上(刘波林,2002)。有些不保护精神权利的国家,如澳大利亚、新西兰等,均把反"假冒"作为版权法的一项规定。……假冒作家之名发表低劣作品,会给该作家声誉造成损害,这是典型的侵犯精神权利,……还给冒名者带来不合理的经济收入,同时可能影响被冒名者本应取得的收入(郑成思,2003)。我国《著作权法实施条例》进一步规定了作者的署名权问题。该条例第13条规定:"作者身份不明的作品,由作品原件的所有人行使除署名权以外的著作权。作者身份确定后,由作者或者其继承人行使著作权。"关于作者死亡后其署名权的保护,该条例第15条规定:"作者死亡后,其著作权中的署名权、修改权和保护作品完整权由作者的继承人或者受遗赠人保护。著作权无人继承又无人受遗赠的,其署名权、修改权和保护作品完整权由著作权行政管理部门保护。"对于作品的合理使用的限制,条例第19条规定:"使用他人作品的,应当指明作者姓名、作品名称;但是,当事人另有约定或者由于作品使用方式的特性无法指明的除外。"

老挝《知识产权法》第84条规定版权所有人应当享有署名权:"有权在作品上署真名、假名或笔名。"

柬埔寨《版权法》第20条规定,作者精神权利包括:"就与公众关系而言,在其姓名、所有权和作品方面,作者享有权利。"新加坡《版权法》第14条规定:"①以本法规定的姓名发表的作品应当理解为该作品中表明的姓名;②就本法而言,两个或两个以上姓名的作品的发表不得使用假名,除非这些姓名都是假名。"但该法第78条规定了第14条第2款的例外。

越南《民法典》第738条第2款①和②项规定:"版权中的个人权利应当包括:①在作品上署名;②在作品上署真名或笔名;当作品被公开和使用时提及其真名或笔名。"

菲律宾《版权法》第193.1条规定了作者的署名权:"作者应当有权对其作品要求作者身份,特别是在可行的范围内,有权在作品的复制品上,以及在与作品的公共使用中以显著的方式标明其姓名。"该法第193.4条规定作者有权制止在非其自己创作的任何作品上或者在扭曲其作品的版本上使用其姓名。第 195 条规定了精神权利的放弃:"作者可以以书面文件方式放弃第 193 条中提及的权利,但是当该放弃的效果等于允许其他人:①在由于对作品的改变将可能会实质性损害另一个作者的文学或艺术声誉的任何版本或改编中,使用作者的姓名或其作品的名称或在其他方面利用了作者的声誉;②在该作者先前并未创作的作品上使用该作者的姓名,该放弃应当无效。"第 204 条则规定了表演者的精神权利①。

马来西亚《版权法》第 25 条规定:"①就本条而言,'姓名'一词包括姓名中的大写字母或者姓名首字母的组合;②就本条而言,当作品上存在版权时,在不经作者的同意或者在其死后,不经其遗产代理人的同意,任何人都不可以为或授权他人为下列任何行为:如果没有标识作者或标识了非该作者的其他人姓名,则无论以任何方式介绍该作品。"

文莱《版权法》对作者的署名权规定得较为全面,其第 80.1 条规定:"享有版权的文学、戏剧、音乐或艺术作品的作者,以及享有版权的电影导演在本条提及的情形中有权被认定为作品的作者或导演,但是,除非依据第 81 条权利已经被确认,否则,该权利没有受到侵害。"第 80.2 条规定:"当作品商业性发表在公共场所表演或者被包含有线节目服务中时文学作品或戏剧作品的作者的身份权,以及电影或录音复制品的身份权。"第 80.3 条规定了音乐作品的作者身份权,以及电影作品及其拷贝的署名权。第 80.4 条规定了艺术作品的作者的署名权有权被确定的情形。第 80.5 条规定了以建筑物形式存在的建筑作品的作者的署名权;在建筑物上的署名权,以及当根据设计建造的建筑物多于一幢时,在第一幢建筑物上表明身份的权利。第 80.6 条规定电影导演的署名权。第 80.7 条规定了根据该条规定作者或导演的署名权,包括在电影或录音复制品,以及建筑物上的署名权。"署名权在建筑作品上行使时可能遇到问题。……多数建筑物的用户只关心房屋建筑的质量,需要知道施工者是谁,而并不很需要知道设计者是谁,尤其不希望设计者在建筑物显眼的地方刻上'××设计'之类字样,因为这可能破坏整个建筑物的美观。为此,联合国教科文组织和世界知识产权组织者 1986 年 10 月的一份文件中建议:署名权只能善意行使。"第 80.7(2)条规定:"在确定建筑物上表明身份时,以进入或接近该建筑物的人看得见的适当方式标示。"第 80.8 条规定:"如果作者或导演在行使署名权时使用了假名、姓名中的大写字母或其他特定形式,则应当使用该形式,否则,可以使用任何合理的表达身份的形式。"

缅甸《版权法》并没有条款集中规定精神权利,但该法规定民事救济的第 6 条涉及通过对作品作者姓名的确定来明确版权所有人,并规定了在作品上没有姓名或没有署真名的情形下,如何确定版权所有人的问题。

精神权利对版权所有人来说非常重要,因为它强调了著作权除财产利益外,还包含精神性

---

① 菲律宾《版权法》第 204 条规定:"表演者的精神权利——①独立于表演者经济权利之外,对于其现场听觉表演或在录音制品中已经固定的表演,有权主张对其表演的表演者身份,除了根据使用表演的方式而口头遗漏,并且有权对可能会损害其声誉的对其作品的任何歪曲、毁损或修改予以反对;②根据第 203.1 条赋予表演者的权利,如果被主张,在其死后 50 年内应当由其继承人以及无继承人时由政府来维护和行使。"

广义的修改权包含了"收回权"的意思。对已进入流通领域的(已发行的)、并尚在流通之中的本人的作品要进行修改,除了先收回,是不可能进行的。"收回权"仅在极少数国家得到承认,而且存在着行使这种权利的实际困难(例如怎样补偿出版、发行人因作者"收回"作品而产生的经济损失)。所以,《伯尔尼公约》不曾引入这一项权利。在实践中确曾出现过这样的特例:一部作品初次印刷后售罄出版者欲再次印刷之前,作者希望有所修改(但尚改不到形成新版本的程度)。这种修改可能对作者的声誉、对读者均有益处,但未必对出版者有利。如果法律不明文给作者这项权利,出版者即可能不允许他在这种特殊情况下修改。这样看来,法律中定上这样一条还是必要的。参见(郑成思,2003)。

质的权利。这些权利来自这样一种事实,即作品反映了其创作者的人格,正如经济权利反映了作者需要同时维持生存和精力一样(刘波林,2002)。法律规定署名权的根本目的,在于保障不同作品来自不同作者这一事实不被人混淆,署名即是标记,旨在区别。因此,行使署名权应当奉行诚实的原则,应当符合有效法律行为的要件,否则会导致署名无效的后果(刘春田,2002)。因此,在演绎作品中,作者的署名权仍然受到保护。

一件作品是否发表在著作权法上的意义有很大的区别。具体而言,发表之前著作权几乎是完全绝对的,而发表之后著作权就立刻受到种种限制(吴汉东,2004)。

3. 修改权与保护作品完整权

保护作品完整权,系指作者所享有的保护作品完整性、禁止他人歪曲、篡改作品的权利。作者享有修改权。大多数国家将修改权的内容包含在保护作品完整权中,仅有少数国家将这两层意思分别予以规定(胡开忠,2004)。

我国《著作权法》第9条规定:"……③修改权,即修改或者授权他人修改作品的权利;④保护作品完整权,即保护作品不受歪曲、篡改的权利。"这体现了对作者作品的尊重。2002年我国《著作权法实施条例》第10条规定:"著作权人许可他人将其作品摄制成电影作品和以类似摄制电影的方法创作的作品的,视为已同意对其作品进行必要的改动,但是这种改动不得歪曲篡改原作品。"2012年3月国家版权局《著作权法修改草案》第11条删除了"修改权",仅规定"保护作品完整权,即修改作品以及禁止歪曲、篡改作品的权利,"而在该条作者享有的经济权利部分规定了计算机程序作者的修改权:"⑫修改权,即对计算机程序进行增补、删节,或者改变指令、语句顺序的权利"。《伯尔尼公约》第6条之二规定:作者仍有权反对任何曲解、割裂或以其他方式篡改该作品,或与该作品有关的可能损害其荣誉或名誉的其他毁损行为。从本义上,应当说修改权与保证作品完整权是一个事件的正反两方面。从正面讲,作者有权修改自己的作品;从反面讲,作者有权禁止他人修改、增删或歪曲自己的作品。也有少数国家在版权法中把这两层意思分列为两项精神权利——"修改权"与"保护作品完整权"。……也就是说,作者无权一般地禁止他人对作品必要的修改。……在我国《著作权法》第33条中,进一步分别就图书出版者与报刊出版者可修改的限度,做了明确规定(郑成思,2003)。作者行使修改权也可能存在一定的限制:修改权同著作权的其他权利一样,不是绝对的。通常修改权不能对抗物权,比如,作者如果想修改物权已转移给他人的美术作品,必须取得该物权人的同意(刘春田,2002)。保护作品的完整性,本质上是要求他人尊重作者的思想观点,是为了维护作者的创作自由。……体现了对作者继续创作的尊重。具体而言,作品的完整性不仅包括其表现形式的完整性,也包括其内容、情节和主题思想的完整性。故未经许可而援用原作的故事创作后续作品也可能触犯著作权人保护其作品完整性的权利。完整性还包括作品的标题和作品之间的联系以及作品中的一部分和另一部分的联系。故未经作者认可,他人擅自改换作品具有独特含义的标题或者利用原曲另填新词也是对该权利的侵害。对作品完整性的破坏也可以反映在再现的方式上,如用一种取笑的、调侃的腔调来演唱严肃歌曲,在放电影的过程之中任意插播广告等(吴汉东,2004)。

老挝《知识产权法》第84条规定:"版权所有人应当享有下列权利:①对其自己的作品加上标题;……③在公共场所证明其作品……⑪保护作品的各个部分,不授权其他人以任何会损害版权所有人荣誉和声誉的方式改变、增加、删除或改编作品。"柬埔寨《版权法》第20条(3)规定:"作者的精神权利包括:作者有权对可能会损害其荣誉或声誉的对其作品内容的所有形式的歪曲、毁损或修改提出反对。"

新加坡《版权法》在实际上规定精神权利的第 26 条并没有明确规定"修改权和保护作品完整权",但该法多个条文提及修改,例如,第 73 条(规定了对登记的设计的版权范围问题)、第 252B 条第 2 款(网络服务提供者对存储器中的表演电子录像的复制品的内容没有做出实质性修改)、第 254B 条第 1 款、第 256 条第 2 款。

越南《民法典》第 738 条(d)规定版权的内容包括:"保护作品的完整性,不允许其他人修改、篡改或扭曲作品。"

菲律宾《版权法》第 193.2 条规定:"作品的作者应当有权在作品出版之前对之进行任何修改或者撤回出版。"此处是指作者有权收回尚未出版发行的作品。也有学者将"收回作品权"作为作者的一项独立的精神权利。而收回作品权是指作者有权收回已经出版发行的作品。郑成思教授认为广义的修改权包含了"收回权"的意思。法国知识产权法第 121 条之 4 有此立法例。菲律宾《版权法》第 194 条对作者撤回待出版的作品而产生的违约责任做出了明确规定,但出版社不得强迫作者出版既存作品。第 193.3 条规定:"作品的作者应当有权对可能会损害其荣誉或声誉的与其作品有关的任何歪曲、断章取义或其他修改,或其他贬损行为,予以反对。"

马来西亚《版权法》第 25.2 条(2)规定,不经作者或其死后继承人同意,任何人都不可以为或者授权为下列任何行为:对作品的歪曲、断章取义或其他修改,如果该歪曲、断章取义或修改——①对作品作了重要改变;②可能被合理地认为对作者的荣誉或声誉产生不利影响。

文莱《版权法》第 83 条明确规定了作者享有反对贬损作品的权利,第 84 条规定了该权利的例外。该法第 83.1 条规定:"附有版权的文学、戏剧、音乐或艺术作品的作者以及附有版权的电影的导演,在本条规定的诸情形中有权使其作品不受贬损待遇。"第 83.2 条规定:"在本条中(1)作品待遇是指对作品的任何添加、删除修改或广播,而非①翻译文学或戏剧作品;②对音乐作品的整理或抄写仅涉及音调或记录的改变。(2)作品的待遇是贬损性的,如果程度达到了歪曲、断章取义或有损于作者或导演的荣誉或声誉的任何其他的修改。"第 83.3 条规定:"对于文学、戏剧或音乐作品,实施下列行为的人构成侵权:①商业性出版、在公共场所表演、广播或者包括在有线节目服务中对作品的贬损待遇;②向公众发行对作品构成或包括贬损待遇的电影或录音的复制品。"第 83.4 条规定了对艺术作品保护作品完整权的保护:"对于艺术作品,实施下列行为的人构成侵权:(1)以贬损待遇方式商业性出版或在公众场合展览作品,或在广播、有线传输节目服务中播放被赋予贬损待遇的作品的视觉形象;(2)公开放映包含作品贬损待遇的视觉形象或公开发行这样的电影;(3)在下列情形中,①以建筑物模型形式表现的建筑作品;②雕塑;③工艺作品,公开发行的绘画作品的复制品或其照片,这些作品均被赋予贬损待遇。"第 83.5 条规定:"第 4 条并不适用于以建筑物形式存在的建筑作品;但是,当在建筑物上标识该作品的作者时,并且该标识是贬损待遇的实施对象,那么,该作者有权要求移除该身份标识。"第 83.6 条规定:"对于电影,一个人实施下列行为时构成侵权:①公开展览、广播电影的贬损待遇或在有线节目服务中包括电影的贬损待遇;②公开发行带有贬损待遇的电影,或者与电影一起公开播放、广播、有线节目服务中公开发行带有贬损待遇的电影声轨。"

此外,菲律宾《版权法》第 195 条对作者放弃其作品中的精神权利予以限制:"对第 193 条规定的权利作者可以书面文件方式放弃,但该放弃的效果相当于许可其他人实施下列行为的,该放弃无效:①使用该作者的姓名或其作品标题,或与其作品的任何版本或改编相关的对其声誉的利用,因为其中的变更或许会实质性地损害另一个作者的文学或艺术声誉;②对该作者并不曾创作的作品使用其姓名。"各国著作权法对著作人身权原则上都否定了其可转让性,但在立法文件或司法实践中又都不同程度地允许作者将部分权能许可他人行使或允许作者放弃部分著作人身权,但这种许可和放弃是有限的,不应损害作者的利益(胡开忠,2004)。

我国国家版权局在著作权法草案说明中对版权中的人身权的修改做出了如下的说明:"草案对人身权利进行了调整:①修改署名权的定义——决定是否表明作者身份及如何表明作者身份的权利,主要理由是现行法中"在作品上署名"的规定只是如何表明作者身份的一种方式;②关于修改权,在征求意见过程中多数意见认为修改权和保护作品完整权属于一个权利的两个方面,建议借鉴日本、德国等著作权法的规定。为此,草案删去修改权将其纳入保护作品完整权,使著作权中的人身权利缩减为三项:发表权、署名权和保护作品完整权。"(国家版权局,2012)。

此外,2002年我国《著作权法实施条例》第15条规定:"作者死亡后,其著作权中的署名权、修改权和保护作品完整权由作者的继承人或者受遗赠人保护。著作权无人继承又无人受遗赠的,其署名权、修改权和保护作品完整权由著作权行政管理部门保护。"

最后,著作人身权不同于民事权利中的其他人身权。这是由于它们各自赖以发生的法律事实构成不同。后者多以民事主体的生命存续为前提,每个人无差别地享有。著作人身权则不是基于以自然人的生命现象为法律事实,而是以创作出文学艺术作品为法律事实,所以它也不因创作者的生命完结而消失。著作人身权基于作品的存在而依附其上,在理论上可能无限存在,因而其期限不受限制(刘春田,2002)。

在技术进步的影响和国际合作的推动下,东盟各国版权法规定的著作财产权内容均涵盖了三类权利:复制权、演绎权和传播权,而对著作人身权内容的规定差异较大,但是均满足了《伯尔尼公约》关于著作人身权保护的最低标准(杨静,2008)。

东盟八个主要国家版权法中关于著作人身权利内容的比较见表3(杨静,2008)。

表3 东盟八个主要国家版权法关于人身权的规定

东盟国家	现行版权法中关于著作人身权的规定
菲律宾	署名权,修改权,保护作品完整权及禁止在非其创作的作品上或歪曲版本上使用其名字(即虚假表示)(菲律宾《知识产权法典》第193条)
新加坡	署名权,保护作品完整权,及禁止在非其创作的作品上使用其名字(即虚假表示)
马来西亚	署名权,保护作品完整权及表演者的人身权利(包括表明身份,表演不受歪曲、删除或修改)(马来西亚《版权法》第25条)
印度尼西亚	署名权,保护作品完整权及修改权(印度尼西亚《版权法》第24条)
泰国	署名权,修改权及保护作品完整权(泰国《版权法》第18条)
文莱	署名权,保护作品完整权,禁止在非其创作的作品上或歪曲版本上使用其名字(即虚假表示),及对特定的照片和胶片保密的权利(文莱《版权法》第80条,第83条,第87条,第88条)
越南	署名权,发表权及保护作品完整权
柬埔寨	发表权,署名权,保护作品完整权(柬埔寨《版权法》第21条)

4.经济权利

康德提出的著作权属于人格权的学说,这一理论对相关人格因素的强调对著作权人格权发展的意义如此之大,然而对实际生活的考虑却是如此之少,而在通常情况下,对作者与文化经济来说,钱财方面的利益总要摆在中心地位。因此,基于上述两层意思,对创作人人格的保护的确应摆在次要的位置。尽管如此,作品还是慢慢地与创作人的人格分离开来而演变为独立的精神作品,并且在经济生活中作为交易标的起着独特的作用。因此,在资本主义经济条件下,著作权法必须首先考虑作品的有用性与可交易性(M·雷炳德,2005)。英美法系国家甚至以"著作财产权"为中心来进行立法(胡开忠,2004)。

有学者认为,我国民事立法传统上把民事权利分为人身权和财产权,而不称"精神权利"与"经济权利"。所以,把著作权分别称作著作人身权与著作财产权,比较符合我国民事法律的用语习惯(刘春田,2002)。

著作财产权是指为了经济利益使用、处分其作品的权利。《著作权法》第10条第1款列举了作者对其作品享有的12种专有使用方式,但是,并不是每一种作品的著作权人都享有全部的权利。其权利的具体种类取决于有关作品能以什么方式来使用(吴汉东,2004)。精神权利一般不可转让,而著作财产权可以转让,例如,越南《民法典》第742.2条关于"版权转让"问题时规定:"财产权依据合同可以被全部或部分转让,或被遗赠、继承。"该法第743条还规定了版权中财产权转让合同。我国《著作权法》第10条明确规定版权人有权转让著作中的经济权利:"著作权人可以许可他人行使前款第五项至第十七项规定的权利,并依照约定或者本法有关规定获得报酬。著作权人可以全部或者部分转让本条第一款第五项至第十七项规定的权利,并依照约定或者本法有关规定获得报酬。"不保护精神权利的美国等国的版权法不保护著作权人的精神权利,仅保护经济权利。很显然,如果没有经济权利和经济利益的支撑,作者的精神权利将在很大程度上失去意义。……关于经济权利的内容,世界各国著作权法的规定不尽一致。……当然,对经济权利的内容做出不同的规定,既有各个国家历史文化的原因,也有一些国家对某些权利内容的特殊理解和强调。……大体说来,著作权中的经济权利可以划分为三大类,即复制权、演绎权、传播权(或称表演权)(李明德等,2003)。许多国家的版权法是依照不同的版权客体,分别对经济权利作出规定的。……这种立法形式的优点是经纬清晰,权利人与执法人都便于依法维护有关权利,第三者也便于知法和守法;其缺点是在涉及不同客体的相同权利时难免重复,可以使法律的行文过于冗长。大多数国家及《伯尔尼公约》与《世界版权公约》,都是不分版权客体而将经济权利中可能有的项目一并开列,至于哪些客体不能享有其中哪些权利,一般是容易推定的(郑成思,2003)。

总的来讲,版权中的经济权利可以分为复制权、演绎权与传播权三大类。复制与演绎,又都将以传播为归宿。但无论是现有的两个基本版权还是大多数国家国内的版权立法,都并未以这三大类为基础对经济权利作出规定,而是根据各国(或各公约)的不同情况及立法(或缔约)时的背景,将这三大类中的某一类或两类展开,做出过细的规定。较多的国家是将后两类展开,在复制权之后,列出了翻译权、改变权、制片权等属于演绎权的经济权利,又进而列出发行权、播放权、表演权、展览权等等属于传播权的经济权利(郑成思,2003)。

我国《著作权法》第10条列举了作者对其作品享有的12种专有使用方式;2012年3月国家版权局《著作权法修改草案》第11条规定了13种著作权中的具体财产权利,与《著作权法》第10条相关规定不同的是,《草案》将计算机程序修改权和追续权列入,将"广播权"改为"播放权"。"'先许可,后使用',这是《著作权法》的一项基本原则。除了《著作权法》明确规定之外,不论是出于什么目的使用了作品,不论是付费还是不付费,不论是营利性还是公益性,使用作品必须先取得权利人授权许可。'先许可,后使用'这项原则对传统媒体和网络媒体都是适用的,没有例外。在法律规定框架下,未经权利人允许就使用其作品都是侵权行为,都要承担相应的法律责任。'剑网2014'专项行动把支持传统媒体维权作为一项重点,鼓励、调动权利人维权积极性,引导支持权利人采取行政投诉、民事诉讼和刑事报案等手段,开展正当维权,主张合法权益。同时,我们支持权利人充分运用法律手段,如采取通知—删除程序、申请民事诉前禁令等手段及时制止侵权。广大网络媒体也应增强尊重版权的意识,主动自查自纠,积极与传统媒体开展版权合作,逐步建立健全授权使用付费机制,最终实现合作双赢。视频网站版权混乱局面有所改观,文字、音乐、游戏领域的监管尚需加强。"①

下面以我国《著作权法》所规定的12项著作财产权利的规定为参照,来阐述东盟各国版权法中关于著作财产权的相关规定。

（1）复制权

我国《著作权法》第10条规定:"复制权,即以印刷、复印、拓印、录音、录像、翻译、翻拍等方式将作品制作一份或者多份的权利。"鉴于数字技术的发展,作品复制手段已经有了较大的变化,新的复制方式在产生,原有的复制方式有的已再具备广泛的使用基础,因此,2012年3月国家版权局《著作权法修改草案》第11条规定:"复制权,即以印刷、复印、录制、翻拍以及数字化等任何方式将作品制作一份或者多份的权利。""以任何方法或形式"这种表述涉及广泛,足以包括所有的复制法……,以及其他所有已知的和未知的复制过程。它仅仅是一个用某种物质形式将作品固定下来的问题。它显然既包括声音也包括对景象的录制。注意,复制不包括公开表演(第11条)(刘波林,2002)。我国《著作权法》第41条规定录音录像制作者对其制作的录音录像制品,享有许可他人复制……并获得报酬的权利。

《伯尔尼公约》第9条规定了复制权:"第1款——原则:受本公约保护的文学和艺术作品的作者,享有授权以任何方法或形式复制该作品的专有权;第2款——例外:本联盟成员国的立法可以准许在某些特定情况下复制上述作品,只要这种复制不与该作品的正常利用相冲突,也不致不合理地损害作者的合法利益;第3款—录音录像制品:就本公约而言,任何录音录像制品均视为复制品。"《伯尔尼公约》的规定比我国著作权法更原则而反倒显得更确切的突出一例,就是《伯尔尼公约》中并无对"复制"的具体解释。因为对这个术语的解释,往往只能依不同案例而异。一般性的解释反而会引起误解(郑成思,2003)。公约第9条规定并没有穷尽复制作品的所有可能的方式,仅仅列举了录音录像两种复制方式,我们自然可以把这理解为:自印刷术的发展而使"版权"作为一个历史的法律概念产生后,任何一种随新技术而出现的新的重现或再现作品方式,均构成复制。同时,这种列举式的说明,也没有排除某些并非使用新技术的再现方式,如采用同一模具倒出相同的石膏雕塑,拓印,乃至抄袭等(郑成思,2003)。《伯尔尼公约》第9.1条使用"以任何方法或形式"这一用语,反映的是广义的复制权,而这一直是该款的基础。广义的复制权包括"所有形式的复制"以及"已知的或将来开发的方式复制。"(约格等,2008)。

老挝《版权法》第84条规定,版权所有人应当享有复制作品的权利。新加坡《版权法》第26.1条规定,版权的专有权包括以物质形式复制作品的权利。越南《民法典》第738.3条规

---

① 《国家版权局:正对"今日头条"网进行立案调查》,资料来源:http://news.ifeng.com/a/20140623/40845053_0.shtml,访问日期:2014年6月23日。

定,版权的内容包括复制作品。柬埔寨《版权法》第 21 条规定了"经济权利":"经济权利是作者通过对复制、向公众公开和派生作品的创作的授权,对其自己的作品的利用所享有的专有权。除非第 24~29 条有相反规定,作者亲自行为或授权某个人为下列行为的专有权利:……f. 复制作品。"文莱《版权法》第 18 条规定,作品版权的所有人根据本章规定在文莱达鲁萨王国享有复制作品的权利。印度尼西亚《版权法》有专门规定精神权利的条款,但没有专门条款规定经济权利,不过,在第 1.1 条和第 2 条都规定,版权是指作者或该权利的承受者/持有人对作品的复制享有专有权……该法第 1.6 条界定了"复制"的含义:"复制是指使用相同或不同的材料,增加整个作品或其实质性部分的数量,包括永久地或暂时地改变作品的形式或模式。"

泰国《版权法》第 15 条规定:"依据第 9、10、14 条规定,版权所有人应当享有专有的复制权利。"菲律宾《版权法》第 5 章的标题为"版权或经济权利",其第 177.1 条规定:"根据第 8 章规定,版权或经济权利应当由实施、授权或制止下列行为的专有权利组成:复制作品或作品的实质部分。"第 16A 条规定了表演者对其经固定的现场表演的复制权。马来西亚《版权法》并没有专门条款集中规定经济权利,在其第 14 条规定了建筑物的复制权利:"建筑作品的版权应当包括对以其原创形式或以任何来源于该原创的可识别形式复制整个作品或作品的实质性部分的任何建筑物的建造予以控制的专有权利。任何该类作品中的版权不应当包括对以与原作品相同的设计对与该版权相关的建筑物重建或复原的专有控制权。"缅甸《版权法》第 1.2 条规定,版权是指发行或复制作品的专有权利。

此外,《世界知识产权条约》(WCT)对《伯尔尼公约》第 9 条规定的复制权予以充实,WCT 关于第 1 条第(4)款的议定声明:《伯尔尼公约》第 9 条所规定的复制权及其所允许的例外,完全适用于数字环境,尤其是以数字形式使用作品的情况。不言而喻,在电子媒体中以数字形式存储受保护的作品,构成《伯尔尼公约》第 9 条意义下的复制。我国立法尚未纳入对复制权的数字化解释,但是,2012 年国家知识产权局《著作权法修改草案》第 11 条已经以将数字化方式复制作品纳入。因此,根据复制的定义,临时复制与永久复制一样,都是版权意义下的复制行为。此外,根据定义,为了缓存、浏览或者存储而在电子存储器中进行技术性的、短期的或者一时的复制,同样构成版权意义下的复制行为。当然,此种对复制的分类不得损害限制与例外的合理适用(约格等,2008)。

(2)发行权

我国《著作权法》第 10 条规定:"发行权,即以出售或者赠予方式向公众提供作品的原件或者复制件的权利。"该法第 41 条规定了录音录像制作者对其制作的录音录像制品所享有的发行权利。2012 年 3 月国家版权局《著作权法修改草案》第 11 条规定:"发行权,即以出售、赠予或者其他转让所有权的方式向公众提供作品的原件或者复制件的权利。"另一方面,作品作者享有的发行权也意味着有权禁止他人未经合法许可发行自己作品的权利。关于发行权的一次用尽问题,有学者认为,发行权受到权利耗尽原则(又称为首次销售原则)的限制,即权利人售出或者经其许可售出作品的原件或者复制件之后便失去了对这些原件或复制件的支配权,他人可自由地进行再次销售(吴汉东,2004)。然而,发行权的一次用尽也不是绝对的。根据很多国家著作权法的规定,至少还有两个例外。一是在合法获得电影作品、计算机软件和录音制品的复制件以后,购买者不得出租上述作品或制品的复制件。另一个例外是作品复制品的平行进口。依据某些国家的法律,著作权人可以阻止来自其他国家的作品复制件输入本国。……到目前为止,中国著作权法尚没有作品复制件平行进口的规定(李明德等,2004)。

发行与出版关系密切,但也存在一定差异。"出版"中实际包含着"发行",至少包含"发行"的一部分。确实,只出版而不发行,出版就失去了意义。因此,许多国家的版权法(及两个主要的版权公约)中,并没有在"出版权"之外,另立一项"发行权"。诸如英国、澳大利亚、德国、比利时等国版权法就是如此。……但是,相当一部分国家并没有把出版权单独列入版权法中(仅仅列出了笼统含义的复制权),发行权因此就不暗含着任何权利中,必须单独列出了。诸如美国、奥地利等国版权法就是如此。……但出版权与发行权毕竟是可以分别行使的两种专有权利。发行有许多不同形式:散发、出租、出借、出售、出口等(郑成思,2003)。

老挝《知识产权法》第84条规定:"版权所有人的权利应当包括:向公众传播作品原件或复制件。"柬埔寨《版权法》第21条规定,作者享有专有权本人为或者授权他人为下列行为:"(4)通过销售方式公开发行。"新加坡《版权法》第26.1条规定:"与作品有关的版权是下列的独占权:(1)对于文学、戏剧或音乐作品,为下列所有的或任何的行为:③公开表演作品。(2)对于艺术作品,为下列所有的或任何的行为:②在新加坡或与本法适用有关的任何国家中出版作品,如果该作品尚未出版;③向公众传播作品。"越南《民法典》第738.3条规定版权中的财产权应当包括:……(3)经销进口作品的原件和复制件;(4)向公众传播作品;(5)出租计算机程序的原件或复制件。菲律宾《版权法》第177条规定,版权或经济权利应当由实施、授权或制止下列行为之专有权组成:"通过销售或其他形式的所有权转让,首次公开经销作品的原件或某个复制件。"马来西亚《版权法》第15条规定,广播中的版权应当是在马来西亚对整个广播或其实质性部分,在以原有形式或以经认可的对原件的演绎方式使用电视传播全部或其实质性部分的许可费被收取的地方,对向公众展示或播放享有专的控制权。第16A条规定了表演者的发行权。文莱《版权法》第18条规定作品中的版权所有人的专有权包括:"(2)向公众发行作品的复制件;(6)向公众传播作品,并且所有上述行为在本命令中作为受版权限制的行为已作出规定。"印度尼西亚《版权法》第1.5条界定了"出版"的含义:"出版应当是指,为了使作品能够被任何人阅读、听到或看到而以包括因特网或通过任何方式在内的无论任何方式的使用,而对作品的阅读、播放、展览、销售、分配或传播。"在第1.10条对表演者的界定中,提及了对作品的展览和传播。泰国《版权法》第15条规定版权所有人应当享有下列专有权:"(2)向公众传播;(3)出租计算机程序的原件或复制件、视听作品、电影作品和录音;(5)有条件或无条件地对第1~3项中提及的权利进行许可,只要该条件不应当不公平地限制竞争。"缅甸《版权法》第1.2条规定了版权的经济内容:"(2)作品中的版权应当也被视为被实施下列行为的任何人所侵权:①销售或出租,或通过贸易方式披露或承诺销售或出租;②为贸易目的或在对版权所有人造成有害影响的程度内发行(作品);③为销售或出租的进口的任何作品,进口者能够认识到该进口侵害了版权或可能侵害版权,如果该作品是在缅甸创作或下述行为在缅甸或进入缅甸后发生销售性出租、披露、承诺销售或出租、经销、展览或进口。"第1.3条规定:"未经版权所有人的同意,为其私人利益允许剧场或其他娱乐场所被用来公开表演作品的任何人应当被视为侵害了作品的版权,除非他当时没有意识到并且他没有合理的怀疑理由,该表演将会是版权侵权。"

《巴黎公约》第3.4条规定了同时发行的定义:"作品在首次发行后30日内,如果又在两个或两个以上的国家发行,视为已在数个国家同时发行。"

(3)出租权

TRIPS协议第11条规定了"出租权":"至少就计算机程序和电影作品而言,一成员应给予作者及其合法继承人准许或禁止向公众商业性出租其有版权作品的原件或复制品的权利。

成员对电影作品可不承担此义务,除非此种出租已导致对该作品的广泛复制,从而实质性减损该成员授予作者及其合法继承人的专有复制权。就计算机程序而言,如该程序本身不是出租的主要标的,则此义务不适用于出租。"从理论上讲,承认出租权可以由版权人享有,与销售权一次用尽的原则并不矛盾。"出租"并没有把作品的载体投入流通之中,而是租后还要收回的。在这里,复制件作为"物"的所有人并没有改变。这与一批复制品经许可出售后,再行分销的情况是不同的。而与买到一本书之后拿该书去复制,并从中营利的情况则是相近的(郑成思,2001)。《世界知识产权组织版权条约》第7.1条已规定出租权可以适用于计算机程序、电影作品和以录音制品体现的作品。同时,日本、韩国、英国、印度、德国等国家均将出租权适用于录音制品体现的作品(吴汉东,2002)。

我国《著作权法》第10.7条规定:"出租权,即有偿许可他人临时使用电影作品和以类似摄制电影的方法创作的作品、计算机软件的权利,计算机软件不是出租的主要标的的除外。"2012年3月国家版权局《著作权法修改草案》第11条对此有着基本相同的界定。根据国际公约的基本要求,在现行著作权法中增加必要内容,使其与相关国际条约一致,如作者的出租权、表演者出租权、技术保护措施和权利管理信息等。《著作权法》第41条规定"录音录像制作者对其制作的录音录像制品享有许可他人出租并获得报酬的权利。""出租权与发行权的不同在于,发行权适用于所有的作品,而出租权只适用于电影作品、计算机软件和录音录像制品。其中的录音录像制品,又包括录音录像制作者的权利,属于邻接权的范围。"……严格说来,出租是发行的一种方式。在有些国家的著作权法中,出租是规定在发行之中的。例如,美国版权法第106条第3项规定……同时,就发行权的一次性用尽来说,美国版权法又在录音制品和计算机软件方面规定了发行权的例外,让权利人可以防止获得了录音制品复制件和软件复制件的所有人,为了商业性的目的租赁、出租和出借相关的复制件(李明德等,2003)。《伯尔尼公约》没有规定出租权。属于间接传播的方式包括:发行(出售、出租等)。相比之下,《伯尔尼公约》对传播所做的规定则有许多只是暗示的。例如,关于展览权,仅有暗示;关于发行权,除对电影作品制成后的发行作了明文规定外,其他作品的发行权,则是在对"已出版作品"的定义中暗示的。《伯尔尼公约》及我国著作权法均未提及"进口权"。……此外,即使在同一国家地域内,发行权中"出售权"的行使,也不会使版权人的"出租权"穷竭(郑成思,2003)。TRIPS协议是第一次规定出租权的多边条约,涉及第11条和第14.4条的规定。TRIPS协议第11条专门规定了电影作品和计算机程序作者的"出租权"问题①。TRIPS协议是制定WCT第7条的基础。《世界知识产权组织版权条约》(WCT)第7条分别规定了发行权和出租权,第7.2条规定的两个例外来源于TRIPS协议第11条的规定②。WCT关于第7条的第2个议定声明内容为:不言

---

① TRIPS协议第11条规定:"至少就计算机程序和电影作品而言,成员应给予作者及其合法继承人准许或禁止向公众商业性出租其有版权作品的原件或复制品的权利。成员对电影作品可不承担此义务,除非此种出租已导致对该作品的广泛复制,从而实质性减损该成员授予作者及其合法继承人的专有复制权。就计算机程序而言,如该程序本身不是出租的主要标的,则此义务不适用于出租。"

② WCT第7条:出租权——(1)①计算机程序;②电影作品;③按缔约各方国内法的规定,以录音制品体现的作品的作者,应享有授权将其作品的原件或复制品向公众进行商业性出租的专有权。(2)本条第1款不得适用于:①程序本身并非出租主要对象的计算机程序;②电影作品,除非此种商业性出租已导致对此种作品的广泛复制,从而严重地损害了复制专有权。③尽管有本条第1款的规定,任何缔约方如在1994年4月15日已有且现仍实行作者出租其以录音制品体现的作品的复制品获得合理报酬的制度,只要以录音制品体现的作品的商业性出租没有引起对作者专有权的严重损害,即可保留这一制度。

而喻,第7条第1款规定的义务不要求缔约方对依照该缔约方法律未授予其对录音制品权利的作者规定商业性出租的专有权。这一义务应被理解为与TRIPS协定第14.4条相一致①。该协议第14条第4款第1句的目的"是为了要求已经给予录音制品体现的作品的作者以其他所有权利的TRIPS协定的所有成员,也必须给予这些作者以出租权。……""由于WCT是依据TRIPS协定制定的,因此二者之间并没有太大的差别。两个条约明确规定缔约方有义务对三种类型的作品授予出租权;而在这三种类型的作品中,条约又只强制性地要求缔约方对其中两种类型的作品适用例外。然而,WCT第7条与TRIPS协定的有关条款一样,规定的都只是缔约方最低限度义务的规定。"(约格等,2008)。《表演和录音制品条约》(WPPT)第13条也规定了录音制品的出租权,相关议定声明指出,复制品和原件或复制品专指可作为有形物品投放流通的固定的复制品②。

缅甸《版权法》第1.2条(d)规定了出租权。其第2.2条规定:"下列任何人应当也被认为侵害了作品的版权①销售或出租……"老挝《知识产权法》第84条规定:"版权所有人的权利应当包括:……出租电影作品或计算机程序的原件或复制品。"柬埔寨《版权法》第21条规定,作者享有专有权本人为或者授权他人为下列行为:"③出租或公开出借原作品或视听作品的复制品,或包含在唱片中的作品、计算机程序、数据库或以乐谱形式存在的音乐作品;④通过销售方式公开发行,对于已经受制于销售或已经版权所有人授权的所有权转让的作品的原件或复制件的出租。"该条还规定了出租权的例外:"当计算机程序本身不是出租的主要标的时,本条③段提及的出租权不适用于计算机程序的出租。"新加坡《版权法》第25A条规定了作品的"商业出租安排",其第1款规定:"本法中,与录音或计算机程序有关的'商业出租安排'是指具有下列特征的安排:(1)不论该安排是以何种方式表达,在本质上它是一种这样的安排:他人以将会可能归还该录音制品或计算机程序为条件而获得该复制品;(2)该安排是在商业行为中做出的;(3)该安排提供可以获得的复制品①以获得金钱偿付或金钱价值;②为获得金钱支付或金钱价值而提供的服务的一部分。"第25A.2条规定:"尽管有第1款的规定,不论协定以何种方式表达,如果在录音制品或计算机程序的复制品的出租安排中,应当支付的金额不超过①涵盖包括一般费用在内的该安排的必要成本,②为保证归还复制品的保证金,那么,该安排就不应当被认为是一项商业性出租安排。"

越南《民法典》第738.3条(5)规定,版权中的财产权应当包括出租计算机程序原件或复制件的权利。菲律宾《版权法》第177.4条规定,"出租视听教材或电影作品的原件或复制件、包括录音资料在内的作品、计算机程序、数据其他材料汇编或以图形形式表现的音乐作品,而不论原著的所有权或作为出租标的物的复制件。"马来西亚《版权法》第13.1条(6)规定:"文学、音乐、艺术作品,电影,录音制品或派生作品的版权在马来西亚应当是对向公众商业性出租的

---

① TRIPS协议第14条规定:"对表演者、录音制品(唱片)制作者和广播组织的保护:……第11条关于计算机程序的规定在细节上作必要修改后应适用于录音制品制作者和按一成员法律确定的录音制品的任何其他权利持有人。如在1994年4月15日,一成员在录音制品的出租方面已实施向权利持有人公平付酬的制度,则可维持该制度,只要录音制品的商业性出租不对权利持有人的专有复制权造成实质性减损。"

② WPPT第13条规定:"出租权—①录音制品制作者应享有授权对其录音制品的原件或复制品向公众进行商业性出租的专有权,即使该原件或复制品已由录音制品制作者发行或根据录音制品制作者的授权发行。②尽管有本条第1款的规定,任何缔约方如在1994年4月15日已有且现仍实行录音制品制作者出租其录音制品的复制品获得合理报酬的制度,只要录音制品的商业性出租没有引起对录音制品制作者专有权的严重损害,即可保留这一制度。"

专有控制权。"第13.2条(p)则规定了上述专有控制权的例外:"当计算机程序不是出租的主要客体时,第1款规定的控制权不包括对计算机程序的商业性出租。"第16A条第1款(e)规定:"表演者权利应当包括在马来西亚的排他性控制权——(e)将经固定的现场表演或其复制件向公众出租,而不论被出租的复制件的所有权。"第16B条第4款规定:"就本条目的而言,'出租权'是指第16A条第1款(e)下规定的权利。"文莱《版权法》第2条界定了"出租"的含义:"'出租'是指(1)为获得金钱或金钱财产;②在商业中,作为需支付报酬的服务或便利的一部分,并以将要或可能被归还为条件,获得作品复制件的任何安排。"第121条规定:"第122~127条适用于——③与录音制品、电影或计算机程序有关的所有许可方案,只要这些方案与许可向公众出租复制件有关。"第185条规定了对表演者出租权的侵权:"没有经表演者的同意而向公众出租整个录音制品的复制件或者有资格表演的实质性部分的人侵害了表演者权利。"

印度尼西亚《版权法》第1.9条界定"相关权利"时提及了出租:"'相关权利'应当是指与版权有关的权利,即……录音制品制作者复制或出租录音制品的专有权。"第2.2条规定:"电影作品和计算机程序的作者和/或版权持有人应当有权许可或制止其他任何人未经其批准而以商业性目的出租作品。"与第2.2条规定类似,该法第49条规定了录音制品制作者对其录音制品的复制和/或出租所享有的专有权。泰国《版权法》第15.3条规定,版权所有人应当对计算机程序、视听作品、电影作品和录音制品的原件或复制件的出租享有专有权。第28.3条也提及了上述作品的出租问题。第30.3条规定了未经许可而出租计算机程序的原件或复制件构成侵权。菲律宾《版权法》第171.8条解释了"出租"的含义:"'出租'是指以获得利润为目的,在一段有限的期间内,转让对作品或声音制品原件或复制件的占有。"第177.4条规定:"版权或经济权利应当由实施、授权或制止下列行为的专有权组成:出租视听作品或电影作品的原件或复制件,出租包括在录音制品中的作品、计算机程序、数据和其他材料的编纂或以图形形式表现的音乐作品,而不论作为出租标的物的作品原件或复制件的所有权。"关于表演者对其表演所享有的专有权,该法第203.3条规定:"根据第206条规定,表演者对通过以销售、出租或其他转让所有权的方式,对录音制品中固定的其表演的原件或复制件的首次公开发行的授权享有专有权。"第203.4条规定表演者所享有的专有权为,"授权向公众商业性出租经固定在录音制品中的其表演的原件和复制件,即使在该表演者或根据其授权已经发行这些作品之后。"关于录音制品制作人的专有权,第208条规定:"根据第212条的规定,录音制品的制作者应当享有下列专有权:①有权授权以任何方式或形式直接或间接复制其录音制品,将这些复制品投入市场并出租或借出的权利;②有权通过销售或出租或其他转让所有权的方式,授权首次公开发行其录音制品的原件或复制件;③对其录音制品的原件和复制件,有权授权向公众进行商业性出租,即使在其本人或根据制作者的授权而发行之后。"

关于计算机程序的出租权行使的例外问题,比较常见的例子是:出租汽车、出租缝纫机、出租吸尘器。……如果将出租权适用于这些物体,将会是非常荒谬的。因为是这些物体,而不是其中具有创造性、因而享有版权的有关计算机程序,构成出租的核心。但是,在出租计算机时,可能会得出不同的结论。因为计算机只能由程序来控制,而且通常情况下,顾客关心的是计算机程序本身。因此,在这种情况下,可以认为计算机程序实际上就是出租的主要标的,从而,就应当适用WCT第7条规定的出租权(约格等,2008)。

(4)展览权

我国《著作权法》第10条规定:"展览权,即公开陈列美术作品、摄影作品的原件或者复制件的权利。"该定义表明文学作品、音乐作品和戏剧作品并不享有展览权。展出权也称"展览权",……展出权也并不是在大多数国家版权法中找得到的一项权利。《伯尔尼公约》中,虽出现过"展出"这个词,但却没有"展出权"这项经济权利。它只是在解释艺术品的"展出"并不能构成"出版"时使用这个词的。在版权中列出了展出权的这一项的国家,对它的适用范围及其他解释,甚至表达"展出权"时所使用的词汇,也是不尽相同的(郑成思,2003)。不过,也有学者认为:世界上大多数国家的著作权法,单独规定了展览权,或者表演权项下规定了展览权。……在涉及电影或其他影视作品时,展览与表演的区别在于,前者是非连续性地展示单个的画面,后者是连续性播放单个的画面或整部作品(李明德等,2003)。

展览权存在一个例外,即《著作权法》第 18 条的规定:"美术等作品原件所有权的转移,不视为作品著作权的转移,但美术作品原件的展览权由原件所有人享有。"

新加坡《版权法》第 22 条提及"表演"包括对电影的展览。第 24.3 条(3)规定:"对艺术作品的展览不应当构成作品的出版。"第 32 条规定,未经版权所有人的许可而为公共场所展览作品,在新加坡进口该作品的人侵害了文学、戏剧、音乐或艺术作品中的版权。第 105 条规定,未经版权所有人的许可,在公共场所以贸易的方式展出物品。第 188 条规定,以非作者的名字以贸易方式公开展出录制的表演作品,该人对作品的作者或表演者负有责任,如果该违法者知道这个人并非作品的作者或表演的表演者。

马来西亚《版权法》第 4.2 条规定:"文学或音乐作品的表演和艺术作品的展览并不构成作品的出版。"第 36.2 条(3)规定,未经版权所有人的同意或许可而通过贸易的方式向马来西亚进口以公开展览作品的人侵害了版权。第 41.1 条(5)规定,在作品版权或表演者权利存续期间,任何人通过贸易方式公开展览任何侵权复制品都应当承担刑事责任,除非他能够证明他曾善意行事并且他没有合理理由知道其将要或可能侵害版权或表演者的权利。菲律宾《版权法》第 178.5 条规定,视听作品的制作者应当有权以任何方式在所要求的一定程度上为展览作品而行使版权,但收取已被纳入作品的音乐部分表演许可费的权利除外,不论该音乐是否有词。第 271.3 条规定,在作品版权仍然存在的期间,拥有物品的任何人知道或应当知道这是作品的侵权复制件,而为贸易目的公开展出该物品的任何人,应当构成刑事犯罪并经证明有罪时应当被监禁和处以罚款。印度尼西亚《版权法》第 1.5 条规定展览是作品发表的一种方式,包括通过因特网在内的任何方式。第 15 条(3)规定:"如果明确注明来源,下列行为不应当视为版权侵权:(3)全部或部分地引用另一方的作品,目的是:②免费展出或表演,如果该展出或表演不损害作者的通常利益的话。"第 23 条规定:"除非版权持有人与以摄影、绘画、素描、建筑、雕塑和/或其他艺术品形式存在的创造性作品的所有人之间有相反约定,如果该艺术作品的形式是肖像画,那么,该所有人应当有权不经版权持有人的同意根据第 19 条和第 20 条的规定在公开展览中展出或复制该作品。"①第 56 条规定了版权持有人也应当有权请求商事法院对来自侵害版权的展出的全部或部分收入发布没收的命令。第 72.2 条规定:"任何故意地向公众广播、展出、发行或销售侵害版权或第 1 款规定的相关权利的作品或货物的任何人,应当被处以最长

---

① "展出权"还涉及个人肖像问题。这在多数国家不放在版权法中,而放在一般民法的"肖像权"中,但有些国家把肖像权的保护作为邻接权的一部分。还有些普通法国家,虽然在成文版权法中对肖像的展出权并未作任何专门规定,但法院在判例中推定这种权利是版权的一项内容。也有的国家把肖像作品作为版权(而不是邻接权)中的特殊作品加以规定。参见(郑成思,2003)。

5年的监禁和/或最高5亿卢比①的罚款。"

泰国《版权法》第4条规定,艺术作品的展出和建筑作品的建设不应当构成发表。在规定版权侵权例外方面,第32.2条规定:"与版权有关的下列行为不视为版权侵权:(5)为司法程序或为行政程序或为报告该程序的结果,由经授权的政府官员实施的复制、改编、展览或展示;(6)教师为教学的利益但非为利润进行的展览或展示。"越南《民法典》没有直接使用"展出"一词,只是在第738条规定版权中的精神权利包括"公开"作品的权利。缅甸《版权法》第3章规定了"处罚",其第7条规定:"如果任何人明知地通过贸易方式公开展出任何该作品的侵权复制件,他应当最高被处以每件复制件20卢比的罚款,但涉及同一交易中,不超过500卢比。"该法第1部分第1.3条规定:"就本法目的而言,与任何作品有关的发表……并不包括公开展示艺术作品、艺术建筑作品的建设……";第2.2条规定:"(3)通过贸易方式公开展出任何作品的任何人,如果明知该作品侵害版权或可能会侵害版权……也应当被视为侵害了作品版权。"柬埔寨《版权法》第21条规定,版权的经济权利包括"公开展示作品的专有权。"文莱《版权法》第66条规定了永久位于公开场所的雕塑、建筑物模型和工艺作品被他人使用而不侵害版权的情形。该条规定涉及某些艺术作品的公开展示问题。该法第87条规定了公开展示的作品上的错误署名的侵权问题。老挝《知识产权法》第110条规定版权侵权的情形包括未经版权所有人的授权而通过声音或图片广播网络或通过现代技术工具向公众展出任何作品。

《伯尔尼公约》中并未规定该项权利。

(5)表演权

我国《著作权法》第10条规定:"表演权,即公开表演作品,以及用各种手段公开播送作品的表演的权利。"新加坡《版权法》第243.3条解释了"表演权"的含义:"就本条目的而言,与作品相关的表演权是:①公开表演作品或改编作品的专有权;②广播作品或改编作品的专有权;以及③通过有线传播或改编作品的专有权。"该法第37条规定:"①使用他人作品演出,表演者(演员、演出单位)应当取得著作权人许可,并支付报酬。演出组织者组织演出,由该组织者取得著作权人许可,并支付报酬。②使用改编、翻译、注释、整理已有作品而产生的作品进行演出,应当取得改编、翻译、注释、整理作品的著作权人和原作品的著作权人许可,并支付报酬。"

《伯尔尼公约》第11条规定了"公开表演权。"其第1款规定了权利的范围,第2款规定了译作的公开表演②。第11条之二规定了播放权,既涉及广播又涉及电视;第11条之三规定了公开朗诵权③。公约第1款仅涉及戏剧作品、音乐剧和音乐作品的表演权,"这一款将公开表演权一分为二。作者享有授权公开表演他的作品的专有权。这一权利首先涉及演员和演唱者进行的现场表演。注意,它仅仅涉及公开表演,非公开表演不要求取得授权。……包括了通过录制品进行的表演,涉及所有种类的录制品(唱片、盒式带、磁带、录像制品等),但通过电影作

---

① 印度、巴基斯坦、斯里兰卡等国家使用的货币名称。1印度卢比≈0.1元人民币。

② 《伯尔尼公约》第11条第1款规定了权利范围:"戏剧作品、音乐剧或音乐作品的作者享有下述专有权:许可公开演奏和公演其作品,包括用各种手段和方式的公开演奏和公演";第2款规定了译作的公开表演:"许可用各种手段公开播送其作品的表演和演奏。戏剧作品或音乐剧作品的作者,在其原著权利受到保护的整个期间内,对其作品的译作享有同样的专有权。"

③ 《伯尔尼公约》第11条之三:一、文学作品作者享有下述专有权:(1)许可公开朗诵其作品,包括用各种手段或方式公开朗诵其作品;(2)许可用各种手段公开播送其作品的朗诵。二、文学作品作者在对其原著有权利的整个期限内,对其作品的译作也享有同样权利。

品进行的公开表演则涉及另外的权利(笔者注:即《公约》第14.1条规定的已有作品的作者的电影摄制权)。这种权利的另一半控制的是公开传播该作品的表演。它涉及除播放之外的所有公开传播,关于播放则是在第11条之二作出规定的。"(刘波林,2002)。公约第11条之二第1款规定的"这一有线传送行为不同于第11.1条涉及的行为。第11.1条涉及有线电视公司传送自己制作的节目的情况;而第11条之二涉及的是传送他人的广播电视节目。"(刘波林,2002)。公开朗诵权"仅涉及文学作品的作者。有些国家的法律将这一权利归入公开表演权,这或许是因为戏剧和文学并不总是很容易加以区分。根据这些国家的法律,在公共场所大声朗读一件作品就是对它进行表演。……非公开的朗诵或传播也不受这一权利的控制。"(刘波林,2002)。有些国家的版权法认为,朗诵应被视为文字作品的一种表演活动,甚至认为一切口头作品的发表活动实质上都是某种"表演"。例如新加坡版权法第22条第1款(b)项,就是如此。但《伯尔尼公约》则是把朗诵权与表演权分开的,多数国家的版权法与《伯尔尼公约》中这一点上完全一致(郑成思,2003)。

新加坡《版权法》第22条界定了"表演"的含义:(1)根据本条规定,除非上下文另有要求,本法中提及的"表演"应当:①被理解为包括任何方式的可视的或口头陈述,无论该陈述是否是通过使用任何接收装置、通过对电影的展出、通过对录音的使用或者通过其他任何方式;②当与演讲、演说、讲话或布道有关时,应当被理解为包括播送,并且本法中对表演作品或改编作品的规定应当具有相同含义。(2)就本法目的而言,作品或其他标的物的交流①不应当构成表演。(3)就本法目的而言,如果通过任何接收装置展示可视图像或发送声音,那么,对直接或间接地被用来把图像或声音与接收装置连接起来的任何装置或设备的操作,并不构成表演或并不相当于导致图像被看到或导致声音被听到,但是,在展示图像或发送声音的范围构成了表演,导致图像被看到或声音被听见的范围内,该表演或导致了图像被看到或声音被听到,根据具体情况而定,应当被视为是由操作接收装置操作导致的。……(4)不损害第2、3款,如果表演一件作品或一件作品的改编本,或通过运行第3款规定的任何装置或设备,或通过使用唱片的方法为复制声音而使用任何装置或设备使得视觉形象被看到或声音被听到,且装置或设备是由该装置或设备所在地点的经营场所的占有人提供的或经其同意的,就本法而言,上述经营场所的占有人应当被视为产生表演之人或导致影像被看到或声音被听到之人,不论他是否是正在操作该装置或设备之人。

关于学生或教育机构工作人员对作品或其他标的物的表演是否构成表演的问题,新加坡《版权法》第23条规定:"(1)如果学生或教育机构中的工作人员在该机构中或者在别处存在观众时,表演音乐作品,并在活动过程中如此表演,那么,就本法目的而言,该表演不应当被视为在公开场所的表演。(2)如果学生或教育机构中的工作人员在该机构中或者在别处存在观众时,表演文学或戏剧作品,并在活动过程中如此表演,那么,就本法目的而言,如果这些观众限于参加指导或者其他方面直接与进行指导的所在地有关联,那么,该表演不应当被视为在公开场所的表演。(3)就第(2)款目的而言,一个人应当被视为与进行指导的所在地直接相关,如果他是在该地方接受指导的学生的父母、监护人、兄弟或姊妹。(4)在与电影、广播、有线节目和

---

① 马来西亚《版权法》第3条解释了"communication to the public"(向公众传播)的含义:"是指通过有线或无线方式向公众播送作品或现场表演,包括以公众中的成员可以在其个人所选择的地方和时间获得该作品或现场表演的方式,使公众能够获得作品或现场表演。"

表演录音相关时,第(2)和(3)款应当以同样的方式适用,正如它们适用于相关文学和戏剧作品,但上述条款适用于与这些电影、广播、有线节目或录音相关情形时,对作品表演的任何规定应当被理解为是对导致相关声音被听到或相关的可视形象被看到的行为的规定。"第24.3条规定,文学、戏剧或音乐作品的表演不应当构成作品的发表。第26条规定,文学、戏剧或音乐作品的版权包括公开表演作品的专有权。关于宗教表演,该法第42条规定:"在做礼拜的场所或做其他宗教集会地方,在仪式进行过程中,对具有宗教性质的文学、戏剧或音乐作品的表演不应当构成对该作品版权的侵权。"第49.3条规定,对于图书馆保存的尚未发表的作品,在该作品或其一部分被发表之后,在公开场所表演该作品,并不构成对其版权的侵害。对于制作者在其音乐作品的录制中可以包含部分文学或戏剧作品的条件,第60.1条规定:"如果一个人在新加坡制作了由表演音乐作品组成的唱片,在该唱片中,与音乐相联系的词语被唱或者附带地被提及,不管在该唱片中是否还有任何其他东西,那么,该唱片的制作不应当构成对该文学或戏剧作品中版权的侵犯。"第136条规定了违法行为,该条第1款规定了对以贸易方式公开展出版权作品的人的罚款(每件不超过10000美元)或/和监禁(不超过5年);第2款规定,对故意向新加坡进口或拥有版权侵权作品的人通过贸易方式公开展出该物品的人,应当构成犯罪并应当对该物品或每件物品(构成犯罪时)处以不超过10000美元的罚款,或不超过5年的监禁,或并处;第(6)款规定:"除了通过接收电视广播或有线节目外,任何人为其私人利益导致在公共场所表演了文学、戏剧或音乐作品,或者导致了在公共场所观看或听到了电影,如果他知道,或有合理理由应当知道在该作品中或电影中存在着版权,并且该表演构成了对版权的侵害,那么,他应当构成犯罪并应当经定罪后被处以不超过20000美元的罚款或不超过2年的监禁,或二者并处。"第188条规定了不错误标示作品作者身份或表演的表演者身份的义务。第218条规定:"(1)1987年4月10日之前还没有发表的文学、戏剧、音乐或艺术作品中的版权,并没有受到为销售而进行的复制的侵害,如果——……(4)在作者死亡日期,或者对于合作作者作品,在或紧接最后死亡的作者的死亡日期之前,如果文学、戏剧或音乐作品,或者雕刻作品①还未发表;②对于戏剧或音乐作品来说尚未公开表演过;……"那么,第1款应当予以适用,就好像该作者在该作品首次发表或首次公开表演的日期死亡,以首先发生的日期为先。此外,该法第7部分规定了对表演者的保护。其中第246条界定了"表演"的含义①。

马来西亚《版权法》第10A条规定了表演者获得保护的资格:"表演者权利应当存在于表演者是(1)马来西亚的市民或永久居民的每个现场表演中;(2)表演者不是马来西亚的市民或永久居民,但是其表演——①发生在马来西亚;②被纳入受本法保护的录音制品中;③尚未在录音制品中固定,但是被包含着符合本法保护广播中。"第13条规定:"文学、音乐或艺术作品、电影、录音制品或派生作品中的版权应当是指马来西亚对公开表演、反映或播放的专有控制权。"第16A条规定了表演者权利的性质:"1. 在马来西亚,表演者的权利应当是专有的控制权

---

① 新加坡《版权法》第246条规定:"'表演'是指:①对戏剧作品或该作品的一部分的表演(包括即兴表演),包括通过使用木偶的表演;②音乐作品或该作品的一部分的表演(包括即兴表演);③文学作品或其一部分的朗读、朗诵或传送,或者即兴表演的文学作品的传送;④舞蹈表演;或⑤马戏节目或杂耍或任何类似的陈述或展示表演,在新加坡举行的现场表演或由一个或多个合格人,不论有无观众。'该条第2款规定了不属于"表演"的情形:"就本部分目的而言,下列不应当视为表演:①第23.1条规定的表演;②对任何新闻或信息项目的阅读、朗诵或传送;③体育活动的表演;④作为观众的一员而参加表演;⑤在新加坡国庆阅兵(a National Day Parade)中的表演;⑥可以由部长规定的任何其他表演。"马来西亚《版权法》第3条对"现场表演"有与此近似的解释。

(1)向公众播送现场表演,但该播送中使用的现场表演本身是国外现场播送的表演除外;(2)对尚未固定的表演的规定;(3)对现场表演的固定的复制,如果——(i)该固定本身的进行没有经过表演者的同意;(ii)以与经表演者同意的目的不同的目的进行的复制;(iii)依据第3款的规定进行的固定,且以与这些条款规定的不同目的进行的复制;(4)通过买卖或所有权的其他转让,对经固定的现场表演或其复制件首次公开;(5)向公众出租经固定的现场表演或其复制件,而不管被出租的复制件的所有权。2.一旦表演者已经同意固定其现场表演,那么,他应当停止享有第1款的专有权。3.尽管有第1款的规定,该款下的控制权并不包括下列控制权——(1)对现场表演的直接或间接录音或间接摄影——(i)仅以供制作人私人和家用为目的的录音制品或摄影;(ii)仅为科研目的的制作的录音或电影;(2)现场表演的直接或间接录音或摄影——(i)为报告新闻或时事的目的或与之有关而制作;(ii)为批评或审查目的而制作;(iii)仅为司法程序目的制作,或者律师提出的专业建议;(3)对现场表演的间接录音或摄影——(i)由教育管理机构或代表该机构仅为该机构或另一个教育机构的教育目的而制作的录音制品或电影;(ii)是由仅为向具有视觉、听觉和阅读障碍的人们提供为目的,而帮助有阅读障碍的人的教育管理机构或该机构的代表制作的录音制品或电影;(4)由经表演者同意播送现场表演的广播公司制作的直接的录音制品或电影,是仅为制作该播送节目的目的而制作的录音,条件是在任何这些复制件首次被用来播送现场表演的那天开始的12个月期间的末尾之前要毁坏该录音;(5)由于向该人做出的欺诈的或无辜的误传(innocent misrepresentation),由一个合理地相信表演者已经授权由该人制作录音的人制作的直接的或间接的录音制品或现场表演的间接摄影;(6)在(1)、(2)、(3)和(4)中提及的录音制品或电影的复制件,是仅为任何这些段落中提及的目的而制作的复制品;⋯⋯"第25A条规定了表演者的精神权利①。

菲律宾《版权法》第171.6条解释了"公开表演"的含义。第184.1条(1)项规定,如果作品已被合法地发表,对作品的表演属于私人性表演并且免费,或严格地为慈善或宗教机构或团体而进行,则并不构成侵权。该条第(i)项规定,俱乐部或机构为慈善或教育目的而非为盈利,在没有征收许可费的地方公开表演或向公众传播作品,也不构成侵权。第202条界定了"表演者";第203条规定了表演者权利的范围:"根据第212条规定,表演者应当享有下列专有权:(1)关于其表演,①授权向公众播放或其他方式传播其表演的权利;②对其未经固定的表演授权予以固定的权利;(2)授权以任何方式或形式直接或间接复制其表演的权利;(3)根据第206条的规定,授权通过销售或出租或其他转让所有权的方式向公众首次发行其中录音制品中已经固定的表演的原件或复制件;(4)甚至在其表演制品发行之后,或者根据表演者的授权,授权向公众出租其中录音制品中已固定的表演的原件和复制件的权利;(5)有权授权通过有线或无线方式向公众提供在录音制品中已经固定的其表演,公众可以个人选择的地点和时间获得该表演。"关于对表演者权利的限制,第205条规定:"①根据第206条的规定,一旦表演者已经授权播送或固定其表演,那么,第203条规定就不应当进一步予以适用了;②第184条和第185条加以必要的变更应当适用于表演者。"

---

① 马来西亚《版权法》第25A条规定:"(1)对于其现场表演或已被固定在唱片中的现场表演,表演者应当有权——①主张其作为现场表演的表演者的身份,除非是以使用该现场表演方式来记录遗漏;②对将会损害其声誉的对其现场表演的任何歪曲、毁损或其他修正予以反对;(2)根据第1款规定授予表演者的权利,在其死后,应当维持,并由该表演者授权的人或机构行使。"

印度尼西亚《版权法》第1.10条界定了"表演者",第49.1条规定了表演者权利:"关于同意或制止未经其同意的对其表演的录音片和/或可视图片的复制或传播,表演者对此应当享有专有权。"第21条规定,即使是商业性质的表演,对在一个公开的表演中拍照以宣传一个或多个表演者,不应当被视为侵害了版权,所涉的人有相反声明的除外。

泰国《版权法》第4.7条界定了"表演者"和"向公众传播";第29条规定,未经许可,为金钱回报或其他商业性利润而公开播送录音和录像作品应当被视为侵害版权行为。第36条规定了免责情形,未经组织或者从该活动中没有获得利润的对戏剧作品或音乐作品的公开表演,并且对观看表演的人没有直接或间接的收费、表演者没有报酬,假如是由持有公共慈善、教育、宗教或社会福利目的的协会、基金会或另一个组织实施,并且符合第32条的规定,就不应当视为对版权的侵害。该法第2章专门规定了表演者的权利,共有10条(第44~53条)。第44条规定:"表演者对其表演享有下列专有权:①将表演的声音和录像向公众播送或传播,但从已被录制的录音媒介向公众播送或传播该声音和录像除外;②对尚未被录制的表演的录制;③未经表演者的同意对已被录音的表演录音的复制,或对已经取得表演者同意而制作的表演录音的复制,但为了另一个目的,属于第53条下表演者权利侵权的例外的表演录音的复制。"第45条规定:"将已经为商业目的发行的表演的录音或其复制件向公众进行无线电广播或直接播送的任何人,应当被要求向表演者支付公平的报酬。如果当事方不能就该报酬达成协议,局长应当通过考虑该情形中通常的报酬比率来规定该报酬。当事人可以在自收到局长令的通知信件起到90天内,对根据第1段规定的局长发布的命令其他申诉。委员会的决定应当是终局的。"第46条规定:"如果表演或表演的录音中存在一个以上的表演者,这些表演者可以指定一个共同点代理人维护或行使他们的权利。"第47条规定:"如果满足下列条件,表演者对其表演应当享有第44条规定的权利:①表演者具有泰国国籍或者泰国拥有惯常居所;②表演或表演的主要部分发生在泰国或在泰国也是缔约国的保护表演者权利的公约的一缔约方国家中。"第48条规定:"如果满足下列条件,根据第45条规定,表演者应当有资格获得报酬:①在表演的录音录制时或在他主张其权利时,该表演者具有泰国国籍或者泰国拥有惯常居所;②表演者的录音或该表演录音的主要部分是在泰国录制的,或者泰国也是缔约国的保护表演者权利的公约的一缔约方国家中录制的。"第49条和第50条规定了表演者权利的保护期。第51条规定了转让问题:"第44条和第45条中规定的表演者权利应当可以在其整个保护期内或固定的期间内全部或部分地转让。当涉及一个以上的表演者时,每个表演者应当有权转让专属于自己的权利。除了通过继承方式转让外,以其他方式转让权利应当以书面形式,双方应当签名。如果转让合同中没有明确转让的期间,该转让应当被视为持续3年。"第52条规定:"任何人未经表演者同意或没有遵守第45条规定支付报酬而实施第44条规定的行为,应当被视为侵害了表演者权利。"第53条规定:"第32、33、34、36、42和43条经过细节上的必要修改,应当适用于表演者权利。"此外,泰国《版权法》第5章规定了"国际版权和表演者权利",只有一个条款,作者的版权或表演者权利应当受到本法的保护,条件是,他是泰国也是成员的保护版权或保护表演者权利的国际公约的成员国的国民,或者泰国也是其成员的国际组织的版权作品。该法第6章则规定了涉及版权和表演者权利的诉讼问题,共有5条。

越南《民法典》第744条规定与版权有关的权利客体应当包括表演者的表演。第745条规定了表演权的所有人和内容:"(1)表演权应当包括表演者的人身权利和投资者为实现表演享有的财产权;(2)表演者的人身权应当包括在表演中或在播送录制表演的唱片和录像中署名权和保护表演形象的完整权;(3)为实现表演,投资者的财产权应当包括实施和禁止其他人实施下列行为的权利:①将表演进行录音、录像;②复制、传播表演的唱片或录像的原件或复制件;③以其他方式向公众播送或传递表演。"缅甸《版权法》第8条规定,任何人为制作存在版权等任何作品的侵权复制件而故意制作任何碟片,或者故意地并为其私利使任何该类作品未经版权所有人的同意而公开地被表演,那么,其应当被处以不超过5000卢比的罚款。第35条界定了"表演"的含义。该条第2款规定,未经作者、其遗嘱执行者、管理人、受让人的同意或默许,公开表演作品不应当被视为该作品的发表或公开表演。

文莱《版权法》第Ⅱ部分规定了"表演中的权利",共有22条,内容涉及表演者的权利、享有录音权的人的权利、授予权利的例外、权利期间和转让、同意、侵权救济、该部分的适用。第180.1条规定了授予表演者和享有唱片权利的人的权利;第180.2条界定了"表演"、"唱片"。关于表演者的权利,第181条规定了适格的表演;第182条规定了录制唱片或播送现场表演需要经过同意;第183条规定了通过使用唱片方式对表演者构成侵权;第184条规定了通过进口等、非法录制方式侵害表演者的权利。关于对产品享有权利的人的权利,第185条规定了通过出租方式侵害了表演者的权利;第186条规定了通过有线或无线方式使观众能够获得经固定的表演而侵害了表演者的权利;第187条则涉及通过销售方式构成侵权;第188条规定了表演者的精神权利,包括署名、保护作品完整权、精神权利的转让与放弃问题。第189条规定了排他性的唱片合同和享有唱片权利的人;第192条规定了通过进口、非法录音方式侵害唱片权利。

老挝《版权法》第3.26条指出,"与版权相关的权利"包括表演权。第11条规定:"版权和与版权有关的权利由下列组成:①包括计算机程序在内的艺术作品、文学作品和科学作品;②与版权相关的表演、影像录制者和广播组织的权利。"第77.1条涉及邻接权获得保护的权利人的资格,并界定了"表演者"的含义。第78条规定了有资格获得涉及版权等权利保护的活动条件:"有资格获得保护的与版权有关的权利如下:(1)表演——①老挝国民、外国人或在领域内或在外国没有国籍的人的表演;②在老挝的外国人的表演;③根据老挝参加的国际条约而受到保护的表演。"该法第89条规定了表演者的权利:"表演者应当享有下列权利:①在表演中、影碟的传播或者该表演的声音广播中表明表演者姓名;②保护该表演并不授权其他人进行改变、改编、增加、删除或损害该表演的荣誉和声誉的其他任何方式;③将表演者的现场表演录制到影碟中;④直接或间接地复制影碟中表演者的现场表演;⑤公开广播其尚未录制的声像和传播表演;⑥通过销售、出租或任何其他方式公开发行表演的录音或该录音的复制件,公众可以获得。"第92条规定了表演中投资者的权利。

(6)放映权

我国《著作权法》第10条规定:"放映权,即通过放映机、幻灯机等技术设备公开再现美术、摄影、电影和以类似摄制电影的方法创作的作品等的权利。"严格说来,放映权属于机械表演权,即通过放映机、幻灯机等设备来表演美术、摄影和电影作品。放映显然不属于舞台表演作品。1991年《著作权》法没有规定放映权,到2001年修订《著作权法》才规定了单独的放映权。规定放映权,显然是为了强调机械表演权的这一个侧面(李明德等,2003)。这里说的公开再现,是指个人或家庭以外的放映,这种反映是面向公众的,并且不问是否营利,只要是公开放映,就应属于著作权人的放映权范围之内(刘春田,2002)。

(7)广播权

我国《著作权法》第 10 条规定:"广播权,即以无线方式公开广播或者传播作品,以有线传播或者转播的方式向公众传播广播的作品,以及通过扩音器或者其他传送符号、声音、图像的类似工具向公众传播广播的作品的权利。"《伯尔尼公约》第 11 条之二规定了"播放权"①,这一款将播放权分为三项权利。第一项是授权播放和以其他任何无线发送信号、声音或图像的方式公开传播作品的权利。它不仅适用于广播节目,也适用于电视节目。重要的是信号的发送,至于这些信号实际上是否被接收到,则无关紧要。第二项是对这一发送进行后续使用的权利:作者享有授权通过有线或无线方式公开传播这一广播电视节目,只要这一传播是由并非原发送组织的另一组织进行的。第三项是授权通过扬声器或电视屏幕公开传播这一广播电视节目的权利。必须强调的是,在各种情况下,都必须有公共因素才能使权利发生效力(刘波林,2002)。值得注意的是,2012 年国家知识产权局《著作权法修改草案》第 11 条用"播放权"一词取代了"广播权"②。

老挝《知识产权法》第 3.31 条界定了"广播(broadcasting)"的含义:"广播是指通过收音机、电视广播、互联网或通过卫星等其他任何方式向公众传播作品。"第 78.3 条规定音像(sound-image)作品获得保护的条件:"拥有老挝国籍的音像广播组织通过编码卫星信号发送的音像广播节目;受老挝为其成员方的国际条约保护的音像广播组织通过上述方式播送的节目。"第 90 条规定了音像制作者应当享有下列权利:"(1)直接或间接复制音像录制品;通过销售、出租或任何其他技术方法公开传播(dissemination)音像制品的原件或复制件;(2)在公开传播音像制品期间获得利益。"第 91 条规定了音像广播组织的权利:"音像广播组织应当享有下列权利:(1)本人或授权其他人实施下列行为:①广播或转播其自己的音像广播;②向公众公开其自己的音像广播;③录制其自己的音像广播;④复制其自己的音像广播。(2)在广播其自己的音像期间、录制期间或向公众传播期间获得利益。"

文莱《版权法》第 8 条界定了"广播"的含义。第 18 条规定版权所有人对广播其作品或者在有线节目服务中包含该作品享有专有权。柬埔寨《版权和邻接权法》第 2 条规定:"'广播'是指通过收音机、电视、有线电视或卫星播送声音、图片、文件或其他信息;广播组织是指收音机、电视和有线电视或卫星。"第 3 条规定:"根据本法,应当给予包括作者的作品、表演者的作品、唱片和通过广播组织的广播以保护。……(4)通过广播组织的广播:①广播组织的广播,其总部位于柬埔寨;②从位于柬埔寨的传送器传送的广播。"第 21 条(1)规定作者对其本人或授权他人广播其作品享有专有权。第 41 条规定表演者对授权或实施下列行为享有专有权:(1)向公众广播和传播其表演,但经表演者授权的对固定其表演的唱片的广播或通过电视广播的传播或拥有首次广播该表演的广播组织的授权除外。第 47 条和第 48 条规定了广播组织的权利。第 47 条规定:"广播组织由收音机、电视和有线电视台组成。这些组织对实施或授权固定其广播、向公众传播、转播、复制、发行或首次出租其广播享有专有权。"第 48 条规定:"在任何地方,为向公众销售、出租、交流、广播或传播的目的而复制属于广播组织的任何广播,必须获得该组织的授权。"

---

① 《伯尔尼公约》第 11 条之二:一、文学和艺术作品的作者享有授权进行下列使用的专有权:1.许可以无线电广播其作品或以任何其他无线播送符号、声音或图像方法向公众公开传播其作品;2.许可由原广播机构以外的另一机构通过有线广播或无线广播向公众传播该作品;3.许可通过扩音器或其他任何传送符号、声音或图像的类似工具向公众传送广播作品。

② 该草案第 11 条第 7 项规定:"播放权,即以无线或者有线方式向公众播放作品或者转播该作品的播放,以及通过技术设备向公众传播作品的播放的权利。"

缅甸《版权法》没有对广播权作出规定。越南《民法典》第744条规定了邻接权的客体："邻接权的客体应当包括表演者的表演、唱片、录像片、广播组织的广播和携带经编码节目的卫星信号。"第745条规定了所有人和表演的权利内容。第747条规定了广播权的所有人和内容："(1)广播权应当属于广播组织；(2)广播权应当包括行使或禁止其他人实施下列行为：①录制、复制唱片；②广播或转播广播的部分或全部；③发行唱片或复制广播的录音。"

泰国《版权法》第4条界定了"广播作品"："广播作品是指通过收音机广播、通过电视广播声音或录像，或通过其他任何近似手段向公众播送的作品。"

第6条规定版权作品包括以声音和录像广播形式存在的作品。第29条规定："未经符合第15.5条的同意，针对享有本法授予的版权的声音和录像广播实施的下列任何行为应当被视为版权侵权：①不论全部或部分地制作视听作品、电影作品、唱片或声音和录像广播作品；②不论全部或部分地转播；③为获得金钱回报或其他商业利益而使得音像广播作品在公开场所被听到或看到。"第37条规定，除建筑作品外，公开地位于公共场所的艺术品的电视广播不应当被视为对艺术作品版权的侵权。第39条规定："一艺术作品构成照片、电影或录像广播作品的一部分不应当视为对该艺术作品版权的侵权。"第44条所规定的"表演者权利"涉及了播放权。第45条规定了有偿使用声音广播或公开播送已为商业目的发行的表演录像的公平报酬问题。

印度尼西亚《版权法》第1.12条界定了"广播组织"。第49条规定了音像制品的表演者和制作者的权利，以及广播组织对其广播所享有的权利。菲律宾《版权法》第202.7条界定了"广播"的含义。该条第8款规定："'广播组织'应当包括获得充分授权从事广播的自然人或法律实体。"第9款解释了"向公众播送表演或唱片"的含义。第203.1条规定了表演者授权广播其表演的专属权利。第209条规定了使用者向表演者或制作者公平付费问题。马来西亚《版权法》第2条界定了涉及广播的作者的确定问题、"广播、广播服务、传播"的含义。第15条规定了广播中版权的性质："①广播中的版权应当是在马来西亚的专有控制权：对广播的全部或部分录音、复制、转播、表演，在收取许可费的地方，以其原版形式或以可被辨识地派生于该原版作品的方式，向公众展示或播放电视广播的全部或其实质性部分；②尽管有第13.1条的规定，第13.2(a)、(g)、(gg)、(ggg)、(gggg)、(h)和(o)也应当适用于广播中的版权；③电视广播中的版权应当包括对从该广播中拍摄剧照予以控制的权利。"第16条规定了被电影中纳入的广播："①如果任何文学、音乐或艺术作品的所有人授权一个人在电影和广播服务中纳入该作品、在他们之间没有明确的相反协议时广播该电影，应当视为该版权所有人对该广播已经在先授权。②尽管存在第1款的规定，如果广播服务广播了将文学、音乐或艺术作品纳入的电影，那么，对广播该文学、音乐或艺术作品的权利所有人应当有权从该广播服务中获得公平补偿。"

新加坡《版权法》第82条规定了唱片版权的性质："1. 就本法目的而言，除非有相反意图出现，与唱片有关的版权是为下列所有行为或任何行为的专有权利：(1)复制唱片；(2)对唱片进行商业性出租安排；(3)如果尚未发表，发表唱片；(4)通过或作为数字音频播送方式使公众能够获得唱片。2. 第1款(2)项不应当被扩大适用于关于唱片的商业性出租安排，如果(1)一个人(本条提及的唱片所有人)1998年4月16日之前购买的不构成侵权的复制件；(2)该商业性出租安排成为唱片所有人经营的通常的商业过程的一部分；(3)唱片所有人以前从事相同的生意，或另一个生意，在当时购买复制品时，该另一个生意包括了或由关于唱片复制件的商业性出租安排所组成。3. 为避免疑义，就本部分目的而言，'使能够获得'并不包含使唱片被听到，与通过数字视频播送的方式或作为数字视频播送的一部分不同。"第83条规定了电影摄制中的版权性质:"就本法目的而言,除非有相反意图出现,与摄制电影有关的版权是为下列所有行为或任何行为的专有权利:①复制该电影;②在该电影由可视影像组成的范围内,使该电影能够在公共场所被看到;③向公众播送电影。"第84条规定了电视广播和声音广播中的版权性质:"(1)就本法目的而言,除非有相反意图出现,与电视广播和声音广播有关的版权是为下列所有行为或任何行为的专有权利:①在电视广播由可视影像组成的情形中——制作广播电影或该电影的复制件;②在声音广播或在电视广播由声音组成的情形中——制作该广播的唱片或该唱片的复制件;③在电视广播由可视影像组成的情形中——导致该电视广播被公开地看见或听见,如果是被付费的观众看见或听见的话;(4)在电视广播或声音广播的情形中——转播之或向公众传播之。(2)就第(1)款③项的目的而言,电视广播应当被付费的观众看见或听到,如果电视广播被下列人员看到或听到:①在该广播将被看见或听到的地方,该人要么已经被承认了付款,要么已被承认向该地方构成其一部分的地方罚款;②在广播将被看见或听到的地方,以超过在该地方通常被收取的价格提供商品或服务并且该价格部分地可归因于为看到或听到广播所提供的设备,该人已被许可进入该地方。(3)就第(2)款的目的而言,不应当顾及:①以居民或同住者身份在该地方被许可的人;②作为俱乐部或社团成员被许可到该地方的人,如果该付款仅仅是为该俱乐部或社团成员资格而支付,以及为看到或听到广播所提供的设备对于该俱乐部或社团的主要目的来说仅仅是偶然性的。"

该法第85条规定了有线节目中的版权性质:"(1)就本法目的而言,除非有相反意图出现,与有线节目有关的版权是为所有的或任何下列行为的专有权:①在该节目是由可视影像组成的范围内,将其或其复制件制作成电影;②在该节目是由声音所组成的范围内,将其或其复制件制作成唱片;③在该节目是由可视影像组成的范围内,如果是由付款的观众/听众看到或听到,使该节目被公开看见,或在其是由声音组成时,被公开听到;④向公众传播该有线节目。(2)不论是否是通过收到节目的方式或通过使用任何录音、印刷品、底片、磁带或已在其中录制了节目的其他物品,那么,该行为第(1)款应当适用。(3)关于有线节目中的版权,在其由可视影像的范围内,第1款适用于足以被作为电影看到的影像的任何顺序;相应地,就成立该版权侵权目的而言,对已被扩大到该影像顺序之外的该行为进行证明不应当是必要的……"第86条规定了已经出版了的作品中的版权性质:"就本法目的而言,除非有相反意向出现,与已经出版的文学、戏剧、音乐或艺术作品有关的版权或与两个或更多的文学、戏剧、音乐或艺术作品相关的版权,是对通过包括拍照方法复制版本在内的专有权。"

(8)信息网络传播权

版权法经历了从印刷技术、广播技术再到数字技术的演进。数字通信区别于传统的印刷和广播技术,它不再是模拟复制传播,而是脱离载体的信息传送。这样的转变改变了传统版权法的生态环境,原来的作品复制件交易演变成为无须载体的"内容"交易。于是,建立在依赖复制件控制基础上的版权法律制度遇到前所未有的挑战。为应对数字技术挑战,版权法有可能出现三个方面的发展趋势:一是重构版权法哲学基础,寻找适合数字时代的保护范畴;二是使版权法脱离版权决定一切的局面,走向对作品(内容)传播秩序规制阶段;三是网络传播将成为作品的主要传播方式,网络传播权也成为版权的核心。如何深度地理解、研究数字技术引发的挑战,把握这一趋势是我国著作权法第三次修改的重要任务(高富平,2011)。互联网传播方式彻底改变了传统的信息拥有者、传播者、使用者三者之间的利益格局,引起版权拥有者与网络技术产业之间的激烈冲突。知识产权问题,尤其是版权问题已成为网络创业"阿喀琉斯之踵",

成为网络产业发展中必须去面对和解决的问题(汪涌,2009)。

我国《著作权法》第11条规定:"信息网络传播权,即以有线或者无线方式向公众提供作品,使公众可以在其个人选定的时间和地点获得作品的权利。"该权利是针对因特网为主的各种信息网络中的作品传播行为而规定的。其直接的渊源是世界知识产权组织1996年2月缔结的《国际互联网公约》中规定的"向公众传播的权利"(吴汉东,2004)。毫无疑问,著作权法所保护的作品几乎都可以通过网络销售或散发给有关的用户。……当他人未经许可而将享有版权的作品中互联网上传播时,所侵犯的可能是作者的复制权、发行权,也可能是表演权、展览权。甚至在很多的情况下,根本不必说明侵犯了那一些具体的权利内容,只要说明未经许可使用了作者或权利人的作品,侵犯了有关的版权就可以了(李明德等,2003)。我国《著作权法》第58条规定,计算机软件、信息网络传播权的保护办法由国务院另行规定。

国务院2006年发布的《信息网络传播权保护条例》第2条规定:"权利人享有的信息网络传播权受著作权法和本条例保护。除法律、行政法规另有规定的外,任何组织或者个人将他人的作品、表演、录音录像制品通过信息网络向公众提供,应当取得权利人许可,并支付报酬。"第4条规定:"为了保护信息网络传播权,权利人可以采取技术措施。任何组织或者个人不得故意避开或者破坏技术措施,不得故意制造、进口或者向公众提供主要用于避开或者破坏技术措施的装置或者部件,不得故意为他人避开或者破坏技术措施提供技术服务。但是,法律、行政法规规定可以避开的除外。"

(9)摄制权

我国《著作权法》第11条规定:"摄制权,即以摄制电影或者以类似摄制电影的方法将作品固定在载体上的权利。"

(10)改编权

《巴黎公约》第2.3条规定了"派生作品"、"文学或艺术作品的翻译、改编、编曲和其他变更物,应同原作一样受到保护,但原作的著作权不受影响。"

我国《著作权法》第10条规定:"改编权,即改变作品,创作出具有独创性的新作品的权利。"《伯尔尼公约》第12条规定了改编权:"文学和艺术作品的作者,享有授权对其作品进行改编、编曲和其他变更的专有权。"它的范围相当广泛,涉及所有的作品及它们的改编、编曲和其他变更物。……因此,这一条赋予作者授权对其作品进行各种改编的专有权。它避免了规定什么样的产物构成改编物,但同意改编涉及作品的任何新形式的内容,而边缘案件则留交法院去裁断。需要指出的是,一旦作者授权进行改编、编曲和其他变更,这些产物就像原作一样受到保护(刘波林,2002)。

新加坡《版权法》第7条解释了"改编":"(1)涉及以非戏剧形式的改编是指以戏剧形式表现的作品的版本(不论使用原语言还是不同语言);(2)涉及戏剧形式的文学作品时,是指以非戏剧作品形式表现的作品的版本(不论使用原语言还是不同语言);(3)涉及是计算机程序的文字作品时,是指作品的版本(不论是否以表达该作品的最初语言、代码或符号来表达);(4)当涉及文学作品时(不论是否以戏剧形式表现)是指——①对作品的翻译;②仅仅或主要地通过图片传达故事或行动的作品的版本;(5)在与音乐作品相关时,是指对作品的一项安排或转录。"第26条(1)中规定,作品版权是对改编作品享有的专有权。

马来西亚《版权法》第3条解释了"改编"的含义。第8条规定,对于符合版权保护的作品的改编之派生作品作为原创作品受到保护。

第40条涉及计算机程序的改编问题。菲律宾《版权法》第173条规定了"派生作品",文学艺术作品的改编之派生作品也应当受版权保护。第177条规定了"复制或经济权利":"根据第3章的规定,版权或经济权利应当由实施、授权或制止下列行为的专有权组成:……②对作品的改编。"第189条规定了对计算机程序未经授权的改编问题。第197条规定了为出版作品而根据该作品使用的媒介的合理的、习惯的标准或要求进行改编的免责。印度尼西亚《版权法》第12条规定,对科学、艺术文学领域作品的改编之作品应当受该法保护。泰国《版权法》第4条解释了"改编"的含义。第11条规定,经原版权所有人同意而改编的作品的版权应当属于该改编者,但是不得损害被改编的原著作者创作作品中版权的所有人。第15条规定,版权所有人应当对改编享有专有权。第27条规定,未经许可的改编构成版权侵权。第28条和第30规定,未经符合第15.5条的许可,对受版权保护的视听作品、电影作品或唱片、计算机程序的改编构成版权侵权。第32条规定,在与版权所有人对版权作品的正常使用不冲突并且对版权所有人的合法权利不造成不合理的损害时,为司法诉讼或经授权官员实施的行政程序的利益或为报告该诉讼(程序)的结果的利益对该作品的改编;教师非营利地为其教学利益而改编作品。越南《民法典》中没有明确使用改编一词。缅甸《版权法》第19条规定了改编作品的条件——作者的同意和合理需要。柬埔寨《版权与邻接权法》第8条规定,包括改编在内的派生作品应当受本法保护。第21条规定,作者的经济权利包括原作者授权改编作品的专有权。第25条规定,如果明确标明作者的姓名和作品来源,作者不能禁止在原著基础上对连环漫画、风格或讽刺画的改编。

文莱《版权法》第18条规定,作品版权所有人对作品的改编享有专有权。第23条规定了改编的侵权问题:"1.对作品的改编是受文学、戏剧或音乐作品中的版权所限制的行为。就该目的而言,当作品被以书面形式或其他方式录制则为改编;2.第19~22条或本条第1款中规定的与作品改编相关的任何行为是受文学、戏剧或音乐作品中的版权限制的行为。为此目的,不论改编行为实施时该改编已被录音、以书面形式或其他方式,改编都是非实质性的;3.在1999年《紧急(版权)令》中,改编——(1)与文学、戏剧作品相关时,是指①对作品的翻译;②将戏剧作品转换为非戏剧作品或根据具体情况将非戏剧作品转换为戏剧作品;③完全地或主要以适合于在书中复制或在报纸、杂志或类似期刊中复制的图片方式表达的故事或行为;(2)当与音乐作品相关时,改编是指对作品的安排或抄写;4.当与计算机程序有关时,翻译包括了程序版本,该程序被转变为或从计算机语言、编码或符号转变为不同的计算机语言、代码或符号、其他,但操作程序中偶然性的转变除外;5.对于什么相当于和并不相当于复制作品,不应当从本条得出推断。

老挝《知识产权法》第84条规定版权所有人的权利包括改编权。柬埔寨《版权和邻接权法》第8条规定演绎作品包括改编的作品,不论以机读或其他形式,都受法律保护;第21条规定作者对其作品的改编享有专属权利;缅甸《版权法》并未对作品的改编做出明确的规定,仅在第19.2条从版权侵权角度提及了作品改编变更作品的必要限度。越南《民法典》中没有规定改编问题。泰国《版权法》第3条界定了"改编":"'改编'是指通过转换、修改或模仿对原著实质性部分的复制,无论是全部或部分地,但尚未创作出新作品:①对于文学作品,改编包括翻译、改变或通过选择和安排方式的汇编;②对于计算机程序,改编包括通过对实质性部分的转化、修改的复制,但尚未创作新作品;③关于戏剧作品,改编包括对非戏剧作品改变为戏剧作品或将戏剧作品改变为非戏剧作品,不论使用原语言还是不同语言;④对于艺术作品,改编包括对二维作品或三维作品改变为三维作品或二维作品或依原著制作的模型;⑤对于音乐作品,改编包括对音调的整理或对歌词或节奏的改变。"第 11 条规定了改编作品的版权归属问题——经原著版权所有人同意的改编作品,在不损害原著所有人版权条件下,归改编人享有;第 15 条规定版权所有人对作品的改编享有专属权利;第 27 条规定未经许可而进行的作品改编构成版权侵权;第 28 条规定未经许可对音像制品的改编构成侵权;第 30 条规定未经许可对计算机程序的改编构成版权侵权;但第 32 条规定,为司法诉讼的利益或为经授权的官员提起的行政诉讼利益,或为报告该诉讼结果,以及教师非为利润而为教学所需、教师或教育机构非为利润而是为在课堂上或在教育机构发给或卖给学生而对作品进行改编或删节或作摘要,对作品的改编并不构成版权侵权。

印度尼西亚《版权法》第 12 条规定改编作品受该法保护;第 30 条规定了改编作品的版权保护期。菲律宾《版权法》第 173 条规定包括改编作品在内的派生作品受该法保护;第 177 条规定版权或经济权利包括对作品改编权的行使、授权和制止的专属权利;第 189 条规定了计算机程序的合法所有人未经作者或其他版权所有人的授权而复制或改编该程序的条件;第 195 条规定一作者通过法律文件对其作品精神权利的放弃的效果相当于许可对其作品进行改编,但如果侵害了另一作者的文学或艺术声誉,则该许可为无效。

(11)翻译权

翻译权是作者所享有的许可或禁止他人翻译自己作品的权利,主要是文字作品、戏剧作品和计算机软件作者所享有的权利。此外,带歌词的音乐作品的作者就歌词部分,电影作品的权利人就电影中的对话、旁白部分,也享有许可或禁止他人翻译的权利(李明德等,2003)。我国《著作权法》第 10 条第 15 项规定:"翻译权,即将作品从一种语言文字转换成另一种语言文字的权利。"《伯尔尼公约》第 8 条规定:"受本公约保护的文学和艺术作品的作者,在其原作权利受到保护的整个期间,享有翻译和授权翻译该作品的专有权。"翻译者一旦获得作者授权,其译作就可受到版权法的保护,对此,《伯尔尼公约》第 2.3 条所规定的对派生作品的保护就包含了翻译作品:"译者以他人的原作为基础进行工作,但他本人的理解力对用不同语言表达他人的思想是有影响的。译作本身也是一件作品,尽管没有被翻译的原作它不可能产生,但它与被翻译的原作之间不仅在语言方面不同,而且在词语、文句、语法结构,以及更多的方面都存在差异。……这样,在原作和派生作品都受保护的情况下,就必须承认双重的权利。例如,要使用一件译作,就必须取得原作作者和译者的双重授权。但译者可以事先通过合同取得原作作者的授权,以便在不另外经原作作者同意的情况下利用他的作品。"(刘波林,2002)

新加坡《版权法》第 7 条规定涉及文学作品的改编包括对作品的翻译。该法第Ⅵ部分曾规定了对某些作品的翻译和复制的强制许可,但已被 2004 年《第 21 号法令》(Act 21)废止。马来西亚《版权法》第 3 条与新加坡版权法第 7 条规定相同。第 8 条规定对享有版权作品的翻译作品作为原创作品受到保护。第 31 条规定了译作出版和复制的许可:"1.任何人可以向法庭申请以本国语言复制和出版以任何其他语言写作的文学作品的翻译版本;2.申请人应当向该公开销售的作品中享有翻译权的所有人支付报酬,由法庭以规定的方式决定报酬的比例,在此条件下,法庭认为如有必要,可向申请人颁发授权许可(非排他性许可);3.仅在下列情形下,才可以对根据第 1 款的申请授予许可——(1)版权所有人(或经该人授权的任何人)在该作品首次出版后 1 年内,以本国语言写作的作品翻译尚未出版,或如果该翻译作品已经出版,则已经脱销;(2)①权利所有人对申请人提出复制和出版该译作的请求已经拒绝授权;②在经申请人个人尽职后,申请人未能发现所有人;(3)如果已知享有翻译权的所有人国籍,申请人已向该所有人为其国民的外交或领事代表或向该国政府指定的组织寄送了翻译请求;(4)法庭对下列满意——①申请人能够复制和出版该作品的正确译文,并拥有向享有翻译权的所有人支付本条规定的报酬的手段;②申请人保证在所有已经出版的译作复制件上印刷作品作者的姓名和原标题;(5)作品作者尚未从流通中撤回作品;(6)只要可行,裁决机会首先给予了作品翻译权的所有人;……(8)翻译是为教学或研究目的;(9)根据本条授予的许可不许转让并不应扩大适用于复制品的出口。"但第4款也规定了政府或任何政府组织将复制品寄往国外不构成出口的4个条件;第5款规定,该许可仅对在马来西亚翻译的出版有效,且依据许可出版的所有复制品应当以本国语言表明该译本仅在马来西亚发行;第6款规定了许可的终止;第7款规定,如果待翻译的作品主要由插图组成,则不得根据本条授予许可。

菲律宾《版权法》第173.1条规定作为派生作品之一种的译作也受版权保护。第175条规定具有立法、行政或法律性质任何官方文本的翻译不受保护。第177条规定版权或经济权利包括对作品翻译专有权的行使、授权和制止。第185.1条规定了涉及计算机程序翻译不构成侵权的公平使用问题。印度尼西亚《版权法》第12条规定翻译的作品受该法保护。第16条规定:1.为教育、科学和研发活动的目的,对于科学和文学领域的作品,部长在听取版权理事会的意见之后可以:(1)赋予版权持有人本人在印度尼西亚领土内于规定的期间内翻译和/或复制该作品的义务;(2)如果版权持有人本人不履行义务,则使所涉版权持有人有义务授予其他人在规定期限内于印度尼西亚领土之翻译和/或复制该作品的许可;(3)如果版权持有人不履行第(2)项中的义务,则指定其他人翻译和/或复制该作品;2.第1款中规定的翻译义务应当在科学和文学领域的作品出版起3年期间届满后履行,只要该作品尚未被翻译为印度尼西亚语言;第3款主要规定了不同领域作品出版后需多久才应当履行复制义务的三种期间(作品出版后的3年,5年,7年);3.第(1)中规定的翻译或复制仅在印尼领域内使用并不得出口其他国家;5.第1款(2)、(3)项的实施应当同时支付《总统法令》(Presidential Decree)中规定的费用金额;6.《总统法令》中应当对第1~3款中规定的翻译和/或复制请求的提交程序规定予以进一步的规范。泰国《版权法》第4条规定改编包括文学作品的翻译。第7.5条规定了不受版权保护的翻译作品。第54条规定了泰国国民在特定情形下根据法定规则、程序、方法申请翻译或复制作品的许可。越南《民法典》第736条规定的作者包括翻译作品的作者。缅甸《版权法》第二章中4.1条规定,首次在缅甸出版的作品的翻译权保护期为自作品出版日期起10年。第46章中第1.2条规定,版权包括对任何翻译作品的制作、复制、表演或出版的专有权。

柬埔寨《版权和邻接权法》第8条规定派生作品包括机读或其他形式的翻译作品。第10条规定了不受版权保护的翻译作品的范围。第21条规定作者对其作品的翻译享有排他性权利。第25条规定作者不能禁止将其作品由高棉语翻译为少数民族语言或相反。

文莱《版权法》第23.3条规定文学、戏剧作品的改编包括对作品的翻译;该条第4款规定了计算机程序的翻译问题。老挝《知识产权法》第28条规定了派生作品是该条规定情形的翻译作品。第76.2条规定,任何法律行为、行政规则、司法文件和官方翻译不能获得版权保护。第96.1条规定:"未经版权所有人都许可且未支付报酬对已公开作品的使用包括:1.9将作品翻译成老挝语或盲文。"

(12)汇编权(compilation)

《巴黎公约》第12条规定了改编权:"文学和艺术作品的作者,享有授权对其作品进行改编、编曲和其他变更的专有权。"我国《著作权法》第 10 条第 16 项规定:"汇编权,即将作品或者作品的片段通过选择或者编排,汇集成新作品的权利。"汇编他人的版权作品应当获得版权持有人的许可。

老挝《知识产权法》第 74.2 条规定,文学作品包括计算机程序和信息汇编。第 86 条规定了计算机程序和数据汇编的版权。文莱《版权法》第 2 条规定文学作品汇编。第 5.1 条规定,文学作品是指除戏剧和音乐作品之外的任何作品,包括数据或其他材料的汇编,无论是以机读形式或其他形式。柬埔寨《版权和邻接权法》第 8 条规定,派生作品包括机读形式或其他形式的数据汇编,受本法保护。缅甸《版权法》第 35.1 条规定,文学作品包括汇编。越南《民法典》和印度尼西亚《版权法》没有对汇编作品问题作出规定。泰国《版权法》第 12 条规定,经版权所有人同意的对版权作品进行汇编之作品版权在一定条件下应当属于该汇编人。菲律宾《版权法》第 173.1 条规定,数据或其他材料的汇编作品作为派生作品受版权保护。第 177.4 条规定,数据和其他材料的汇编行为的进行、授权或制止属于版权人专属权利。第 187.2 条规定:"依据第 187.1 条授予的同意不得扩大适用于对数据和其他材料的汇编。"马来西亚《版权法》第 3 条规定,文学作品包括表格和汇编,不论是否以词语、数字或符号表达,也不论是否可视。新加坡《版权法》第 7A 条规定,文学作品包括任何形式的汇编;其第 2 款规定了汇编作品的版权问题;第 3 款界定了"汇编":"就本条目的而言,'汇编'是指——(1)汇编或表格,全部或部分由相关材料组成;(2)汇编或表格,部分由相关材料或相关材料的一部分组成;(3)对数据,而非相关材料或相关材料的一部分的汇编或表格,由于对其内容的选择或安排而构成了智力创造。"第 39.3 条规定了计算机程序的汇编和复制问题。第 205 条规定,文学作品包括汇编。

有学者指出,我国现行著作财产权体系存在的问题:权利细化导致"封闭式"误解。由于《著作权法》并未对"著作权"做出定义,因此,"应当由著作权人享有的其他权利"在理论上难以界定究竟是著作权法上的权利还是该法之外的权利;权利规定过于偏重技术特征。随着科学技术的飞速发展以及作品使用方式的不断增加,现有的权利列举式规定势必无法很好地涵盖新的内容,权利项界定不甚合理。权利项界定的不合理所导致的直接后果就是权利之间存在着交叠或空白,给实践中的著作权交易和权利保护造成不利影响(张今等,2012)。

回顾版权制度的历史,以法德等国为代表的"作者权体系"以人格价值观为其立法的哲学基础,其版权法较早规定了著作人身权制度,内容也较详细,而以英国、美国等国为代表的"版权体系"自 20 世纪中期以来,随着司法实践的发展和立法动向的转变,也开始保护著作人身权,并且有扩大保护的趋势。著作财产权则在各国著作权法中均占有举足轻重的地位,英美法系甚至以著作财产权为中心来进行立法。例如,英国《版权法》第 1 条就开宗明义地说,"版权是一种财产权利"。东盟国家中,新加坡、马来西亚属于英美法系国家,继承了该法系以经济价值观为中心的版权立法哲学基础。新加坡立法者认为,版权是一种财产性权利,它可以单个权利(如复制权)或整体权利(如作者对其作品所拥有的全部权利)的形式被许可或转让,而对作者的精神权利只进行部分保护(杨静,2008)。

我国国家版权局在《中华人民共和国著作权法》(修改草案)(以下简称《草案》)中对版权中的财产权的修改做出了如下的说明:"《草案》对财产权利进行了调整:(1)复制权修改为包括数字化在内的任何形式;(2)发行权增加了其他转让所有权的方式;(3)根据《世界知识产权组织版权条约》第 7 条规定,出租权客体增加了包含作品的录音制品;(4)播放权增加了有线播放的内容,同时为避免与广播混淆,将名称由广播权修改为播放权;(5)将信息网络传播权由交互式扩张为直播、转播等方式,以解决实践中提出的定时播放和转播等问题;(6)考虑到汇编权实际上可以由复制权控制,删除了汇编权;(7)考虑到我国目前艺术品市场的迅速发展和巨大规模,增加了追续权的规定;(8)将《计算机软件保护条例》中关于计算机程序的修改权移到本法中。此外,考虑到信息网络传播权和追续权的内容相对比较复杂,因此授权国务院另行规定。"(国家版权局,2012)。

2012年,我国国家版权局发布的《中华人民共和国著作权法》(修改草案)第11条还规定了另外两项经济权利:"……12.修改权,即对计算机程序进行增补、删节,或者改变指令、语句顺序的权利;13.追续权①(刘波林,2002),即美术作品、摄影作品的原件或者作家、作曲家的手稿首次转让后,作者或者其继承人、受遗赠人对该原件或者手稿的每一次转售享有分享收益的权利,追续权不得转让或者放弃。"追续权是来源于大陆法系著作权制度的一项重要的权利。是指艺术作品被再次出售后,如果购买人转售他人的价格高于购买时支付的金额,则该作品的作者有权从此差额中分享一定比例的金额。追续权既具有财产权利的性质,又具有人身权利的性质。该权利只能由作者(或其继承人)享有而不能转让给他人(胡开忠,2004)。《伯尔尼公约》第14条之三第1款规定了追续权的对象:对于艺术作品原作和作家与作曲家的手稿,作者或作者死后由国家法律所授权的人或机构享有不可剥夺的权利,在作者第一次转让作品之后对作品进行的任何出售中分享利益。WIPO《版权立法示范条款》也有追续权的规定。依照《保护文学艺术作品伯尔尼公约》第14条之3明确规定:联盟各国并非必须承认这种权利,这完全取决于有关国家之间的互惠条件;只有作者本国法律承认这种保护的情况下,才可在本联盟的成员国内要求上款所规定的保护,而且保护的程度应限于被要求保护的国家的法律所允许的程度。我国是《伯尔尼公约》缔约国之一,为了顺应时代的发展,追续权制度的设立已势在必行(刘春霖,2013)。

《修改草案》对复制权、发行权、出租权的调整和对汇编权的删除,吸收了合理的立法建议,符合实际需求,应当给予肯定。但是,对广播权和信息网络传播权的修改,因同时扩张了两者的范围,可能会产生新的问题(张今等,2012)。该《草案》第49条规定:著作权人可以通过许可、转让、设立质权或者法律允许的其他形式利用著作权中的财产权利。我国《担保法》第79条规定:"以依法可以转让的商标专用权、专利权、著作权中的财产权出质的,出质人与质权人应当订立书面合同,并向其管理部门办理出质登记。质押合同自登记之日起生效。"可见,该法将著作人身权明确排除于作为质物的著作权之外。

著作权由人身权和财产权两部分组成,两者关系密切,有时使用作品的一个行为同时体现了人身权恶化财产权两方面的内容。但是,两者仍然有效对的独立性,它们可能分别属于不同的主体,并且在有效期上也有显著的区别(吴汉东,2004)。英美法系国家允许著作财产权的全部转让和部分转让,并且对该类财产权的转让很少限制。德国是以"一元论"为其立法指导思想的国家,著作权由著作财产权和著作人身权组成,转让著作财产权也就意味着转让了著作人身权。因此,该法不承认著作财产权的转让,仅承认"用益权"的部分授予。以"二元论"为立法

---

① 《伯尔尼公约》第14条之三规定:"对于艺术作品原作和作家与作曲家的手稿,作者或作者死后由国家法律所授权的人或机构享有不可剥夺的权利,在作者第一次转让作品之后对作品进行的任何出售中分享利益。""规定这一权利是想维护美术家和美术作品的其他制作者的利益。画家或雕塑家常常为使收支相抵而廉价出售他们的作品。作品可能在几经转手后价值大增。……这一权利不能转让。这是为了防止美术家迫于生计而将它卖掉。但从这一权利遵循财产继承的一般规则的意义上来说,它对美术家并不具有人格性,他的继承人或这些规则确定的机构可以通过行使这一权利而受益。"

指导思想的法国将著作权分为著作人身权和著作财产权两部分,彼此独立,著作人身权由于其人身性不可转让,但著作财产权可以转让。此外,意大利、日本等国著作权法中也规定了允许著作财产权转让的条款(胡开忠,2004)。

此外,《巴黎公约》第11条之三还规定了对文学作品的公开朗诵权。

三、著作权的限制

一般说来,知识产权法在调整社会关系时,必须考量多个方面的利益,即知识资源提供者的利益、知识产品创造者的利益、知识产品使用者的利益及社会一般公众的利益。知识产权法律的效益目标即是实现利益平衡并达到最大化。知识产权法律这种平衡目标及协调的功能,表现在其制度规范之中。例如,《著作权法》规定,在特定的条件下,可以不经著作权人许可,不向其支付报酬,但应当指明作者姓名、作品名称,并且不得侵犯著作权人依法享有的其他权利;《专利法》规定,利用遗传资源完成的发明创造,在申请专利时负有标示来源的义务(吴汉东,2012)。一般来讲,各国的著作权法典都是以法定许可、强制许可以及设定权利保护期等方式对著作权做出限制。具体而言,立法者一般都以创作独立的新作品、个人的私人使用、残疾人使用、为公众利益(对作品的自由借鉴、引用、为课堂教育以及宗教目的)以及保护公众知情权为目的对著作权做出限制。除此之外,对著作权最为重要的限制莫过于在权利的保护期方面。保护期届满,作品就进入公共领域成为公共精神财富,人人可以利用,而不再受到作者著作权的控制(张恩民,2005)。

在作者人格权及各项财产权方面所体现出来的著作权内容受到了一系列法律规定的限制,也就是说,这些限制条件实际上属于法律所作出的对单独的使用者、文化经济以及社会公众有利的相关规定。这些限制性规定是以法定许可、对某些使用行为的豁免,以及对权利保护期设定时限的方式而存在的(雷炳德,2005)。这是因为,任何作品都是在前人的智慧和文化遗产的基础上创作完成,同时又是促进全社会文化的发展和提高所必需的。因此,著作权人对其作品的控制权也不应当是绝对的和无限制的。为了协调著作权人的利益和社会公众的利益,著作权制度从一问世,就对著作权作了必要的限制。这种限制,主要是针对著作权中的财产权的(刘春田,2002)。从绝大多数国家的著作权法和国际著作权公约来看,除地域限制外,对著作权的限制主要涉及保护期限和对某些权利的行使两个方面(沈任于等,2003)。《伯尔尼公约》第17条规定了"政府控制作品的流通、表演和展览的权力":"本条约的规定绝不影响本联盟各成员国政府根据法律或规章,在该国主管当局认为必要时,行使准许、控制或禁止任何作品或制品的流通、表演或展览的权力。""这一条从1886年开始到现在,几乎没有任何改变。它涉及政府采取必要措施来维护公共秩序的权力。在这一点上,成员国的主权不受公约赋予作者的权利影响。作者只能在不与公共秩序相冲突的情况下行使他们的权利。作者的权利必须让位于公共秩序。所以,这一条赋予本联盟成员国某些控制权。"(刘波林,2002)。《罗马公约》也有对邻接权的合理使用的限制性规定。2002年我国《著作权法实施条例》第21条规定:"依照著作权法有关规定,使用可以不经著作权人许可的已经发表的作品的,不得影响该作品的正常使用,也不得不合理地损害著作权人的合法利益。"

2012年,我国国家版权局发布了《中华人民共和国著作权法》(修改草案)第5条规定:"著作权人行使著作权、相关权人行使相关权,不得违反宪法和法律,不得损害公共利益。国家对作品的传播依法进行监督管理。"该草案第39条进一步规定了对著作权限制的限制:"依照本法规定,不经著作权人许可使用其已经发表作品的,不得影响该作品的正常使用,也不得不合理地侵害著作权人的合法权益。"著作权的限制涉及对著作权的合理使用、法定许可和强制许可制度。《修改草案》对著作权合理使用制度的立法模式作了重要修改,将现有具体列举式改为抽象概括式加具体列举式,即首先在第39条中规定了合理使用的抽象条件,将源自《伯尔尼公约》的"三步检验法"作为合理使用的一般条款,然后具体列举合理使用的各种情形。这一修改不仅符合我国著作权法国际化的要求,而且有助于发挥著作权合理使用制度的功效。但是,《修改草案》对合理使用具体情形的修改却不尽如人意,在若干方面尚需进一步完善(黄玉烨,2012)。《伯尔尼公约》中对著作权限制制度的规定,乃是基于复制行为所提出的"三步检测法",即对作品的利用:1.不得妨碍著作权人对其作品之正常使用;2.不能对著作权人的合法利益造成不合理的损害;3.不得超过使用目的的必要范围(吴汉东,2012)。

在著作权立法中,权能限制涉及合理使用、法定许可使用、强制许可使用、法定免费使用、权利穷竭以及公共秩序保留等。上述情形,日本、法国、德国、美国等在立法中多表述为"对著作权的限制"或"专有权利的限制",英国在相关立法中却称之为"有关版权作品允许实施之行为"(胡开忠,2004)。由于作品有形传播在传统著作权时代一直占据着主导地位,著作权限制制度也主要针对有形复制和发行。这些制度包括:①法定保护期。一旦保护期届满,著作权即自行失效,作品进入公共领域。②特定"作品"排除制度。对于特定"作品",法律法规(包括草案)和政府政策、文件及其官方译本不给予著作权保护,以利其快速传播。③发行权穷竭。社会公众经过正常的市场渠道获得作品复制件后,该复制件的使用和进一步流转就不再受著作权人控制。④合理使用制度。根据这一制度,人们可以基于个人使用目的少量复制作品或出于研究、评论目的适当引用作品。⑤法定许可和强制许可制度。为降低交易成本,法定许可和强制许可制度将著作权转变为一种受到限制或经公权力干预的有限获益权(彭学龙,2010)。

(一)合理使用

合理使用是指,他人依据法律的有关规定而使用享有著作权的作品,不必征得著作权人的同意,也不需要向著作权人支付报酬,但是应当尊重作者的精神权利(李明德等,2003)。2002年我国《著作权法实施条例》第19条规定:"使用他人作品的,应当指明作者姓名、作品名称;但是,当事人另有约定或者由于作品使用方式的特性无法指明的除外。"我国《著作权法》第2章第4节规定了"权利的限制"。在东盟各国版权法中,合理使用制度已被普遍采用,以此作为对版权的一种必要限制。各国基本上均在版权法中列举规定合理适用的范围及条件(杨静,2008)。

《伯尔尼公约》第10.1条规定了使用作品的有限自由:"只要这种使用符合公平惯例,而且不超过这一目的所证明的合理限度。"引用必须"符合公平惯例"的概念在公约中出现过多次。它表示了一种对通常认为可以接受的程度的客观评价。所进行的引用是否公平,最终是要由法院裁量的;法院无疑要考虑某些因素,诸如引用部分在被引用的作品中和使用这些片段的新作品中所占的比例,特别是新作品通过同被引用的作品的竞争,对它的销售和发行所造成的影响(如果有的话)的程度等(刘波林,2002)。TRIPS协议第13条规定了版权保护的"限制和例外":"各成员对专有权做出的任何限制或例外规定仅限于某些特殊情况,且与作品的正常利用不相冲突,也不得无理损害权利持有人的合法权益。"TRIPS协议对版权保护中可以允许的权利限制与邻接权保护中可以允许的权利限制,是分别作出规定的。这一点,很像1988年之前的英国版权法以及现行的新加坡版权法和相当一批英联邦国家的版权法。……第13条实际上是对权利限制的限制。它强调的并不是怎样去限制对版权的保护,而是强调权利限制不能够影响作品的正常使用,也不能不合理地损害版权持有人(既包括版权所有人,也包括独占被许可人或可能的其他持有人)的合法利益。这一条根本不引述伯尔尼公约,这似乎可以暗示《伯尔尼公约》有关权利限制的规定,并未得到协议的认可(郑成思,2001)。对权利限制的限制,还体现在《伯尔尼公约》关于"强制许可"制度的专门限制上。在一般情况下,公约仅仅允许成员国针对版权中的"广播权"及音乐作品的"录制权"实行强制许可制度。但在强制许可时,一不能损害作者的精神权利,二不能损害作者获得公平经济收入的权利。这是在《公约》第11条之 2(2)及第 13 条(1)款中规定的(郑成思,2001)。

2012 年,我国国家版权局发布了《中华人民共和国著作权法》(修改草案)第 39 条进一步规定了对著作权限制的限制:"依照本法规定,不经著作权人许可使用其已经发表作品的,不得影响该作品的正常使用,也不得不合理地侵害著作权人的合法权益。"菲律宾《版权法》第184.2条也规定:"本条的规定应当被以与对作品正常使用不冲突的方式来解释对该作品的允许使用,且不会不合理地损害权利持有人的合法利益。"该法第 185 条规定了确定合理使用应当考虑的因素:"1.使用的目的和特点,包括该使用是否具有商业性质或是否是为了非盈利的教育目的;2.版权作品的性质;3.与作为整体的版权作品有关的被使用部分的数量和内容;4.该使用对版权作品的潜在市场或价值的影响。"

相比之下,《伯尔尼公约》则除了在第 9 条做了与协议第 13 条相同的原则性规定之外,还至少明文规定了下列几种具体的权利限制:①从一部合法公之于众作品中摘出引文,包括以报刊提要形式引用报纸期刊上的文章,并注明了出处;②以出版物、广播或录音录像形式为教学解说而使用作品,并注明了出处;③通过报刊、广播,复制已在报刊上发表的有关经济、政治或宗教的时事文章,或具有同样性质的已经广播过的作品(只要原发表时未声明保留),并注明了出处;④用摄影、电影、广播或其他报道时事新闻的传播方式,在报道中使用无法避免的有关作品;⑤对于已经由作者授权录制的音乐作品的再次录制;⑥对"翻译权"保护的 10 年保留;⑦专门对发展中国家做出的有关强制许可的规定(郑成思,2001)。

2012 年我国国家版权局发布的《著作权法》(修改草案)第 7 条规定:"著作权保护及于表达,不延及思想、过程、原理、数学概念、操作方法等。本法不适用于:①法律、法规,国家机关的决议、决定、命令和其他具有立法、行政、司法性质的文件,及其官方正式译文;②通过报纸、期刊、广播电台、电视台、信息网络等媒体报道的单纯事实消息;③历法、通用数表、通用表格和公式。"第 8 条规定:"民间文学艺术表达的保护办法由国务院另行规定。"

我国《著作权法》第 29 条规定:"出版者、表演者、录音录像制作者、广播电台、电视台等依照本法有关规定使用他人作品的,不得侵犯作者的署名权、修改权、保护作品完整权和获得报酬的权利。"

美国《版权法》第 107 条:任何特定案件中判断对作品的使用是否属于合理使用时,应考虑的因素包括:①该使用的目的与特性,包括该使用是否具有商业性质,或是为了非营利的教学目的;②该版权作品的性质;③所使用的部分的质与量与版权作品作为一个整体的关系;④该使用对版权作品之潜在市场或价值所产生的影响(吴汉东,2012)。

1. 为个人学习、研究或者欣赏

新加坡和菲律宾版权法中除了指出合理使用的范围外,还规定了关于合理使用的判断因素,新加坡《版权法》第 35 条第 2 款和菲律宾《知识产权法典》第 185 条均借鉴了美国《版权法》

第107条规定的关于合理使用的四个"判断基准"①(杨静,2008)。新加坡《版权法》第35条规定了不构成版权侵权的对有关作品的公平处理。第35.1A条规定:合理使用包括为研究和学习目的而利用文学、戏剧、音乐或美术作品或改编文学、戏剧或音乐作品。第35.2条规定了复制或改变作品的全部或一部分的行为是否构成合理使用的考量因素应当包括使用的目的和特征、是否具有商业性质或是否是具有非营利性的教育目的;作品或改编的性质;与整部作品或改编有关的所复制的作品部分的数量和内容;该使用对潜在市场或对作品或改编的价值的影响;在合理时间以通常商业价格获得作品或进行改编的可能性。第35.3条规定:下列情形应当构成为研究或学习目的对该作品的合理使用或改编:如果经复制的作品或该改编的全部或其一部分是期刊中的一篇文章;在任何其他情况下,不超过作品的合理部分。第35.4条规定:如果在该期刊中论及不同主题的另一篇文章也被复制,则第3款不应当被适用于经由复制该期刊中的文章的全部或一部分方式进行的使用。

马来西亚《版权法》第13.2条(1)项规定,作品的合理使用包括非营利的研究、私人研究、批评、评论或报告时事新闻,但条件是公开的使用,并确认作品标题和原作者身份,但通过录音、摄影或广播方式从事上列行为的除外。马来西亚版权法中列举的合理使用的形式还包括'采取滑稽模仿,歪曲或讽刺的方式使用',这一做法值得我国借鉴(杨静,2008)。应增加"滑稽模仿"为合理使用情形。滑稽模仿是通过对原作进行转换性使用以达到批判、讽刺或者评论目的的一种古老的文学形式。法国、西班牙、巴西等国家和地区均将其视为合理使用情形,美国也通过判例形成了适用于滑稽模仿作品的著作权规则。在我国《著作权法》和《修改草案》中,滑稽模仿作品没有被作为合理使用的情形加以规定。2006年,互联网短片《一个馒头引发的血案》引发了滑稽模仿作品是否属于合理使用的探讨和争鸣,虽然最后没有发生著作权侵权诉讼,但从利益平衡理论和鼓励文艺争鸣、促进文艺创作的立法宗旨考量,应当将滑稽模仿作为合理使用的情形之一②(黄玉烨,2012)。

菲律宾《版权法》第8章第184~190条专门规定了"版权的限制"。第184条规定了限制版权等诸情形,该条第1款规定了11种不构成版权侵权的情形,涉及对作品的朗诵或表演、对已出版作品的引用、大众传播媒体复制或传播文章、出版物/录音/电影中对作品的纳入、学校/大学或教育机构制作的作品录音、广播组织制作的临时录音、为公共利益由政府或在政府指导或控制下或由教育科研机构对作品的合理使用、对作品的公开表演或传播、对作品原件或复制件的公开展览、为司法程序或律师为提供专业建议目的而对作品的任何使用。该条第2款规定,应以与作品的正常使用并不冲突且并非不合理地损害权利持有人的合法利益方式来允许对作品的使用以及对第184条的解释。第185.2规定作品未发表的事实不应作为裁定禁止合理使用作品的因素,表明在菲律宾可以进行正当合理使用的作品并不必须局限于已经发表的作品。再者,菲律宾对于版权保护中可以允许的权利限制和邻接权保护中可以允许的权利限制是分别进行规定的,照顾到了版权和邻接权各自的特点,也符合TRIPS协议的模式(黄玉烨,2012)。该法第187条第1

---

① 美国《版权法》第107条规定了判断某一行为是否构成合理使用的4条标准:①使用的目的和性质,包括这种使用是具有商业性质还是为了非营利的教育目的;②有版权的作品的性质;③同整个有版权的作品相比所使用部分的数量和内容的实质性;④这种使用对有版权的作品的潜在市场或价值所产生的影响。这四条关于合理使用的判断标准的规定有其独到之处,因此为包括新加坡、菲律宾、中国台湾地区在内的很多国家和地区的版权法所借鉴。

② 建议《著作权法》第22条第1款增加规定:"以讽刺、批判或评论目的使用他人已经发表的作品,但不得与原作发生混淆,而且不得玷污作品及其作者的名誉"。

款规定了对已发表作品的复制问题；应当允许未经版权所有人的许可，自然人仅为研究和私人学习而复制一份已发表的作品；第 2 款规定，本条第 1 款刊授权不应适用于下列复制：①以建筑物或其他结构形式复制建筑作品；②通过复印方式复制由图形构成的音乐作品的整本书或其实质部分；③数据和其他材料的汇编；④除第 189 条规定之外的计算机程序；⑤将不合理地与作品的通常利用相冲突或会不合理损害作者合法利益的对任何作品的复制。

印度尼西亚《版权法》第 5 部分第 14～18 条专门规定了"版权限制"。第 15 条规定，如果充分地注明了来源，下列行为不视为侵权：如果没有损害作者的正常利益，他人为教育、研究、科学论文、写作报告、批评或评论问题而使用作品。

泰国《版权法》第 6 部分第 32～43 条规定了"版权侵权的例外"。第 32 条规定，他人依法针对版权作品的行为如果与作品所有人对版权作品的正常使用并不冲突并且并非不合理地损害版权所有人的合法权利，则不应当视为版权侵权：①非为营利对作品的研究或学习；②为个人利益的使用或为使用者和其家庭成员或近亲属的利益使用。

越南《民法典》没有规定版权的限制问题。柬埔寨《版权与邻接权法》第 4 章（第 23～29 条）规定了"作者权的限制"。第 23 条规定："任何自然人为其个人使用，可不经作品作者或权利持有人的同意而进口作品的复制件。"第 24 条规定："如果自然人仅为其个人目的进行复制，那么，不经作者或权利持有人的授权，应当允许私人对已出版的作品进行单一复制。但上述许可不得扩大适用于下列复制：①对以建筑物或其他建筑物形式表现的建筑作品的复制；②对整本书或其实质性部分的复制，以及对乐谱作品的复制；③对数字形式的数据库的全部或实质性部分的复制；④对计算机程序而非备份的复制；⑤对于任何作品，如果复制可能会与作品的正常使用相冲突或可能会不合理地损害作者或权利持有人的合法利益。"

柬埔寨《版权与邻接权法》第 4 节规定了"作者权利的限制"，共有 7 条。第 23 条规定任何自然人为其个人使用可以不经授权进口复制品；第 24 条规定，应当允许自然人未经权利人许可仅为其个人目的复制一份已发表的作品。但本条的许可不应延伸至：①以建筑物或其他结构形式复制建筑作品；②复制整本书或其实质性部分，以及以乐谱方式复制音乐作品；③复制数字形态的数据库的全部或其实质性部分；④复制计算机程序而非备份；⑤复制与作品的正常使用冲突或将不合理地损害作者或权利持有人的合法利益。第 25 条①规定，作者不能禁止下列行为：免费的、私人代表仅为关系紧密的人制作，例如家人或朋友。柬埔寨《版权与邻接权法》第 27 条规定，允许对作品的临时复制，条件是该复制发生在已获权利持有人授权使用作品期间。

老挝《知识产权法》第 96 条规定了"对版权不支付报酬的限制"。第 96 条第 2 款规定，前款界定的使用该作品的人必须注明作品所有人都名字和作品来源，不损害作品所有人的权利及其正常收益。第 3 款规定，本条第 1 款所界定的对作品的使用不应当包括建筑作品、美术作品或计算机程序。第 96 条第 1 款规定：未经版权所有人授权且为支付报酬而使用已发表作品的情形如下：为本人科学研究和私人教学目的复制一份；为个人使用而进口其他人的作品复制件。第 97 条和第 98 条分别规定了带有/没有报酬的与版权相关的权利限制。第 98.1 条规定，不必获得任何授权和不必支付报酬的对与版权有关权利的行使包括：为教学、科研目的复制任何作品；仅为数据回应目的而适当引用；经权利所有人的授权而临时录制影像。第 98.2 条规定，行使前款界定权利的人或组织不得损害表演者、影像录音制作者和音像广播组织的权利，且不得损害该表演、音像录音和音像广播节目的通常收益。

文莱《版权法》第 3 章（第 33～54 条）较为详细地规定了"与版权作品相关的被允许的行

为",即版权的合理限制问题。第 33 条规定为研究和私人学习而合理利用文学、戏剧或艺术作品并不构成对作品版权或版式的侵权;如果并非研究者或学生本人,而是由其他人进行的下列复制就是不公平的使用:图书管理员或代表其行事的人所实施的为第 42 条或第 43 条所不允许的行为;在其他情形下,进行复制的人知道或有理由相信,该复制品将会在本质上相同的时间和为实质性相同的目的而提供给一人以上使用。

关于个人使用应具备两个条件:一是限于使用者本人(包括家庭)自己使用;二是限于不以营利为目的使用。两者必须同时具备方为合理。……至于使用的方式,我国法律并未明确限制为"私人表演"或"私人复制",因此有继续完善的必要(胡开忠,2004)。

我国《著作权法》第 22.1 条规定:"在下列情况下使用作品,可以不经著作权人许可,不向其支付报酬,但应当指明作者姓名、作品名称,并且不得侵犯著作权人依照本法享有的其他权利:为个人学习、研究或者欣赏,使用他人已经发表的作品。"①2012 年,我国国家版权局发布了《中华人民共和国著作权法》(修改草案)第 40 条规定:"在下列情况下使用作品,可以不经著作权人许可,不向其支付报酬,但应当指明作者姓名、作品名称、作品出处,并且不得侵犯著作权人依照本法享有的其他权利:为个人学习、研究,复制一份他人已经发表的作品。"该草案明确了可以复制作品的份数并删除了"欣赏"。有学者认为:不包括欣赏和娱乐。欣赏作品与创新并无直接关系,多数是为了满足个人的兴趣或娱乐需求。西方国家的著作权法一般都将个人使用限定于学习和研究目的,把"欣赏"排除在个人合理使用范围之外;个人使用的方式不应仅限于"复制"。……改编和翻译也是学习、研究、再创作以及传播作品的重要方式;个人使用不应局限于已发表的作品。在一般情况下,尚未发表的作品不宜被合理使用,以示对著作权人发表权和隐私权的尊重,但应当允许存在例外情况;个人使用不应以营利为目的,不得损害著作权人的经济利益。虽然《修改草案》将个人使用限制为"复制一份",但对保护著作权人的利益于事无补。例如,在网络环境下,将作品复制一份可供无数的用户下载共享;为学习的目的,学生们均可不购买教材和辅导书籍,而是将相关书籍整本复印使用。因此,完全没有必要将复制的数量控制在"一份",而应通过对作品使用行为的限定来保护著作权人的权益,即一方面在法律中明确规定该种使用不得以营利为目的,另一方面依据合理使用一般条款(三步检验法)来判断行为人的行为是否合法。建议将个人使用修改为:"为个人学习、研究,使用他人的作品。使用作品不得以营利为目的,使用未发表的作品应尊重著作权人的隐私权"(黄玉烨,2012)。

2. 为介绍、评论某一作品或者说明某一问题,在作品中适当引用他人已经发表的作品

《伯尔尼公约》第 10 条规定:"1. 对于已合法地提供给公众的作品,包括报纸上的文章和新闻摘要形式的期刊,准许进行引用,只要这种使用符合公平惯例,而且不超出这一目的所证明的合理限度;……3. 根据本条前两款使用作品,应指明出处,如果该作品上署有作者姓名,应同时提及作者姓名。"

新加坡《版权法》第 36 条规定,为了批评或评论目的地合理使用文学、戏剧、音乐或艺术作品并不构成对作品的侵权。第 52A、53 条规定了考试中以及为了解释或阐明论文或作品中的

---

① 我国著作权法所允许的权利限制就更宽了,而且没有"不得损害作品的正常使用及不得不合理地损害权利人的合法利益"这条原则。第 22 条规定的这些使用都必须注明出处才可以不经权利人许可和不支付报酬。我国著作权法规定这十几条权利限制也都适用于对邻接权的权利限制。这与 TRIPS 协议将版权限制与邻接权限制区别对待的方式不尽相同。我国著作权法中还有更多的"自愿法定许可制度"、"强制许可制度"等其他限制。

合理使用问题。菲律宾《版权法》第3章第184.1条(b)项有类似规定。

柬埔寨《版权与邻接权法》第25.2条规定,如果清楚标明作者的姓名和作品来源,那么作者就不能对下列行为给予任何的禁止:具有对该作品的评论、辩论、教学、科学或信息性质的分析或简短引用;新闻评论广播;通过新闻或电视广播全部或部分地向公众传播演讲;基于原著的喜剧、风格或漫画改编。第28条规定,未经作者授权并未支付任何报酬,允许在另一部作品中引用合法出版的作品,但必须标明该作品的来源和作者的姓名,该引用不应超过必要的目的。

老挝《知识产权法》第96.1条规定了"对版权不支付报酬的限制":为了评论目的或阐述清楚自己的作品,在没有改编任何内容情况下,对任何作品的适当引用;未经改编新闻报道、杂志、无线电和电视节目和纪录片的内容而对任何作品的引用。文莱《版权法》第34条规定,如果附有充分说明,为批评或评论该作品或另一部作品或对作品的表演为合理使用。印度尼西亚《版权法》第15～18条也规定了对版权的限制。第15.1条规定:如果充分地注明来源,下列行为不应当被视为版权侵权:为教育、研究、科学论文、报告的写作、批评或评论问题之目的,使用他人的作品,条件是它并不会损害该作者的通常利益。

我国《著作权法》第22.2条规定:为介绍、评论某一作品或者说明某一问题,在作品中适当引用他人已经发表的作品。国务院2006年发布的《信息网络传播权保护条例》第6条规定:"通过信息网络提供他人作品,属于下列情形的,可以不经著作权人许可,不向其支付报酬:为介绍、评论某一作品或者说明某一问题,在向公众提供的作品中适当引用已经发表的作品。"《著作权法》和《修改草案》都未明确"适当"的含义,有学者主张:"引用部分不能构成被引用作品的主要部分或者实质部分";"关于适当引用的标准,我们应从两个方面来把握:①被引用作品的'量',即引用部分与被引用作品在数量上的比重如何。如果引用部分超过一定限度,就不是合理使用。②被引用作品的'质',即引用部分在被引用作品中的地位如何。如果引用部分构成被引用作品的实质内容,即使数量不大,也不属于合理使用。例如,在美国'哈珀和罗出版公司诉《国家》杂志案'中,虽然被告所引用的字数只有三四百字,仅占被引用作品的1/20,但该部分被认为是被引用作品的精华,该引用对原告的市场收入产生了直接的不利影响,因此美国最高法院判决被告侵权。'许多国家的著作权法或著作权管理实践,都规定对文字作品引用量在原作的1/10以内又注明了出处的,一般应视为合理使用。但如果这1/10正是文字作品画龙点睛的'睛'之所在,可能就要另当别论了。因此,《实施细则》仅对引用作品的数量做出详细规定是不够的,还应该考虑引用作品的'质',以及引用部分与被引用作品的关系。1991年《著作权法实施条例》第27条规定的'所引用部分不能构成引用人作品的主要部分或者实质部分'以引用人作品为考察对象,未能顾及引用部分与被引用作品的关系,也不尽合理。"(黄玉烨,2012)。

3. 为报道时事新闻,在报纸、期刊、广播电台、电视台等媒体中不可避免地再现或者引用已经发表的作品

《巴黎公约》第10.2条规定了为时事报道而使用作品的自由:"本联盟成员国的立法可以规定在哪些条件下,准许为时事报道并在提供信息目的所证明的合理限度内,以摄影、摄制电影、播放或公开有线传播的方式复制和向公众提供在事件发生过程中看到或听到的文学或艺术作品。"这一款准许在合理限度内报道新闻。在通过电影或广播电视节目进行时事报道的过程中,看到或听到受保护的作品是常有的事情。它们的出现对于报道本身是偶然的和附带的。例如,在进行国事访问或体育比赛时,演奏军乐或其他乐曲;话筒不可能不录到这些乐曲,即使是仅录制部分仪式或赛事。事先获得作曲者的同意是不可能的。然而,必须防止对这一自由

的滥用。《公约》对这一自由还规定了一种限制:将作品纳入时事报道的程度,必须能够被提供信息目的证明是合理的(刘波林,2002)。《伯尔尼公约》第2.8条规定:"本公约的保护不适用于日常新闻或纯属报刊消息性质的社会新闻。"

新加坡《版权法》第37条规定了"为报道时事目的之合理使用":如果是在报纸、杂志或类似期刊并对该作品做出了充分确认,或通过广播或有线节目服务或在摄制的电影中,为了报道时事目的或与此有关的目的而合理使用或改编作品,则不应当构成版权侵权。第38A条规定了"在通讯过程中做出的临时复制"也属对作品的合理使用。菲律宾《版权法》第3章第184.1条(3)、(4)项有类似规定。

老挝《知识产权法》第5章第7部分有4个条文规定了对版权和邻接权的限制。第95条规定了"对版权有报酬地限制"。未经授权但支付报酬使用已出版的作品包括:音像广播组织为制作音像广播节目的使用,必须表明作品所有人的姓名和作品的来源,并不得损害作品所有人的权利和通常利益;本条规定的对作品的使用不包括摄影创作的作品。第96.1条规定了"对版权不支付报酬的限制":为向公众播报新闻和教育的目的而录制和报告现场表演。

文莱《版权法》第34条规定,为报道时事,在做出充分说明时,对作品(而非照片)的合理使用,但在以录音、电影、广播或有线节目方式报道时事时则不需要说明。第35条规定,艺术作品、录音制品、电影、广播或有线节目中偶然包含版权材料并不构成侵权;依据第1款,向公众发行复制品,或通过表演、展览、广播或有线节目服务中含有的其制作并不构成版权侵权的任何作品;该条第2款规定,如果是故意纳入,就不应将被纳入音乐作品或词语中的音乐作品、伴乐的话语或歌唱或录音、广播或有线节目视为偶然地被纳入另一部作品。

2002年我国《著作权法实施条例》第5条规定:"时事新闻,是指通过报纸、期刊、广播电台、电视台等媒体报道的单纯事实消息。"我国《著作权法》第22.3条规定:为报道时事新闻,在报纸、期刊、广播电台、电视台等媒体中不可避免地再现或者引用已经发表的作品。国务院2006年发布的《信息网络传播权保护条例》第6.1条第2项也有相同规定。

时事新闻在许多国家不受保护,其原因在于它们是客观存在的,对其报道仅有先、后之分。此外,时事新闻是对事件、事实的报道,报道人在新闻报道中可发挥创造性的余地非常小。因此,多数国家著作权制度不保护时事新闻,另一个目的也是为了便于人们及时了解社会的动态(胡开忠,2004)。然而,对于究竟什么是时事新闻,不仅著作权理论没有给出明确答案,而且在著作权实践中也难以找到准确答案,由此导致人们对时事新闻的理解存在诸多争议。例如,2011年6月23日北京地区的一场暴雨过后在网络上出现的"地铁瀑布"照片引发了人们对网络图片著作权的诸多争论,并暴露出了《著作权法》第5条第2项关于"时事新闻"规定的缺陷①。

---

① 2011年6月23日,北京地区下了一场罕见的特大暴雨,将整个北京城区变成了"水城"。这场特大暴雨创造了难得一见的景观:地铁瀑布。这一景观被一位刚回国不久的杨某抢拍到并通过手机发布在微博上。次日,便有多家国内报纸等媒体刊发了杨某拍摄的"地铁瀑布"照片,但其中只有两家获得了杨某的授权,一家标注了杨某的姓名,另一家还向杨某支付了报酬。对于这种未经授权擅自刊发其"地铁瀑布"照片的行为,杨某极为不满(参见杨丹:《"北京地铁瀑布"照片引发网络图片版权讨论》)。问题是,"地铁瀑布"照片是否受著作权法保护的客体?关于"地铁瀑布"照片的属性存在三种不同见解:第一,将该照片当作实景照片,是可版权客体,应当依法自动产生著作权,受到法律保护。任何人未经著作权人杨某许可擅自刊载,侵犯了杨某的著作权。第二,将该照片当作时事新闻,是不受著作权法保护的客体,任何报刊媒体都可以自由使用,不必经照片拍摄者许可,也不必向其支付报酬,不构成侵权;第三,该实景照片虽然属于时事新闻,是著作权法明确规定的不可版权客体,但报刊媒体刊发时应当注明出处以遵守新闻报道规则。由此可知,人们的争论来源于对时事新闻的不同理解,即时事新闻是否包括新闻照片或者图片等事实消息。

4. 报纸、期刊、广播电台、电视台等媒体转登或者转播时事性文章、讲话

《巴黎公约》第10条之二规定了"使用作品的其他自由",其第1款规定了"报刊上或广播电视节目中的文章":"本同盟各成员国的立法可以准许在未就报刊转载、播放或公开有线传播明确保留权利的情况下,对报刊上刊载的有关当前经济、政治或宗教问题的时事性文章,以及广播电视节目中播放的同类性质的作品,进行转载、播放或上述传播,但一律必须指明出处,对违反这一义务的法律责任由被请求给予保护的国的法律确定。"

老挝《知识产权法》第96.1条规定了"对版权不支付报酬的限制":为向公众介绍,对艺术作品、照片报道和经改编了的艺术进行拍照或录像。

我国《著作权法》第22.4条规定:报纸、期刊、广播电台、电视台等媒体刊登或者播放其他报纸、期刊、广播电台、电视台等媒体已经发表的关于政治、经济、宗教问题的时事性文章,但作者声明不许刊登、播放的除外。第22.5条规定:报纸、期刊、广播电台、电视台等媒体刊登或者播放在公众集会上发表的讲话,但作者声明不许刊登、播放的除外。国务院2006年发布的《信息网络传播权保护条例》第6.1条第7、8项规定:通过信息网络提供他人作品,属于下列情形的,可以不经著作权人许可,不向其支付报酬:向公众提供在信息网络上已经发表的关于政治、经济问题的时事性文章;向公众提供在公众集会上发表的讲话。

5. 为学校课堂教学或者科学研究,翻译或者少量复制

《巴黎公约》第10.2条规定了作品的教学示例使用:"本联盟成员国的立法和本联盟成员国之间已缔结或将缔结的专门协定,可以准许证出版物、广播电视节目或录音录像制品中,以教学示例方法使用文学或艺术作品,只要这种使用符合公平惯例,而且不超出这一目的所证明的合理限度。"

新加坡《版权法》第40条规定了"教育机构将作品包含在选集中的使用":1. 教育机构将作品的较短的摘录,或在文学、戏剧或音乐作品已经被出版的情况下,将对该作品的改编包含在一本书、录音制品或电影的选集中,并不构成侵权,如果——①在该书中、在每个唱片的标签或电影中的适当地方描述该选集是供教育机构使用的;②该作品或改编本以前不曾为教育机构使用的目的而出版过;③对该作品或改编做出充分的承认/致谢。该条第2款规定了排除第1款适用的情形。

菲律宾《版权法》第3章第184~190条专门规定了"版权等限制"。第184.1条(6)项规定:"学校、大学或教育机构对被包含在广播中的作品进行录制,是为了该学校、大学或教育机构的使用,在首次广播之后的一段合理期间内必须删除该录音;除非是作品的简要节选,否则,不可从构成普通电影院全部节目的故事片一部分的视听作品中制作该录音。"

菲律宾《版权法》第185条规定了对版权作品的合理使用,为批评、评论、新闻报道、教学(包括供课堂、研究和类似目的而使用的多份复制品)而合理使用版权作品并非版权侵权。对计算机程序的解编也可能构成合理使用。在确定任何特定案件中对作品的使用是否符合合理使用时,需要考虑的因素应当包括:①该使用的目的和特征,包括该使用是否具有商业性质或是否非营利的教育目的;②版权作品的性质;③所使用的涉及作为整体的版权作品的部分之数量和内容;④该使用对版权作品的潜在市场或价值的影响。该条第2款规定,作品尚未出版的事实本身不应阻止对合理使用的裁决,如果该裁决是在考虑上述所有因素的基础上做出。我国有学者也主张"该种合理使用不得损害著作权人的经济利益或者潜在的市场利益":"尽管《著作权法》有'不得出版发行'的限制,但这一规定却不足以保护著作权人的经济利益。所谓

出版发行,是一种将作品以有形的形式加以复制并把复制品提供给公众的行为。虽然学校对作品的复制使用往往以内部使用的方式进行,将他人的作品复制以后供教学人员使用没有营利,从而不构成出版发行行为,但也会损害著作权人的经济利益或者作品潜在的市场价值,因此应予禁止。"[①](黄玉烨,2012)。

柬埔寨《版权与邻接权法》第25条(c)规定,作者不能禁止下列行为:为教育目的使用作品,并非为了经济获利。第29条规定,允许在诸如书籍或报纸这样的出版物,或通过广播,或通过视听方法,为了教育目的,未经支付任何报酬,为了达到说明目的而使用已合法出版的作品,必须标明来源和作者姓名(如果来源中存在作者姓名的话);允许复制任何独立的文章、报纸或杂志上的文章或任何已合法出版的作品的简短摘要。该复制应以复印方法制作,且必须用于任何教育机构为考试而进行的教学,该教育机构的活动并不直接或间接导致商业利润,且必须依据该特定目标基于适当理由进行。该复制可以不经作者授权并不支付任何报酬,但如果来源中提及作者姓名,则必须标明该来源和姓名。

老挝《知识产权法》第96.1条规定了"对版权不支付报酬的限制":为学校教学不具任何商业目的且不对该作品的内容进行任何改编而对任何作品的引用。文莱《版权法》第36条规定了为指导和考试目的而对作品的合理使用情形。文莱《版权法》第39条规定,(代表)教育机构为教育目的而录制广播或有线节目或制作其复制品不构成版权侵权,但依第153条存在授权许可的除外。第40条规定,在本条允许的范围内,可以为教学目的由教育机构或其代表复制已出版的文学、戏剧或音乐作品中的短文的复制件;复制作品的篇幅不超过任何作品的百分之一;授予教育机构为教学目的而复制以出版作品中的短文的许可条款因试图限制可以复制的作品比例(不论是否有偿)低于本条规定的比例而无效;依据本条制作的复制品如果以后被用于交易。印度尼西亚《版权法》第15.5条规定:如果充分地注明来源,下列行为不应当被视为版权侵权:仅为开展它们的活动的目的,公共图书馆、科学或教育机构和不具有商业性质的文件中心通过使用任何方法或通过使用类似方法对除计算机程序外地作品的有限复制。

我国《著作权法》第22.6条规定:为学校课堂教学或者科学研究,翻译或者少量复制已经发表的作品,供教学或者科研人员使用,但不得出版发行。国务院2006年发布的《信息网络传播权保护条例》第6.1条第3项规定:通过信息网络提供他人作品,属于下列情形的,可以不经著作权人许可,不向其支付报酬:为学校课堂教学或者科学研究,向少数教学、科研人员提供少量已经发表的作品。《修改草案》未作任何修订,这不能不说是个遗憾。科学研究不应纳入本项中,应单独规定。本项中的主体为学校,那么,是否学校以外的主体就不能为了科学研究而合理使用作品呢?答案显然是否定的。建议《著作权法》第22条第1款增设一项:'为科学研究使用他人已经发表的作品,不得损害著作权人的经济利益';合理使用的方式不应仅限于翻

---

① 一般认为,合理使用作品必须是非营利性的。但是,非营利性使用作品的行为不一定构成合理使用。在学校教学过程中,学校很容易混淆合理使用与侵权行为的界限,往往认为只要是以教学为目的,没有营利行为,就是合理使用。其实不然。例如,浙江省某广播电视大学为增强教学效果,利用某教授讲课的录音带自行编制而成"录音讲义"两万余套,以成本价销售给学员。虽然该大学不是以营利为目的且在实际上也没有获利,但其行为已经严重损害了著作权人的经济利益,因此不能认定为合理使用,而是侵犯著作权的行为。建议按照以下内容对《著作权法》相关条文进行修改:为学校课堂教学,使用已经发表的作品,供教学人员使用,但不得损害著作权人的经济利益或者潜在的市场利益。

译和复制两种;该种合理使用不得损害著作权人的经济利益或者潜在的市场利益①(黄玉烨,2012)。

6.国家机关为执行公务在合理范围内使用已经发表的作品

该项使用属于公共管理活动中的使用,因此国外立法例将使用人限制在与公共管理活动有关的国家机构。有的国家将使用人限于司法机关,有的国家则规定使用人包括立法、司法机关。综观相关立法,诸国强调使用作品须作为内部资料,同时避免"使用"方式的一般性规定,即是将使用方式限制为复制与翻译,而不包括表演、改编、整理等其他使用方法(胡开忠,2004)。

新加坡《版权法》第38条规定了"为司法诉讼或专业建议目的而复制":为司法诉讼目的或为报道司法诉讼目的、为向律师寻求专业建议目的,或律师为提出专业建议目的或在该工程中,所为的任何事情,并不构成版权侵权。《菲律宾版权法》第3章第184.1条第(11)项有类似规定。文莱《版权法》第49~54条规定了公共管理中对版权的限制问题。第49条和第50条规定了为立法委员会程序或司法程序中以及为皇家委员会(Royal Commission)程序和法规质询目的而对作品的合理使用。印度尼西亚《版权法》第15.2条规定:如果充分地注明来源,下列行为不应当被视为版权侵权:为在法院内外辩护之目的,全部或部分地摘录他人的作品。

我国《著作权法》第22.7条规定:国家机关为执行公务在合理范围内使用已经发表的作品。国务院2006年发布的《信息网络传播权保护条例》第6.1条第4项有相同规定。

7.图书馆、档案馆等机构复制本馆收藏的作品

在图书馆合理使用的情形中,多数国家除规定保存与替代复制外,还允许向阅览人提供有限制的复制品(胡开忠,2004)。

菲律宾《版权法》第3章第184.1条(h)项规定:根据政府的指示或控制,由国家图书馆或由教育、科学或专业机构对作品的使用,只要该使用是为了公共利益且符合合理使用。第190条规定了为了个人使用目的而进口作品复制件问题。在遵守第185.2条前提下,应当允许下列情形下未经作者或其他版权人许可由个人因私人目的而进口作品复制品:①在菲律宾不能获得该作品的复制件,且(i)严格限于个人使用而一次仅进口不超过一件复制品;(ii)依据菲律宾政府的授权且供菲律宾政府使用的进口;(iii)非为销售而进口不超过3件复制品,而是仅供经合法成立或注册的任何宗教、慈善或教育机构使用,或为了鼓励艺术创作,或供菲律宾的任何州立学校、学院、大学或免费公共图书馆使用。②该复制品构成图书馆的一部分,且属于从国外回国的个人或家庭私人行李的一部分,并非为了销售,该复制品数量不超过3件。菲律宾《版权法》第188条规定,在一定条件下,其活动非为牟利的任何图书馆、档案馆可以不经作为

---

① 在"北影录音录像公司诉北京电影学院侵犯作品专有使用权纠纷案"中,北京电影学院为课堂教学组织学生将小说《受戒》拍摄成电影。如果完全依照《著作权法》的规定,北京电影学院的行为显然不属于合理使用。但是,审理该案的一审和二审人民法院均认为北京电影学院系为培养电影人才的艺术院校,其教学方式具有相对的特殊性,练习拍摄电影应属于该校进行课堂教学活动必不可少的一部分,其组织应届毕业生改编小说《受戒》拍摄电影,目的是保证学生完成毕业作业及锻炼学生的实践能力,在校内放映该片也是为了教学观摩及评定,均为课堂教学必要的组成部分,因此北京电影学院在上述范围内的行为系对小说《受戒》的合理使用,不构成对北影录音录像公司专有使用权的侵犯。该案判决没有拘泥于法律对合理使用情形的限定,而是作了扩张解释。虽然这一判决结果满足了电影学院课堂教学特殊形式的需要,但与法律规定相符。因为《著作权法》第22条第1款第6项就使用作品方式的规定采用了穷尽式列举方式,所以不能随意作扩张解释。如果我国著作权法保持现状,仍然规定翻译和复制两种使用方式,而在司法审判中却作扩张解释,则既有损法律的严肃性,也不利于著作权的保护和教育事业的发展。

版权所有人的作者的许可复印一份作品,例如,作品原件珍贵或易碎、为了保存或替换复制品等。该条第 2 款规定了对第 1 款的一个限制:除非作品或其一部分已经没有馆藏了,否则不允许复制。

柬埔寨《版权与邻接权法》第 25 条(b)规定,作者不能禁止下列行为:为了保存或研究的目的,在图书馆保存作品复制件的安排。老挝《知识产权法》第 96.1 条规定了"对版权不支付报酬的限制":在图书馆保存是为了研究目的而制作作品的复制件。

新加坡《版权法》第 23 条规定学生或教育机构的工作人员对作品或其他标的物的表演问题:学生或教育机构的人员在该机构处所或其他地方或者该机构的活动中为观众表演音乐作品,不应被视为在公开场所的表演;如果表演的是文学或戏剧作品,且观众限于参加教学的人或直接与进行教学地方有关的人,那么,该表演不应被视为公开场所的表演;如果该人是在该地方接受指导的学生的父母、监护人或兄弟姊妹,就应被视为与该指导地点直接有关;第 4 款规定了以上述方式对电影、广播、有线节目和表演录音的合理使用;第 5 款规定,教育机构的全体员工应当包括该教育机构的任何附属人员(adjunct staff)以及从事该教育机构(提供)的任何指导课程、活动或节目的任何人。新加坡《版权法》第三部分规定了并不构成对文学、戏剧和音乐作品版权侵权的行为,共有 3 条。第 41 条规定,公开朗读或背诵或在传播朗读或背诵中包含有来自已发表的文学、戏剧作品或该作品的改编的合理长度的摘录,如果对该作品做出充分的说明,则不应构成版权侵权。第 42 条规定了宗教表演:在礼拜的场所或其他宗教集会所进行的活动过程中,对具有宗教性质的文学、戏剧或音乐作品的表演,或对上述作品之改编作品的表演,不应构成对作品版权的侵权。第 43 条规定了为广播目的的复制问题:1. 个人广播文学、戏剧、音乐作品或上述作品的改编并不构成版权侵权(不论是由于转让或许可或实施本法规定),但是除本款规定外,该人制作上述作品的录音或摄制电影将构成对该作品版权的侵权,但仅为广播目的除外;2. 如果含有该录音的录音或电影复制品被用于非下列目的时,第 1 款不应适用:(1)在并不(不论是由于转让或许可或实施本法规定)构成对作品版权侵权的情形下广播作品或对其进行改编的作品;(2)为广播该作品或改编本的目的,进一步制作包含该录音的录音制品或电影的进一步复制品;3. 如果由一个并非录音或电影制作者的人为广播该作品或改编本目的而使用包含该录音的录音或该电影的复制品,第 1 款并不适用,除非该制作者已经向作品的所有权人支付了经商定的金额,或在无协定时,已经向所有人做出向其支付经双方中任何一方申请而由版权仲裁庭确定的为制作该录音或电影而向所有人支付的公平报酬的金额之书面承诺。

第 5 部分共有 5 条(第 44～50 条),规定了在图书馆复制作品的问题。第 44 条是解释性条款,指出本部分规定的对期刊出版物中包含的文章的规定应被理解为该出版物中出现的任何作品(艺术作品除外)。第 45 条规定了图书馆和博物馆为使用者复制作品的问题:1. 一个人可以向图书馆(并非由个人开办的、直接或间接地以营利为目的的图书馆)负责人或档案馆负责人提出——(1)书面请求被提供期刊中的文章的一件复制品或其一部分,或除期刊出版物中的文章之外的已发表的文学、戏剧或音乐作品的全部或一部分;以及(2)经过他签字的声明,表明——(i)他为研究或学习目的而不会用于任何其他目的,要求复制品;(ii)他此前尚未被图书馆或档案馆经授权的官员向其提供该文章或其他作品的一份复制品或该文章或其他作品的相同部分;2. 除非被授权的官员认为该声明中包含有不真实的陈述,否则就可以制作并提交申请人相关复制品;3. 当收取依第 1 款规定的请求相关的制作和提供复制品的费用时,如果金额超过了制作和提供该复制品的成本和图书馆对一般性费用的合理贡献时,第2款就不应当适用;4.如果请求复制同一期刊中的两篇或更多的文章,第2款不应当适用,除非这些文章与相同的主题相关;5.对于复制一份文学、戏剧或音乐作品(期刊中包含的文章除外)的全部或超过该作品合理部分的一作品的一部分,那么,就不应适用第2款,除非——(1)该作品构成图书馆或档案馆收藏物的一部分;以及(2)在制作复制品之前,图书馆经授权的官员在合理调查之后,已经做出一个声明,表明他不能在合理时间内以通常商业价格获得该作品的复制品(并非一件二手的复制件);6.期刊中文章的版权并未因依第1款的复制一份文章或依第2款复制该文章的一部分的请求而被侵权,除非该复制品被提供给除当初提出请求之外的人;第7款规定,第6款的规定同样适用于依第1款请求复制已出版的文学、戏剧或音乐作品;(7A)如果获得的期刊中的文章或已出版的作品(期刊中的文章除外)是以电子形式作为图书馆或档案馆收藏物的一部分,那么,其相关负责官员就并不对该文章或已发表的作品的版权构成侵权,其前提是,以使用者不能通过使用图书馆或档案馆提供的任何设备来制作该文章或作品的电子复制件或传播该文章或作品的方式而使文章在线可得;9.依第2款复制期刊中文章或文章的一部分或已出版作品的全部或一部分之电子版,不应适用第6款和第7款,除非在将该电子版复制件发送请求复制电子版的人之前或之时,根据规章给予该人下列通知:该电子复制品已经根据本条制作且该文章或作品受本法保护版权等其他相关事项;一旦可行,在将电子版发送该人之后,销毁依据第2款制作的并由图书馆或档案馆持有的电子复制版。

新加坡《版权法》第46条规定了图书馆或档案馆为其他图书馆或档案馆复制作品并不构成版权侵权的问题:为了收藏目的而非替代订购该期刊或作品的目的,或为了向依据第45条请求复制的人提供复制品目的,主管人员或代表主管人员的人可以请求另一个图书馆或档案馆提供期刊文章或文章的一部分、已出版的文学、戏剧或音乐作品(期刊中的文章除外)复制件;被请求的图书馆或档案馆可以制作并提供相关复制品;对于复制并提供整部作品或其一部分,不得以制作或提供该复制品为由提起针对提出复制请求的图书馆或档案馆之机构的版权侵权诉讼;图书馆中的已被授权官员复制作品或导致作品的复制,并不构成对文章或其他作品版权的侵权,在复制请求提出之后,只要可行,该官员制作载有规定请求细节的声明(包括所请求复制的目的),并阐明先前所提供的文章复制品已经丢失、灭失或损坏以及作为图书馆间的一项安排,对期刊文章之外的文学、戏剧或音乐作品的全部或超过合理比例的复制,并不会产生使相关图书馆通过系统复制而替代了对该类作品的订购,但如果收取的费用超过制作和提供复制品的成本以及对该图书馆通常费用的合理资助之情形除外;本条所指图书馆和档案馆应当被理解为私人运营的直接或间接营利的图书馆或档案馆除外。第47条规定了图书馆或档案馆中未发表的作品的复制或传播问题:如果文学、戏剧或音乐作品或作为照片或雕刻的艺术作品的作者死亡之日历年到期之后超过50年,以及作品产生时间或期间到期后超过75年,作品之版权仍然存在,但该作品尚未出版以及该作品的原件或复制件被图书馆或档案馆保存且依相关规范对公众查阅开放,那么,下列情形并不构成对该作品版权的侵权——个人为研究或学习目的或为出版目的而复制或传播该作品。第48条规定了为保存或其他目的而复制作品问题。第49条规定了被保存在图书馆的尚未出版作品的出版问题:在履行出版前通知义务并且新出版者并不知晓旧作品版权所有人的身份,那么,首次出版该新作品以及对该新作品之任何后续出版,不论是否以相同或以已经变化了的形式,在其替代该旧作品之范围内,不应被认为构成对该旧作品或该未经授权出版的旧作的版权的侵权。第50条则规定了第三部分第

5 节规定对文章中或其他作品中插图的适用问题。

新加坡《版权法》第三部分第 6 节(第 50~53 条)规定了为教育目的而不是以复印方法来复制作品。第 50A 条界定了"复印方法"是指制作传真复制品,或涉及为制作多份复制品而使用器械,并在与持有电子形式的作品相关时,包括通过电子方法进行的任何复制,但并不包括制作电影或录音资料。第 51 条规定了对作品非实质性部分的多份复制或传播问题:(1)教育机构为其教育课程目的制作一份或多份作品内容的一部分的复制件或传播作品的一部分,对文学或戏剧作品的版权并不构成侵权;(1A)如果为教育机构规定的教育课程目的而从该教育机构所在地开始传播任何人之作品的一部分,并不构成对文学、戏剧作品的侵权;(2)上述规定不适用于对整个作品的复制或传播;(3)除非作品超过 500 页,并且所复制的全部数量并不超过作品页码总数的 5%,否则,第(1)、(1A)款不应适用于复制或传播超过作品 5 页;(4)第(1)、(1A)款不应适用于以电子方式复制或传播储存在任何媒介中的作品的一部分,如果所复制或传播的部分的总量超过版本字节总数的 5%,以及该版本词语总数的 5%,或者,如果使用词语的总数方法并不可行,则不超过版本内容的 5%;(5)如果一个人复制了作品的一部分且第 1 款被适用于该复制,那么,该款不应适用于该人或代表该人的人在先前复制品制作之日后 14 天内对该作品的任何其他部分的复制;(5A)对于传播作品一部分的人传播该作品的任何其他部分的限制也是先前传播之后 14 天内,第(1A)不应适用。

新加坡《版权法》第 52 条规定了经教育机构根据法定许可而进行多份复制或传播问题,共 15 款:(1)为该教育机构或另一个教育机构之教育目的,由管理教育机构的机构或其代表复制或传播期刊中一篇文章的全部或其一部分,并不构成对该文章中版权的侵权;(2)第(1)款的规定同样适用于对除期刊中文章之外的作品的全部或一部分的复制或传播;第(4)和第(7A)款规定,第(1)款不应适用于对同一本期刊中 2 篇或更多文章或其一部分的复制/传播,除非这些文章涉及相同主题;第(5)款和(7B)规定,第(2)款不应适用于已被单独出版的作品的多份复制/传播或超过合理比例的复制/传播,除非为教育机构或代表教育机构之复制者经合理调查之后,确定不能在合理时间内以通常商业价格获得作品的诸复制件(并非第二手的复制件);第(9)款和第(10)款规定了本条第(1)、(2)款对教育机构为教育目的所复制的期刊文章或作品分发给参加函授教育或外部学习课程的人的条件等问题;第(11)款规定,如果作品版权所有人在其作品被复制之后所规定的任何时间以书面形式请求支付报酬,那么,该教育机构应当为其基于双方间所达成的协定为其制作的复制品向版权所有人支付一个公平报酬,在无此协定时,由版权法庭根据版权所有人或该教育机构的主管部门的申请所确定的金额;第(11C)款则规定了传播作品的教育机构支付公平报酬的问题,与第(11)款规定基本相同;第(12)款规定,版权所有人可以基于版权法庭所确定的应支付的公平报酬的金额而向有管辖权的法院主张该教育机构所欠的债务;(13)本条任何规定不应影响作品版权所有人颁布许可证授权教育机构复制或传播作品;第(14)、(15)款规定,就本条规定而言,为教育机构的教育目的而对作品的复制或传播,包括在由该教育机构或另一个教育机构运营或控制的网络上以电子形式复制或传播作品,旨在使参加该教育机构或另一个教育机构的教学课程的人们能够获得该文章或作品或者其一部分。第 52A 条规定,为考试目的所做的任何事情,不论是设置问题、向考生传送或解答问题,都不侵害作品的版权。第 53 条规定了第三部分第六节对文章或其他作品中的插图的适用。

新加坡《版权法》第三部分第七节规定了帮助残疾读者和有智力缺陷的读者的机构中复制

作品的问题。第54条规定帮助残疾读者的机构依据法定许可多份复制作品的问题:(1)由帮助残疾读者的管理机构或其代表,为供残疾读者从事研究或学习目的等其他目的之用,复制作品的录音资料或作品的一部分,并不构成对已出版的文学或戏剧作品版权的侵权;(2)第(1)款规定同样适用于作品或作品的一部分之盲文版本、用大字排印的版本或摄影版本;(3)除非制作唱片的人在进行合理调查后,确定不能以通常的商业价格在合理时间内获得包含该作品的录音唱片的新唱片,否则,第(1)款不应适用对已出版的作品的录音唱片的任何复制;(4)如果已经单独出版了作品的盲文,那么,第(2)款不应适用,除非该版本的制作者在进行合理调查后,确定不能以通常的商业价格在合理时间内获得已被单独出版的盲文版本的新复制本;第(5)、(6)款规定,第(4)款规定同样适用于已被单独出版的作品的大字版本和摄影版本;第(7)、(8)款规定,对期刊中的一篇文章的全部或一部分的复制以及对(非期刊文章的)作品的全部或一部分的复制,除非根据规章规定,在复制作品后可行时间内,制作该复制细节的记录,否则,第(1)、(2)款不应适用;(9)就第(7)、(8)款目的而言,对复制作品或作品的一部分的记录应当以书面形式或规章规定的任何其他形式来保存,并且,如果以书面形式保存,应当符合所规定的格式;(10)依本条规定的复制并不侵害作品版权,如果作品版权等所有人在作品复制后所规定的期间内的任何时间提出支付复制报酬的书面请求,那么,相关机构应当为该复制向所有人支付双方协定的合理报酬,如无协议,则支付经所有人或该机构申请而由版权法庭确定的数额;(11)如果版权法庭已经确定了应支付给所有人的公平报酬的数额,则所有人可以向有法定管辖权的法院主张到期债务;(12)不论本法其他任何条款的规定如何,残疾读者的复制本制作者都不应因制作该复制品而被授予版权;(13)本条规定不应影响作品版权所有人颁发授权帮助残疾读者机构的管理部门制作作品全部或其一部分的录音或盲文或大字体版本的许可,而不构成对该版权的侵权;(14)如果并非第二手的录音或大字版本或摄影版本,就本条规定而言,可以将之收入新录音或新大字版本或新摄影版本;(15)在本条中,对作品或作品一部分的摄影版本的引用,应被理解为为满足残疾读者需要而被制作为单独的幻灯系列片的作品的复制品的引用。第54A条规定,符合该条规定的诸情形下,帮助智力残疾的读者的管理机构依据法定许可对作品的多份复制并不构成对已出版作品版权的侵权。

新加坡《版权法》第三部分第九节规定了对艺术作品版权不构成侵权的若干情形。第63.2条规定了对公共场所雕塑和其他某些作品的使用:对非临时性置于公共场所或向公众开放的前提下之作品,对该作品进行绘画、素描、雕刻或摄影或将之包含在所摄制的电影中或者电视广播中,并不侵害版权。第64条规定,针对建筑物或其模型的绘画、素描、雕刻或拍照或将其包含在摄制的电影或在电视广播之中,并不侵害其中的版权。第65条规定对艺术作品偶然的拍摄或电视播放问题:在不损害第63条和第64条前提下,将艺术作品包含在电影或电视广播中,如果该包含对该电影或广播中所表现的主要事项来说仅是偶然的,就不构成对该艺术作品版权等侵权。第66条规定,依据第63~65条的规定,该绘画、素描、雕刻或拍照或电影的出版发行并不构成对艺术作品版权等侵权。第67条规定,与适用于电视广播相似,第63~65条应当适用于有线节目。第68条规定了电视广播或有线电视中对艺术作品的包含及限制。第71条规定了同一作者在其以后作品中对先前艺术作品的一部分的复制问题:如果该作者并非对该早期作品的主要设计进行复制或模仿,则该制作行为并不构成对艺术作品版权的侵权。第72条规定了建筑物的重建问题:①如果建筑物上存在着版权,则对该建筑物的重建并不构成对其版权等侵权;②如果根据存在版权的建筑图纸或建筑计划已经建造了建筑物,且是由该版权的所有人建造或经其许可,那么,根据上述图纸或计划而在后重建的建筑物并不构成对该版权的侵权。

文莱《版权法》第42条规定,如果遵守所规定的条件,经指定的图书馆管理员可以为他人制作并提供一本杂志中的一篇文章,仅限于研究或私人学习目的而使用而不会使用于其他任何目的,同一篇文章只能复印一份,复制同一期杂志中的文章不超过一篇。第43条规定,在符合规定条件时,经指定的图书馆的管理员可以复制并提供已出版的文学、戏剧或音乐作品(而非期刊中的一篇文章)的一部分,仅限研究或私人学习之用,且不会用于其他任何目的;同一本材料的复制品不超过一件,对任何作品的复制不应超过合理的比例,且接收复制件的人需支付不低于复制成本的费用。第44条规定了对同一作品的进行多次复制的限制:请求复制作品的人的要求与另一个人的任何类似要求无关。如果实质上在相同时间且为实质相同的目的而复制实质上相同的材料,则认为该要求是类似的。如果这些人在相同时间和地点收到与材料有关的指导,则应当认为这些人的要求是相关的。第45条规定,经指定的图书馆之管理人员如果遵守规定的条件,可以向另一家被指定的图书馆制作并提供期刊文章的复制品、已出版的文学、戏剧或音乐作品的一部分或全部。如果图书馆管理员在复制时知道或者通过合理查询可能会确定有权许可复制作品的人的姓名和地址,那么,就不能复制已出版的文学、戏剧或音乐作品的一部分或全部。第46条规定,如果遵守规定的条件,经指定的图书馆或档案馆可以复制其永久收藏的任何作品,旨在保存或取代该作品或是为了替代另一个经指定的图书馆或档案馆中已经被丢失、损毁或损坏的永久收藏品,这并不构成对文学、戏剧或音乐作品版权等侵权;所规定的条件应当包括将对作品的复制限制在为了实现该目的而购买复制品并不合理可行的情形。第47条规定了图书管理员或档案管理员复制某些尚未出版的作品问题:在遵守规定条件下,被指定的图书馆或档案馆中的图书管理人员或档案保管人员可以在图书馆或档案馆复制文件中的文学、戏剧或音乐作品的一部分或全部,但并不适用本款规定的例外是,在该文件被保存在图书馆或档案馆之前该作品已经出版,或版权所有人已经禁止复制该作品,且在制作复制品的当时,图书管理员或档案管理员应当意识到该事实。该条第3款规定,所规定的条件应当包括下列内容:①仅能向为研究目的或私人学习目的的提供复制品,且不得将其用于其他任何目的;②只能向一个人提供一件同一材料的复制品;③要求被提供复制品的人支付不低于复制成本的费用。文莱《版权法》第48条规定了作为出口条件的对复制品的制作:如果一篇具有文化或历史重要性或利益的文章不能被合法地出口,除非其复制品是在一个适当的图书馆或档案馆制作和保存,那么,制作该复制品并非版权侵权。

我国《著作权法》第22.8条规定:图书馆、档案馆、纪念馆、博物馆、美术馆等为陈列或者保存版本的需要,复制本馆收藏的作品。国务院2006年发布的《信息网络传播权保护条例》第7条规定:"1.图书馆、档案馆、纪念馆、博物馆、美术馆等可以不经著作权人许可,通过信息网络向本馆馆舍内服务对象提供本馆收藏的合法出版的数字作品和依法为陈列或者保存版本的需要以数字化形式复制的作品,不向其支付报酬,但不得直接或者间接获得经济利益。当事人另有约定的除外。2.前款规定的为陈列或者保存版本需要以数字化形式复制的作品,应当是已经损毁或者濒临损毁、丢失或者失窃,或者其存储格式已经过时,并且在市场上无法购买或者只能以明显高于标定的价格购买的作品。"

8. 免费表演

新加坡《版权法》第42条规定了"宗教表演":在礼拜的场所或其他宗教集会上表演具有宗

教性质的文学、戏剧或音乐作品,不应当构成对该作品版权等侵权。菲律宾《版权法》第3章第184.1条(a)、(i)项有类似规定。老挝《知识产权法》第96.1条规定了"对版权不支付报酬的限制":不须为此支付任何费用,在祷告仪式或在任何鼓励中,以任何其他形式进行的戏剧表演和艺术示范中而采用任何作品。文莱《版权法》第38条规定教育机构的学生和教师以及与活动直接相关的其他人员表演为公众表演文学、戏剧或音乐作品并不构成侵害版权等公开表演。印度尼西亚《版权法》第15.3条规定:如果充分地注明来源,下列行为不应当被视为版权侵权:①为演讲目的,且该演讲的目的仅是为了教育和科学,②为了免费展览或表演之目的,条件是它们不会损害作者的正常利益,而全部或部分地摘录他人作品。

我国《著作权法》第22.9条规定:免费表演已经发表的作品,该表演未向公众收取费用,也未向表演者支付报酬。

国外立法例关于免费表演的规定有两层含义:第一,表演者是指演奏乐曲、上演剧作本朗诵诗词等直接或借助技术设备以声音、表情、动作公开再现作品;第二,免费是指上述表演既不对表演者付酬,也不对观(听)众收费。……在若干判例中,诸如公司、企业为宣传商品而举行的"免费"演出,旅店、饭店为招徕顾客而"免费"演奏音乐作品,即使不向观(听)众收费,也都排除在合理使用范围之外(胡开忠,2004)。

9. 临摹、绘画、摄影、录像公共场所的艺术作品或建筑物

新加坡《版权法》第63条规定了"对处于公共场所的雕塑或某些其他作品"的使用并不构成侵权的情形(临时放置的除外)。可以对之进行绘画、素描、雕刻或拍照,或包含在电影或电视广播作品中。第64条规定:对建筑物或其模型进行绘画、素描、雕刻或拍照,或包含在电影或电视广播作品中并不构成侵权。该法第65条规定:如果不影响第63、64条规定的情况下,将艺术作品包含在电影或电视广播中并不构成侵权,如果该包含对于电影或广播所要表现的主要事项来说仅是附带的,则并不构成侵权。第67条规定,第63~65条的规定也同样适用于有线电视。菲律宾《版权法》第186条规定了建筑作品版权保护的限制:以与版权有关的原建筑物相同风格重建或修复。柬埔寨《版权与邻接权法》第25.2条规定,作者不能禁止下列行为:对位于公共场所的图形作品或塑形作品的复制,如果该复制并不构成随后复制的主题。此外,印度尼西亚《版权法》第15.6条规定:如果充分地注明来源,下列行为不应当被视为版权侵权:在考虑技术实施的基础上,对诸如土木建筑之类的任何建筑作品的修改。

我国《著作权法》第22.10条规定:对设置或者陈列在室外公共场所的艺术作品进行临摹、绘画、摄影、录像,可以不经著作权人许可,不向其支付报酬,但应当指明作者姓名、作品名称,并且不得侵犯著作权人依照本法享有的其他权利。

10. 翻译成外文或盲文

柬埔寨《版权与邻接权法》第25条(d)规定,作者不能禁止下列行为:将作品由高棉语译为少数民族语言,反之亦然。老挝《知识产权法》第96.1条规定了"对版权不支付报酬的限制":将作品译为盲人点字法文字或其他文字以供视力残疾人使用。印度尼西亚《版权法》第15条规定:如果充分地注明来源,下列行为不应当被视为版权侵权:为了帮助盲人之目的,以盲人用点字法复制科学、艺术和文学作品,除非该复制是为了商业目的。印度尼西亚《版权法》第16条规定:1. 为了教育、科学和研发活动之目的,对于科学和文学领域的作品,在听取版权委员会的意见之后,部长可以——(1)给版权持有人本人施加在规定期间内在印度尼西亚领土内翻译和/或复制该作品的义务;(2)给所涉版权持有人施加义务,要求其许可其他人在规定期间内在

印度尼西亚翻译和/或复制该作品,如果所涉的版权持有人本人并未履行第(1)项规定的义务;(3)如果版权持有人并未履行第(2)项规定的义务,则赋予其指定其他当事方翻译和/或复制该作品之义务;2.只要该作品尚未被翻译成印度尼西亚语,应当在科学和文学领域内的作品出版起的3年期间结束之后,履行第1款规定的翻译义务;3.第1款规定的复制义务应当在下列期间结束后被履行:(1)自数学和自然科学领域的书籍出版之日起的3年,且这些书籍中印度尼西亚尚未被复制;(2)自社会科学领域的书籍出版之日起的5年,且这些书籍中印尼尚未被复制;(3)自艺术和文学领域的书籍出版之日起的7年,且这些书籍中印度尼西亚尚未被复制;4.第1款规定的翻译或复制仅应当在印度尼西亚被使用,且不应当被出口到其他国家;5.第1款第(2)和(3)项规定的实施应当附有费用,其金额应当由《总统令》来规定;6.应当在《总统令》中进一步规定根据第1~4款规定提出翻译和/或复制的请求之程序。

我国《著作权法》第22.11条规定:将中国公民、法人或者其他组织已经发表的以汉语言文字创作的作品翻译成少数民族语言文字作品在国内出版发行。国务院2006年发布的《信息网络传播权保护条例》第6.1条第5项规定:"将中国公民、法人或者其他组织已经发表的、以汉语言文字创作的作品翻译成的少数民族语言文字作品,向中国境内少数民族提供。"该条第6项规定:"不以营利为目的,以盲人能够感知的独特方式向盲人提供已经发表的文字作品。"在上述情形下,可以不经著作权人许可,不向其支付报酬。

11. 在公开场所的阅读或朗诵

新加坡《版权法》第41条规定了"在公开场所或为通信而阅读或朗诵":在公开场所阅读或朗诵已经出版的文学或戏剧作品或该作品的改编本中的一段合理长度的内容,或在通信中将之包含在内,如果对该作品作出充分说明,则不应当构成版权侵权。

12. 对计算机程序的合法使用

菲律宾《版权法》第185.1条也规定:反向编译在此处被理解为对计算机程序形式的翻译和对代码的复制,旨在实现一个独立创设的计算机程序与其他程序间的兼容性(inter-operability),这也可以构成合理使用。该条还规定了在任何特定情形下判断对作品的使用十分属于合理使用应当考虑的因素。菲律宾《版权法》第189条规定了计算机程序的复制问题。未经计算机程序的作者或其他版权人的授权,应当允许该程序的合法所有人备份或改编该程序,前提是与该程序的使用与该计算机相关且已经获得该程序;为了存档或为了防止已经合法获得的计算机程序丧失、毁坏或不能使用而替代已经合法拥有的计算机程序。一旦对计算机程序的复制或改编的持续拥有已不再合法,则应当予以销毁。

新加坡《版权法》第39条规定了"计算机程序的副本":"1.下列情形下,复制或改编计算机程序并不构成对计算机程序版权的侵权——由所有人或其代表对(本条中规定的原版)的复制品的复制;在正本丢失、损毁或不可使用时,由该正本的所有人或其代表仅为现在使用的目的而复制。2.第1款不应当被适用于从计算机程序侵权复制件中进行的复制或改编。3.尽管有第31条的规定,计算机程序复制件的所有人或第7A条含义下的改编的所有人,以电子方式制作或授权制作该计算机程序或改编的另一个复制件,如果该新复制件或新的改编是在与机器相联系且没有其他使用方式时,作为使用该计算机程序或改编的一个基本步骤而制作的;4.如果根据本条规定允许一个行为,则——(1)与协定中是否存在意图禁止或限制该行为的任何条件无关;(2)在其禁止或限制该行为的范围内,任何这样的条件应当无效。5.就本条而言,对计算机程序的复制或改编或编辑是指以物质形式复制的任何物品。"印度尼西亚《版权法》第

15.7 条规定:计算机所有人仅为其自己使用而制作计算机程序的副本。

新加坡《版权法》第 39 条规定了"反向编译(decompilation)":"1. 根据第 2 款规定,计算机程序的合法使用者对该程序的反向编译对以低水平语言表达的计算机程序作品的版权并不构成侵权,如果——(1)为了获得对创立能够与该被反向编译的计算机程序或与另一个计算机程序(本条规定的所允许的目标)一起运行的独立的计算机程序来是是必要的信息,而有必要反向编译该计算机程序;(2)如此获得的信息并非被适用于所允许的目的之外的任何目的。2. 不应当适用第 1 款,如果该合法使用者——(1)已经拥有实现被允许的目标所必要的信息;(2)并未将反向编译限于对实现被允许的目标所必要的行为;(3)为了实现被允许的目标,将通过反向编译方法已经获得的信息提供给并无必要被提供之任何人;或(4)使用该信息以创立在表达方面与被反向编译的计算机程序实质性近似的表达的计算机程序;或使用该信息以实施被版权所限制的任何行为。3. 如果根据本条规定允许实施一项行为,则——(1)与协定中是否存在意图禁止或限制该行为的任何条件无关;(2)在其禁止或限制该行为的范围内,任何这样的条件应当无效。4. 为了避免怀疑,本条不受第 35 条的普遍性的损害且并不限制对该条的实施。5. 就本条和第 39B、39C 条而言,如果一个人有权使用计算机程序,则他是该计算机程序的合法使用者,而不论是否是根据许可而实施为计算机程序中的版权所限制的任何行为,还是以其他方式实施。6. 本条中,与以低水平语言表达的计算机程序有关的'反向编译'是指——(1)将该计算机程序转变为以更高水平语言表达的版本;或(2)在对该计算机程序进行如此转变的过程中附带地复制该计算机程序并进行'反向编译',应被作相应地解释。"

新加坡《版权法》第 39 条规定了"观察、研究和测试计算机程序":"1. 为了确定作为该计算机程序基础的任何要素之理念和原则,计算机程序的合法使用者对该程序进行观察、研究和测试,并不构成版权侵权,如果他在这样做的时候他有权对该计算机程序实施任何下载、展示、运行、传递或储存的行为。2. 如果根据本条规定允许实施一项行为,则(1)与协定中是否存在意图禁止或限制该行为的任何条件无关;(2)在其禁止或限制该行为的范围内,任何这样的条件应当无效。3. 为了避免怀疑,本条不受第 35 条的普遍性的损害且并不限制对该条的实施。"第 39C 条规定了"允许合法使用者实施的其他行为":"1. 根据第 3 款规定,如果对计算机程序的合法使用者的合法使用是必要的话,则该使用者对该程序的复制或改编并不构成版权侵权;2. 为了避免怀疑,计算机程序的合法使用者可能有必要为矫正该计算机程序中的错误而复制或改编该计算机程序;3. 不应当将第 1 款的规定适用于第 39 或第 39A 条所允许的任何复制或改编。"

我国现行《著作权法》对此尚无规定。国家版权局的《草案》建议稿有 3 个条文对此作出了规定。计算机程序的合法授权使用者可以从事以下行为:1. 根据使用的需要把该程序装入计算机等具有信息处理能力的装置内;2. 为了防止计算机程序损坏而制作备份复制件。这些备份复制件不得通过任何方式提供给他人使用,并在本人丧失合法授权时,负责将备份复制件销毁;3. 为了把该程序用于实际的计算机应用环境或者改进其功能、性能而进行必要的修改,未经该程序的著作权人许可,不得向任何第三方提供修改后的程序(第 41 条)。为了学习和研究计算机程序内含的设计思想和原理,通过安装、显示、传输或者存储等方式使用计算机程序的,可以不经计算机程序著作权人许可,不向其支付报酬(第 42 条)。计算机程序的合法授权使用者在通过正常途径无法获取必要的兼容性信息时,可以不经该程序著作权人许可,复制和翻译该程序中与兼容性信息有关的部分内容。适用前款规定获取的信息,不得超出计算机程序兼容的目的使用,不得提供给他人,不得用于开发、生产或销售实质性相似的计算机程序,不得用于任何侵犯著作权的行为(第43条)。

(二)法定许可

法定许可属于非自愿许可,即是某行为的依据不是来源于权利人的认可,而是法律的明文授权。作为著作权的重要限制,法定许可特指他人无须征得著作权人同意即可有偿地使用其作品的制度。其实质在于将著作权中的某些权利由一种绝对权降格成为获得合理使用费的权利(吴汉东,2004)。但应注明作者姓名、作品名称及出处。

老挝《知识产权法》第97条和第98条分别规定了带有/没有报酬的与版权相关的权利限制。第97.1条规定,在下列情况下,未经任何授权而行使其他人与版权相关的权利的人或组织必须按照与作品所有人、版权所有人、表演者、影像录音制品制作者和音像广播组织所达成的协议支付报酬;为商业性使用影像广播目的而使用已直接或间接出版的影像录音制品;在经营商业和贸易中使用已出版的影像录音制品。第97.2条规定,前款界定的行使权利的人或组织不得损害表演者、音像录音制作者和音像广播组织的权利,并且不得损害该表演、音像录音制品和影像广播节目的通常收益。

综观各国著作权法关于法定许可的规定,可以看出该制度的特征:第一,法定许可的情形除部分涉及原创作者与一般使用者的关系外,其使用者多为表演者、唱片制作者、广播组织者等;第二,使用的对象只能是已发表的作品;第三,使用不得损害原著作权人的权益,并应向著作权人支付报酬,其支付方式为直接支付给著作权人或支付给集体管理机构(胡开忠,2004)。

关于著作权法定许可制度,我国国家版权局认为,我国现行《著作权法》规定了教科书编写出版、报刊转载、录音制作、电台电视台播放等五类著作权法定许可制度。著作权法定许可制度允许他人使用作品不经权利人许可,本质上是对权利人权利的限制。如果权利人的报酬权不能保证,那么这项制度在实际上就会成为对权利人权利的剥夺。但是,从著作权法定许可制度二十年的实践来看,基本没有使用者履行付酬义务,也很少发生使用者因为未履行付酬义务而承担法律责任,权利人的权利未得到切实保障,法律规定形同虚设。在修法征求意见过程中,鉴于这项制度的实际效果,有专家建议取消法定许可制度。我们经分析后认为,著作权法定许可制度的价值取向和制度功能符合我国的基本国情(如教科书使用作品),目前该制度不成功的原因在于付酬机制和法律救济机制的缺失。因此,草案对法定许可制度着重从这两方面进行了调整和完善,增加了关于法定许可必须事先备案、及时通过著作权集体管理组织付酬和指明来源等义务的规定,如使用者不及时履行上述义务,著作权行政管理机关可以根据具体情况课以行政处罚。这样的调整既满足了使用者使用作品的客观需要,也保证了权利人的基本权利。此外,草案取消了法定许可制度中声明不得使用的例外,即权利人关于不得使用的声明不影响法定许可使用,报刊专有权声明除外;教科书法定许可增加了图形作品;转载法定许可增加了专有出版权声明;录音法定许可调整为合法录音制品出版后3个月;将广电播放录音制品法定许可并入广电播放作品法定许可制度(国家版权局,2012)。

印度尼西亚《版权法》第18条规定:1.由政府为了国家利益而通过无线电广播、电视广播和/或其他方法对作品的发表可以不必请求版权持有人的许可而进行,条件是,该发表并不会损害该版权持有人的通常利益,且给予该版权持有人合理补偿;2.发表了第1款规定的作品的广播组织应当有权仅为其自己而保存该作品,条件是,对于以后的广播,该广播组织应当向所涉的版权持有人支付合理补偿。

我国《著作权法》第 23 条规定法定许可编写特定用途的教材:"1.为实施九年制义务教育和国家教育规划而编写出版教科书,除作者事先声明不许使用的外,可以不经著作权人许可,在教科书中汇编已经发表的作品片段或者短小的文字作品、音乐作品或者单幅的美术作品、摄影作品,但应当按照规定支付报酬,指明作者姓名、作品名称,并且不得侵犯著作权人依照本法享有的其他权利。2.前款规定适用于对出版者、表演者、录音录像制作者、广播电台、电视台的权利的限制。"我国国家版权局《草案》第 44 条规定:"为实施九年制义务教育和国家教育规划而编写教科书,可以依照本法第 48 条规定的条件,不经著作权人许可,在教科书中汇编已经发表的作品片段或者短小的文字作品、音乐作品或者单幅的美术作品、摄影作品、图形作品。""与瞬息万变的市场价格信号相比,法定许可的价格机制缺乏起码的灵活性,这在很大程度上限制了著作权市场中有效率的竞争行为。由于法定许可在定价效率上的缺陷,导致作品许可费率无法随市场供求关系而变化。因此,法定许可看似通过弱化权利的排他性而保证了传播效率,但也直接损害了作品创作与传播的经济诱因。"(熊琦,2012)。

(三)强制许可

《伯尔尼公约》第 11 条之二第 2 款规定了强制许可:"本联盟成员国的立法可以规定行使前款所述权利的条件,但这些条件仅在对此做出规定的国家适用。它们在任何情况下均不得影响作者的精神权利和他获得合理报酬的权利。报酬数额在当事人未能约定的情况下,由主管当局确定。"这一规定是为公众利益作出的,但适用时有限制条件,包括任何这种许可仅在规定了这种许可制度的国家适用。绝大多数人认为,采用这种强制许可应该属于例外,而不是通例;这种许可应该仅在作者的代理人无法同广播组织就有关使用作品和支付报酬的集体协议达成一致的情况下授予。这一款的宗旨是在相互冲突的利益之间促成合理的平衡,而国内立法者必须确定本国实现这一平衡的方法,甚至可能使个人授权在实践中变得不再可行(刘波林,2002)。

强制许可是指在特定的条件下,由著作权主管机关根据情况,将对已经发表作品进行特殊使用的权利授予申请获得此项使用权的人,并把授权的依据称为"强制许可证"(刘春田,2002)。在著作权人拒绝授权情况下,由政府依法予以强制许可。强制许可使用与合理使用及法定许可使用,都属于对著作权人依法享有的著作权的限制,共同之处在于使用他人已经发表且没有事先声明不许使用的作品,都无须征得该作品著作权人的许可。不同之处在于:合理使用不需支付使用报酬,而法定许可和强制许可使用仍需向被使用作品的著作权人支付使用报酬。合理使用和法定许可使用均由法律事先规定可以使用作品的条件,凡符合条件者均可不办任何手续而依法使用他人作品。强制许可使用还要以合理条件向被使用作品的著作权人授权,在遭到无理拒绝或不予答复的情况下,向国家著作权行政管理部门提出强制许可使用的请求,经过审批程序,获得行政主管部门的授权,才可以取得强制许可证使用作品。持强制许可证使用他人作品,并不能免除使用作品的人要向著作权人缴纳作品使用费的义务。此外,强制许可使用只能针对外国作品,使用的方式也限制在翻译和翻印范围内。而合理使用和法定许可使用的对象和使用方式则更为广泛(张楚,2007)。

缅甸《版权法》第 4 条规定了版权的强制许可:在已经被出版或公开表演的文学、戏剧或音乐作品的作者死亡之后的任何时间,该作品的版权所有人拒绝再版该作品或拒绝公开表演该作品,由于该拒绝而使得作品从公众中被撤出,那么,可以命令该版权所有人授权复制该作品或公开表演该作品。《伯尔尼公约》第 17 条规定了"政府控制作品的流通、表演和展览的权力":"本公约的规定绝不影响本联盟各成员国政府根据法律或规章,在该国主管当局认为必要时,行使准许、控制或禁止任何作品或制品的流通、表演或展览的权力。""它涉及政府采取必要措施来维护公共政策的权力。在这一点上,成员国的主权不受公约赋予作者的权利影响。作者只能在不与各国秩序相冲突的情况下行使他们的权利。作者的权利必须让位于公共秩序。所以,这一条赋予本联盟成员国某些控制权"(刘波林,2002)。联合国经社理事会经济、社会和文化权利委员会《一般性评论第17号(2005)》指出:"知识产权首先是国家激励发明创造,鼓励创新产品传播的工具,同时也是鼓励文化本身发展,为社会整体利益维护科学、文学和艺术产品完整性的工具。"权利与公共利益的关联度越大,权利的行使方式越容易影响权利的社会目的,因此也增大了知识产权滥用的几率。例如,物权人闲置所有物对社会公共利益的影响较小,而专利权人不实施专利则可能构成滥用(李琛,2013)。我国著作权法中没有规定强制许可制度,但是由于我国已加入了《伯尔尼公约》和《世界版权公约》,故也适用公约关于强制许可的规定(刘春田,2002)。

最后,《伯尔尼公约》第14.3条规定,第13.1条规定的准许制作录音制品的强制许可制度并不适用于电影。对电影中包含的音乐作品制作录音制品,在任何情况下都要取得许可(刘波林,2002)。

英美法系和大陆法系著作权立法对强制许可使用制度有不同的取向,美国等国没有或很少规定法定许可制,因此强制许可制占有重要地位,其作品适用范围较为广泛,利用权项种类比较多样。而大陆法系国家一般同时采用法定许可制与强制许可制,多为一制为主,一制辅之①(胡开忠,2004)。

(四)权利穷竭

权利穷竭原则意味着一旦作品的原件或是复制件经权利人同意而进入市场后,则该作品作为商品的进一步销售,著作权人均无权控制。该原则之目的在于消除著作权的专有性对商品流通所产生的消极影响。……出租权的出现,在某种程度上削弱了权利穷竭原则,即在录制品范围内,对著作权原则进行了反限制(胡开忠,2004)。

可见,权利人行使权利的自由,包括使用知识产品的自由和控制知识产品而不使用的自由,并不是绝对的、任意的、无约束的。行为自由与自由行为边界的问题,在知识产权制度内部,即是权利的保护与限制;在社会权利体系中,即涉及本权与他权的冲突和协调。例如,在保护数据库著作权的同时,必须充分考量数据主体即隐私权主体的合法权益;因维护公共健康权的需要,有必要对药品专利实施强制许可使用;授予基因技术以专利但须以正当使用为前提,不得损害人们的环境权利。根据"法益优先保护"的原则,隐私权、健康权、环境权等权利应当居于优越地位而予以特别保护;而对于其他一般权利,也应予以尊重,不能因知识产权的行使致人损害(吴汉东,2012)。从各种限制制度来看,存在以下发展趋势,即合理使用在一定范围内向法定许可使用转变,免费的合理使用与付费的法定许可使用或强制许可使用相互补充(或

---

① 尽管存在上述差异,各国的强制许可使用制度具有以下共同之处:①强制许可证是针对已发表的作品而言,而对于未发表作品不能颁发强制许可证;②强制许可证面向特定的使用者,即只有申请并获批准的人才可以行使;③强制许可证有特定的程序,其权源来自于主管机关或特定组织,而不是法律的直接授予。关于著作人身权的消减(或保护期限)问题,各国从其不同的立法思想出发,做出了不同的规定。概括起来,主要有以下几种类型:①认为著作人身权是永久性的权利,无保护期限的限制,如法国;②认为著作人身权永远受保护,但只在著作财产权有效期内由作者及继承人(或指定人)行使,在著作财产权保护期满后由国家行使,如葡萄牙;③认为著作人身权与著作财产权的保护期相同,如日本;④认为著作人身权的保护期为作者有生之年。

两者并立,或三者并存),合理使用与侵权使用界限模糊的新情况,要求产生新的判断规则。总之,著作权限制制度下的诸项规则正在发生整合与变革(胡开忠,2004)。

四、著作权的保护期限

(一)一般作品的保护期

TRIPS 协议第 12 条规定了作品的保护期:"除摄影作品或实用艺术作品外,只要一作品的保护期限不以自然人的生命为基础计算,则该期限自作品经授权出版的日历年年底计算即不得少于 50 年,或如果该作品在创作后 50 年内未经授权出版,则为自作品完成的日历年年底起计算的 50 年。"关于著作权保护期的计算,总的来说,对于以作品的登记或首次出版,发行或演出计算保护期的,一般从作品登记或首次出版、发行或演出之年的年底算起。以作者有生之年加死后若干年计算的,其死后保护期的计算,法国等国一般并不从作者确切死亡之日起计算,而是从作者死亡之年的年底(12 月 31 日)或从作者死亡翌年的 1 月 1 日起计算(沈任干等,2003)。《伯尔尼公约》第 7 条规定了著作权的保护期:1.本公约给予保护的期限为作者有生之年及其死后 50 年内。……5.作者死后的保护期和以上第 2、3、4 款所规定的期限从其死亡或上述各款提及事件发生之时开始,但这种期限应从死亡或所述事件发生之后次年的 1 月 1 日开始计算。6.本同盟成员国有权给予比前述各款规定更长的保护期。这一条是公约的基石之一,并在国际上为调和作者的权利继受人享有的权利和公众利益提供了一个折中方案。为简便起见,第 5 款规定各种保护期一律从作者死亡或启动保护期的事件(提供给公众或创作产生)发生的第 2 年的 1 月 1 日起开始计算。采用统一的起始日还是比刻板地按不同特定日期计算更可取。公约规定的保护期只是最低标准,任何成员国都可以超出这一限度(刘波林,2002)。

新加坡《版权法》第 28 条规定,文学、戏剧、音乐作品或艺术作品而非照片中的版权期限为作品作者死亡的日历年起 70 年。本条第 3 款规定,在文学、戏剧或音乐作品的作者死亡之前,如果——(1)作品尚未出版;(2)作品尚未公开表演;(3)作品尚未被广播;(4)作品尚未被包括在有线节目中;(5)作品的录音尚未被向公众提供或公开,以供销售,那么,作品中的版权应当继续存在,直到该作品首次被出版、公开表演或广播、或被包括在有线节目中、或作品的录音被首次向公众提供或公开以供销售的日历年到期后的 70 年,而不管上述情形中哪一个情形最早发生。第 5 款规定,在雕刻作品作者死亡之前,如果该作品尚未出版,则作品的版权应当继续存在,直到该作品首次出版的日历年后的 70 年。第 6 款规定,照片中的版权应当继续存在,直到该照片被首次发表的日历年之后的 70 年。该法第 29 条规定了无名或匿名作品的版权期间:(1)根据第 2 款规定,如果文学、戏剧或音乐作品或艺术作品的首次发表是无名或匿名的,那么,第 28 条就不适用,但是,作品中存在的版权应当继续存在,直到该作品首次发表的日历年之后的 70 年;(2)如果在第 1 款规定的到期日之前的任何时间,作品作者的身份已普遍为人所知或能够通过合理查询而确定,那么,第 1 款并不适用于与作品相关的情形。

马来西亚《版权法》第 17 条规定了"文学、音乐或艺术作品版权期限":(1)除本法另有不同规定,作品版权期限应为作者一生加上其死后 50 年;(2)如果作品在作者死亡之前尚未出版,版权期限持续至从该作品首次发表之年的下一年起 50 年期满为止。第 18 条规定了已发表版本的版权期间:已发表版本的版权期间为其首次发表年之次日历年开始计算的 50 年期间。菲律宾《版权法》第 16 章有 3 个条文规定了作品保护期。第 213 条(共 6 款)规定,根据第 213.2～213.5 条规定,第 172 和 173 条规定的作品版权在作者一生及其死后 50 年中应受保护。本规则也适用于作者死后出版的作品。菲律宾《版权法》第214条规定了期间的计算问题:前条规定的作者死亡后的保护期应从其死亡日期或发表日期起算,但应一直将上述日期视为在相关事件之后那一年的1月的第一天。

泰国《版权法》第四部分规定了版权保护期。第19条规定,根据第21、22条规定,本法规定的版权存在于作者一生及其死后50年。泰国《版权法》第24条规定,第19～23条中的发表是版权保护期的开始,指的是经版权所有人的同意而发表作品。第25条规定,如果在一年中间版权保护期到期,且该到期日并非该年度最后日历日,或者并不清楚准确的到期日,那么,保护期持续到该日历年度最后一天。第26条规定,在版权保护期期满之后发表版权作品,不应使该作品版权再次产生。

印度尼西亚《版权法》第3章中第29～34条规定了版权等有效性问题。第29条规定,作品版权保护期为作者终身及其死后50年;第29.2条规定了合作作品的保护期,与泰国《版权法》第19条规定相同。印度尼西亚《版权法》第33条规定:第24.1条中规定的作者权利保护期应无任何时间限制;第24.2条和第24.3条中规定的作者权利保护期应为所涉作品版权等期间,除非提及并改变作者的姓名或笔名。第34条规定:如果不损害作者所享有的从作品产生日期起计算的版权保护期权利,对享有50年保护期以及作者终身和死后50年的作品保护期的计算应从该作品发表的次年1月1日起,或从作品已为公众所知或作者死亡后的次年1月1日起算。

越南《知识产权法》第27条第2、3款规定了版权保护期:(2)本款第(1)项没有规定的作品的保护期应为作者的一生和其死后50年。(3)本款第(1)、(2)项中规定的保护期应在版权保护期到期的那一年的12月31日24点到期。柬埔寨《版权和邻接权法》第5节规定了"经济权利的变化期间",共有两条。第30条规定,经济权利的保护从作品产生的日期开始。该保护涵盖作者一生及其去世后50年整。老挝《知识产权法》第6部分规定了版权和邻接权的保护期。第93.1条规定了版权的保护期:版权保护期始于作品产生的日期,并存续于作者终身加上自作品上提及的作者死亡起算的50年。第93.3条规定了版权的保护期:对于老挝为其当事国的国际条约或老挝共同参与签署的协定,版权保护期应遵照该国际条约或协定的规定。文莱《版权法》第14.1条规定:文学、戏剧、音乐或艺术作品的版权自作者死亡之年末起50年末到期,并应遵守本条下列规定。

我国《著作权法》第20条规定:作者的署名权、修改权、保护作品完整权的保护期不受限制。第21条规定:公民的作品,其发表权、本法第10条第1款第(5)项至第(17)项规定的权利的保护期为作者终生及其死亡后50年,截止于作者死亡后第50年的12月31日;如果是合作作品,截止于最后死亡的作者死亡后第50年的12月31日。

2012年,我国国家版权局发布了《中华人民共和国著作权法》(修改草案)规定了著作权的保护期。署名权、保护作品完整权的保护期不受限制(第26条)(胡开忠,2004)。自然人的作品,其发表权、著作权中的财产权利的保护期为作者终身及其死亡后50年。

(二)特殊作品的保护期

1.合作作品的保护期

《伯尔尼公约》第7条之二规定:前条的规定同样适用于版权为合作作者共有的作品,但作者死后的保护期应从最后死亡的作者死亡时算起。

马来西亚《版权法》第17.4条规定:本条所指的"作者"在合作作品中是指最后死亡的作

者。菲律宾《版权法》第213条规定,对于合作作品,在最后生存作者一生及其死后50年间应当受到保护。泰国《版权法》第19条规定,对于合作作品,版权保护期为合作作者一生以及合作作者中最后生存者死后50年。如果作者或所有的合作作者在作品发表之前死亡。如果作者是法人,版权从获得作者身份起50年;如果作品在该期间发表,则版权保护期为自首次发表起50年。越南《知识产权法》第27条规定:对于合作作品,保护期为合作作者中最后生存者去世后的第50年到期。

柬埔寨《版权和邻接权法》第30条规定,对于合作作品,经济权利应在最后生存的作者一生及其去世后50年间受到保护。柬埔寨《版权和邻接权法》第31条规定,合作作品或视听作品或死后作品的保护期为自该作品首次合法发表之日历年末开始计算的75年;如果在该作品完成后的50年里未能向公众公开,则75年的保护期从该作品已向公众公开之日历年起开始计算;如果在作品完成后50年间未能向公众公开,则100年的保护期从该作品完成的日历年底开始计算。老挝《知识产权法》第93.1条规定了版权的保护期:对于合作作者来说,版权保护期应为最后生存的合作作者一生加上相关人士死亡起到50年。

文莱《版权法》第14.4条规定:对于合作作者的作品——(a)应将第1款关于作者死亡的规定理解为——(i)如果已经知晓所有作者的身份,则指最后作者的死亡;(ii)如果已知晓一个或一个以上作者的身份且尚未知晓一个或一个以上作者的身份,则为作者中已经知晓身份的最后作者的死亡;(b)第2款中作者身份被知晓的规定应被理解为任何作者身份被知晓;(c)本条并不适用于政府版权、议会版权和第172条规定的版权。

2.实用艺术作品、电影作品、录音制品的保护期

《伯尔尼公约》第7.2条规定:但就电影作品而言,本同盟成员国有权规定保护期在作者同意下自作品公之于众后50年期满,如自作品完成后50年内尚未公之于众,则自作品完成后50年期满。第7.4条规定:摄影作品和作为艺术作品保护的实用艺术作品的保护期限由本同盟各成员国的法律规定;但这一期限不应少于自该作品完成之后算起的25年。

马来西亚《版权法》第19条规定了录音制品版权期间:录音制品版权为从其首次发表年之次年开始计算的50年,或者,如果该录音制品尚未发表,则从其被固定之次年开始计算。第20条规定了广播中的版权期间:广播中的版权从该广播首次制作之年的次年开始计算50年。第22条规定电影版权为电影首次发表之年的次年起50年。马来西亚《版权法》第23A条规定,现场表演者权利的受保护期间为,进行该现场表演之年后的日历年起50年。第23B条规定了获得公平报酬的期间问题:获得公平报酬的权利从录音制品发表时起直到从发表年后的日历年起算的50年,或者,如果录音制品尚未发表,则从其被固定之时直至从其后日历年起算的50年。

菲律宾《版权法》第213条第4款规定,实用艺术作品的保护期从制作日期起为25年;第5款规定,摄影作品的保护期为其发表后50年,如果尚未发表,则从其制作日期起50年;第6款规定,对于包括以类似摄影方法或为制作视听作品的任何方法所制作的视听作品,保护期应为发表日期起的50年,如果未发表,则从制作之日期起50年。菲律宾《版权法》第215条规定了对表演者、制作者和广播组织的保护期:授予表演者和录音制品制作者的权利依本法应当期满到期:(a)对于未被录音的表演,从该表演发生的年末起50年;(b)对于声音或音像和录音和被录在其中的表演,从录音的年末起50年。第215.2条规定,对于广播,保护期应为从进行广播之日期起20年。延期仅适用于受先前法律保护的旧作品。

泰国《版权法》第21条关于摄影作品、音像制品、电影摄影作品或音视频广播作品的保护

期,从获得作者身份时起50年;如果在该期间作品被发表,则从首次发表时起50年。规定实用艺术作品版权保护期的第22条规定与菲律宾《版权法》第213.4条规定相同。印度尼西亚《版权法》第30条规定,计算机程序、电影作品、摄影作品、数据库以及经改编的作品的保护期自首次发表起50年;已发表作品的排版安排方面的版权保护期为作品首次发表起的50年。越南《民法典》739.3条规定,版权中的财产权应存续于知识产权法律所规定的期间。越南2006年生效的《知识产权法》第27条规定了版权保护期:1.本法第19条的第1、2、4款规定的精神权利的保护期并无限制;2.本法第19.3条规定的精神权利和第20条规定的经济权利应享有如下保护期:(1)电影作品、摄影作品、实用艺术作品和匿名作品应享有从其首次发表日期起到50年保护期。在电影作品或戏剧作品固定后的50年中,如果该作品视为发表,则其保护期应从其固定之日期开始计算。老挝《知识产权法》第94条规定了邻接权的保护期:1.对于表演者,保护期应为表演日期起到50年;2.对于音像录音制作者,保护期应为自该录音公开日期起50年。如果作品进行了广告或已发表,则音像录音制品的保护期应为首次发表之日起50年;3.对于音像广播组织来说,保护期应为自节目广播日期起50年,该条第4款的规定与第93条第3款相同。

文莱《版权法》第15条规定了录音制品和电影版权的保护期:(1)录音制品或电影版权将到期——(a)其制作之年底起50年年底,或者(b)如果作品在该期间末被公开,则自作品被公开之年底起50年;(2)录音制品或电影被公开,当——(a)其首次被发表、广播或被包含在有线节目服务中;或者(b)如果是电影或电影声轨,则为电影首次公映。但是在确定作品是否已被公开时,不应考虑任何未经授权的行为。第16条规定了广播和有线节目中的版权期间:(1)广播或有线节目中的版权自该广播被制作或该节目被包含在有线节目服务之年年底起50年年末到期;(2)广播或有线节目的复制品中的版权在原版广播或有线节目中的版权到期的同时而到期;因此,在原版的广播或有线节目版权到期后,经复制的广播或有线广播或被包含在有线节目中的广播不会产生任何版权;(3)在本条中,经复制的广播或有线节目是指对先前制作的广播或先前被包含在有线节目服务中的有线节目的复制。

我国《著作权法》第21.3条规定:电影作品和以类似摄制电影的方法创作的作品、摄影作品,其发表权、本法第10条第1款第(5)项至第(17)项规定的权利的保护期为50年,截止于作品首次发表后第50年的12月31日,但作品自创作完成后50年内未发表的,本法不再保护。

3.法人、机构作品的保护期

马来西亚《版权法》第23条规定,政府、政府组织和国际机构的作品版权的计算为从该作品首次发表年后的日历年开始起50年。泰国《版权法》第23条规定,依照第14条规定在雇佣、指导或控制过程中创作的作品之版权保护期应为自获得作者身份起50年;如果在该期间被发表,则为从首次发表时起的50年。

印度尼西亚《版权法》第30条规定,本条前两款和第29.1条规定的作品版权如果由法人所有或持有,其保护期为首次发表后50年。第31条规定,由国家持有或行使的作品版权,根据第10条第(2)段规定,应为有效,且无任何时间限制;第31条规定:1.由国家持有或行使的作品版权:(1)根据第10.2条,其有效期没有任何时间限制;(2)根据第11.1条和第11.3条,有效期为50年(自作品首次为公众所知起50年);2.根据第11.2条,由出版者行使的作品版权应为自首次发表时起50年。老挝《知识产权法》第93.2条规定了版权的保护期:如果作者是组织,则保护期为自作品产生日期起的50年。如果该作品已出版,则其版权保护期应为首次出版日期起到50年。

我国《著作权法》第21.2条规定：法人或者其他组织的作品、著作权（署名权除外）由法人或者其他组织享有的职务作品，其发表权、本法第10条第1款第(5)～(17)项规定的权利的保护期为50年，截止于作品首次发表后第50年的12月31日，但作品自创作完成后50年内未发表的，本法不再保护。

4. 匿名或假名作品的保护期

《伯尔尼公约》第7.3条规定了著作权的保护期：至于不具名作品和假名作品，本公约给予的保护期自其合法公之于众之日起50年内有效。但根据作者采用的假名可以毫无疑问地确定作者身份时，该保护期则为第1款所规定的期限。如不具名作品或假名作品的作者在上述期间内公开其身份，所适用的保护期为第1款所规定的保护期限。本同盟成员国没有义务保护有充分理由推定其作者已死去50年的不具名作品或假名作品。

马来西亚《版权法》第17.3条规定："如果作品匿名或假名发表，作品保护期从首次发表或首次向公众公开或制作之年的下一个日历年开始起算的50年，以最后的日期为准。如果作者身份已知，版权期间应根据第(1)款规定计算。"泰国《版权法》第20条关于匿名或假名作品保护期的规定与马来西亚《版权法》第17.3条基本相同。菲律宾《版权法》第213.2条规定，对于匿名或假名作品，版权保护期为该作品首次合法发表之日起50年。假如在该期间到期之前，作者的身份被透露或不再存疑，那么，根据具体情形，第213.1和第213.2条应予以适用。如果该作品以前尚未发表，则从制作日期起算而保护50年。

柬埔寨《版权和邻接权法》第31条规定，以匿名或笔名方式发表的作品中的经济权利，在该作品经权利持有人授权后首次发表的日历年底起算为75年的整个期间；如果自作品完成时起50年间未能发表，则75年的保护期将从该作品向公众公开的日历年底开始计算；如果在该作品完成之后50年间未能向公众公开，则将从该作品完成的日历年年末开始计算100年保护期；在该保护期到期之前，如果作者的身份确实得以明确或确定，则适用第30条规定。老挝《知识产权法》第93.2条规定了版权的保护期：如果作者使用了假名而无法得知作者是谁，保护期应适用本条第2款第1段的规定。如果知晓使用假名作品的所有人，则保护期应适用本条第1款规定。

文莱《版权法》第14.2条规定：如果并不知晓作品的作者，则版权自该作品诞生、首次向公众公开或首次发表之日期起到50年年末，而不论哪一个日期在最后，如果在该期间到期之前，作者身份被查明或不再存疑，则应适用第1款的规定。为此目的，向公众公开包括——(1)对于文学、戏剧或音乐作品来说是指——①公开表演；②被广播或被包含在有线节目服务中；(2)对于艺术作品来说——①公开展览；②包括公开展示的作品在内的摄影；③被包含在广播或有线节目服务中。但是，在为本条目的通常确定作品是否向公众公开时，不应考虑任何未经授权的行为；

2002年我国《著作权法实施条例》第18条规定："作者身份不明的作品，其《著作权法》第10条第1款第(5)项至第(17)项规定的权利的保护期截止于作品首次发表后第50年的12月31日。作者身份确定后，适用《著作权法》第21条的规定。"

5. 分部分（part by part）发表的作品版权的有效期

印度尼西亚《版权法》第32条规定：(1)分部分发表的作品版权的有效期应从其最后部分的发表日期起计算；(2)在确定由两卷或两卷以上组成的作品版权有效期间时，与不在同一时间定期出版的文摘和新闻一样，每一卷或每个文摘和新闻应分别被视为一个独立的作品。

6. 其他特殊情形

文莱《版权法》第14.3条规定：如果作品是通过计算机完成的，则不适用第1款和第2款，则自作品制作的年底起至50年年底版权到期。文莱《版权法》第17条规定了已发表的版本排字安排中版权保护期间为自该版本首次发表之年底起25年年底到期。

2012年，我国国家版权局发布了《中华人民共和国著作权法》（修改草案）规定了著作权的保护期。署名权、保护作品完整权的保护期不受限制（第26条）①（胡开忠，2004）。自然人的作品，其发表权、著作权中的财产权利的保护期为作者终身及其死亡后50年；如果是不可分割的合作作品，其保护期计算以最后死亡的作者为准②（刘波林，2002）。法人或者其他组织的作品、著作权由法人或者其他组织享有的职务作品，其著作权中的财产权利的保护期为首次发表后50年，但作品自创作完成后50年内未发表的，本法不再保护。视听作品，其著作权中的财产权利的保护期为首次发表后50年，但作品自创作完成后50年内未发表的，本法不再保护。本条第2、3款作品，其发表权的保护期为50年，但作品自创作完成后50年内未发表的，本法不再保护。实用艺术作品，其著作权中的财产权利的保护期为首次发表后25年，但作品自创作完成后25年内未发表的，本法不再保护；其发表权的保护期为25年，但作品自创作完成后25年内未发表的，本法不再保护。前5款所称的保护期，自作者死亡、相关作品首次发表或者作品创作完成后次年1月1日起算（第27条）。作者身份不明的作品，其著作权中的财产权利的保护期为50年，自该作品首次发表后次年1月1日起算。作者身份确定后适用本法第27条规定（第28条）。

对于著作人身权的保护期，《伯尔尼公约》未作强制要求，而留由各成员国自行决定，因此，东盟各国版权法中对于著作人身权保护期限的规定差异较大，表4是东盟各国关于著作人身权保护期的规定（杨静，2008）。

表4 东盟各国关于著作人身权保护期的规定

东盟国家	现行版权法中关于著作人身权保护期的规定
菲律宾	精神权利在作者终生和死后50年内持续有效（菲律宾《知识产权法典》第198条）
新加坡	作者终生加上死后70年
马来西亚	不受期限限制（马来西亚《版权法》第25条）
印度尼西亚	署名权不受限制，修改权和保护作品完整权为作者终生加上死后50年（印度尼西亚《版权法》第24条）
泰国	与作品的财产权的保护期限一致（泰国《版权法》第18条）
文莱	禁止在非其创作的作品上或歪曲版本上使用其名字的权利（虚假表示）的保护期为作者终生加上死后20年，署名权，保护作品完整权及对特定的照片和胶片保密的权利的保护期与作品的财产权保护期限一致（文莱《版权法》第89条）
越南	署名权、保护作品完整权的保护不受期限限制，发表权的保护期为作者终生加上死后50年
柬埔寨	不受期限限制（柬埔寨《版权法》第20条）

---

① 关于著作人身权的消减（或保护期限）问题，各国从其不同的立法思想出发，作出了不同的规定。概括起来，主要有以下几种类型：①认为著作人身权是永久性的权利，无保护期限的限制，如法国；②认为著作人身权永远受保护，但只在著作财产权有效期内由作者及继承人（或指定人）行使，在著作财产权保护期满后由国家行使，例如葡萄牙；③认为著作人身权与著作财产权的保护期相同，如日本；④认为著作人身权的保护期为作者有生之年。

② 根据各共同作者的死亡之日来计算共同作品中的各创作部分分别进入公有领域的时间，是不切实际的。共同作品现在是将来仍然是共同创作的整体。根据各共同作者在世时间长短来分割他们的创作成分，是不公平的，而且这样做会十分复杂。在这一问题上，公约沿用了绝大多数国的做法，它们都同样地受到简便性要求的影响。

五、邻接权

邻接权是作品传播者的权利。大陆法系国家普遍认为版权和邻接权是两个彼此独立的概念，对于法人或者其他组织基于传播作品而产生的合法权益不给予版权的保护，而是规定了另外一种知识产权——邻接权。而一些英美法系国家的版权法没有另设邻接权，而是直接将版权扩及于非传统意义上的作品，即唱片、广播节目等。东盟中的印度尼西亚、菲律宾、柬埔寨、泰国和越南在版权法中直接规定了邻接权，而新加坡、马来西亚和文莱则将邻接权保护的对象包容于作品之中，总之，各国均对邻接权提供相应的保护（杨静，2008）。在学理上，狭义的"邻接权"包括表演者权、唱片制作者权和广播组织权。广义的"邻接权"，还包括类似于著作权的其他权利，例如，某些国家法律规定的摄影作品权、电影制作者权，以及书籍或印刷版本的首版权，等等。我国《著作权法》及其《实施条例》中未使用"邻接权"一词，而是采用"与著作权有关的权益"一词，其含义显然比"邻接权"所包含的内容要多一些（胡开忠，2003）。

TRIPS 协议使用了"相关的权利"。邻接权是作品的传播者就其传播作品的过程中付出的创造性劳动和投资所享有的权利。其中的作品的传播者，包括表演者、录音制品制作者、广播组织。在我国，作品的传播者还包括出版者（李明德等，2003）。2012 年，我国国家版权局发布了《中华人民共和国著作权法》（修改草案）规定了出版的含义，以及出版者的权利及保护期：本法所称的出版，是指复制并发行。本法所称的版式设计，是指对图书和期刊的版面格式的设计，包括对版心、排式、用字、行距、标题、引文以及标点符号等版面布局因素的安排。（第 29 条）。出版者有权许可他人使用其出版的图书、期刊的版式设计。前款规定的权利的保护期为 10 年，自使用该版式设计的图书或者期刊首次出版后次年 1 月 1 日起算（第 30 条）。一些国家著作权法还规定了其他邻接权。

2012 年，我国国家版权局发布了《中华人民共和国著作权法》（修改草案）第 4 条规定："1. 本法所称的相关权，指出版者对其出版的图书或者期刊的版式设计享有的权利，表演者对其表演享有的权利，录音制作者对其制作的录音制品享有的权利，广播电台、电视台对其播放的广播电视节目享有的权利。2. 相关权自使用版式设计的图书或者期刊首次出版、表演发生、录音制品首次制作和广播电视节目首次播放之日起自动产生，无需履行任何手续。"此外，我国《著作权法》第 22.2 条规定了邻接权的权利限制："前款规定适用于对出版者、表演者、录音录像制作者、广播电台、电视台的权利的限制。"

相关权或邻接权是与狭义著作权相并列的重要权利，也是相关国际公约和各国著作权法的重要内容。《著作权法》专章规定"出版、表演、录音录像、播放"等作品传播者的权利，其从名称到结构都有修改的必要。根据 WIPO 的解释，表演者权、录音录像制作者权和广播组织权，合称为"相关权"或"邻接权"与著作权平行，大陆法系国家多采此立法例。英、美、法系国家没有这一区分，而将其规定在著作权范畴之内。将作品传播中的有关权利进行归类并概括命名，这是此次修法的一大突破。《修改草案》第三章标题被直接命名为"相关权"，从而与第二章"著作权"相呼应，又可将第三章所列各节的内容统一起来，使著作权法律制度更具有内在逻辑性和易识别性。此外，《修改草案》还完善了相关权的权利类型：一是增加表演者二次表演权，规定广播电台、电视台在播放录有表演者表演的录制品应给予表演者报酬；二是完善广播组织权，明确广播组织权的客体为"节目信号"，增加已录制广播电视节目的公开传播权，增加营利性场所公开传播权等（吴汉东，2012）。

邻接权与著作权既有密切的联系，也有一定的区别，《保护表演者、音像制品制作者和广播组织罗马公约》（以下简称《罗马公约》）第1条的规定就涉及了该公约与著作权之间的关系。① 广义的著作权包括邻接权，除某些特殊情形之外，关于著作权的相关规定通常也可适用于邻接权，此外，大多数国家的著作权法包含有保护邻接权的相关规则；邻接权与著作权的区别主要是，著作权保护的是产生作品的智力创造，而邻接权保护的是传播作品和其他成果的过程中投入到劳动和资金。著作权的主体在传统上主要是自然人作者，而邻接权的主体是作品的传播者，它们通常是法人。至于其客体分别是表演、录音制、录像制品和广播节目等，这些客体本身并不是作品，而是作品的一种传播方式，或者说是作品的一种面向大众的形态。邻接权的客体并不需要具备独创性。就权利的内容而言邻接权是一种较简单的权利，而且它通常不具有人身权利的性质（表演者权例外）。另外，其保护期也比较短，通常是25年左右。《罗马公约》第14条和《录音制品公约》第4条规定的最低保护期都是20年（吴汉东，2012）。目前，菲律宾于1984年9月25日，越南于2007年3月1日分别加入了《罗马公约》（杨静，2008）。

（一）表演者的权利

2002年我国《著作权法实施条例》第5条规定："表演者，是指演员、演出单位或者其他表演文学、艺术作品的人。"我国的珍贵历史遗产、传统文化和民间技艺当然需要得到保护，但《著作权法》却并非对其加以保护的唯一或最佳手段。其他法律机制，如《非物质文化遗产法》才更适宜对其提供保护。……如果我国立法者认为表演杂技、魔术、马戏的人需要得到保护，则完全可以借鉴法国和澳大利亚等国的立法，赋予这些人以"表演者"的地位，而完全不需要将杂技、魔术和马戏界定为作品（王迁，2012）。

2012年，我国国家版权局发布了《中华人民共和国著作权法》（修改草案）第31条规定：本法所称的表演者，是指以朗诵、歌唱、演奏以及其他方式表演文学艺术作品或民间文学艺术的人或者演出单位。该草案第32、33条规定了表演者的权利②。

《罗马公约》第3条规定："在本公约中：'表演者'是指演员、歌唱家、音乐家、舞蹈家和表演、歌唱、演说、朗诵、演奏或以别的方式表演文学或艺术作品的其他人员。"第7.1条规定："1.

---

① 《罗马公约》第1条规定：本公约给予的保护绝不触动和影响对文学和艺术作品的著作权的保护。因此，对本公约条款的解释不得妨害这种保护。

② 第32条 表演者对其表演享有下列权利：
(1)表明表演者身份；
(2)保护表演形象不受歪曲；
(3)许可他人以无线或者有线方式播放其现场表演；
(4)许可他人录制其表演；
(5)许可他人复制、发行、出租其表演的录制品或者该录制品的复制品；
(6)许可他人在信息网络环境下通过无线或者有线的方式向公众提供其表演，使该表演可为公众在其个人选定的时间和地点获得。
前款第(1)项、第(2)项规定的权利的保护期不受限制；第(3)项至第(6)项规定的权利的保护期为50年，自该表演发生后次年1月1日起算。
被许可人以第1款第(3)项至第(6)项规定的方式使用作品，还应当取得著作权人许可。
第33条 如当事人无相反书面约定，视听作品中的表演者权利由制片者享有，但表演者享有表明表演者身份的权利。
制片者聘用表演者摄制视听作品，应当签订书面合同并支付报酬。
表演者有权就制片者使用或授权他人使用该视听作品获得合理报酬，合同另有约定除外。文莱《版权法》第180条界定了"录音"的含义："与表演相关的'录音'是指：①直接将现场表演制作的电影或声音录音；②从包含表演的广播节目或有线节目中制作的电影或录音；③直接或间接地从另一个表演录音中制作的电影或录音。"

本公约为表演者提供的保护应当包括防止可能发生的下列情况：(1)未经他们同意，广播和向公众传播他们的表演。但是如该表演本身就是广播演出或出自录音、录像者例外；(2)未经他们同意，录制他们未曾录制过的表演；(3)未经他们同意，复制他们的表演的录音或录像：①如果录音、录像的原版是未经他们同意录制的；②如果制作复制品的目的超出表演者同意的范围；③如果录音、录像的原版是根据第十五条的规定录制的，而制作复制品的目的与此条规定的目的不同。"

TRIPS协议第14条规定了"对表演者、录音制品（唱片）制作者和广播组织的保护"。其第1款规定："就将其表演固定在录音制品上而言，表演者应有可能防止下列未经其授权的行为：固定其未曾固定的表演和复制该录制品。表演者还应有可能阻止下列未经其授权的行为：以无线广播方式播出和向大众传播其现场表演。"关于表演者和录音制作者的播放权，我国国家版权局认为："2007年，我国在加入《世界知识产权组织表演和录音制品条约》时对其第15条进行了保留。该条是关于表演者和录音制作者享有因他人播放或向公众传播录音制品获得报酬的权利。近年来，唱片公司为代表的音乐产业界强力呼吁我国《著作权法》增加关于录音制作者的播放权和表演权，理由是随着数字技术和网络技术的发展，唱片业界传统的通过发行有形唱片的商业模式几近消亡，因此赋予录音制作者播放权是音乐产业可持续发展的迫切要求。草案增加了关于表演者和录音制作者获酬权的规定，使我国《著作权法》与相关国际条约保持一致。"（国家版权局，2012）

TRIPS协议在"最惠待遇"等条款中，均把邻接权的保护作为例外，允许成员方降低保护标准。在该协议第14条中，甚至允许成员对邻接权中的有些权利不加保护（如广播组织权）。这是因为有相当一部分国家在版权法中并不保护邻接权。在GATT中举足轻重的美国，其联邦版权法把录音制品制作者纳入作者的"版权"之中；对于表演者则只通过普通法（而不是联邦法）给予有限保护；至于"广播组织权"的概念，在其版权法中是找不到的。因此，与《伯尔尼公约》对计算机程序的保护相比，可以用"低于《罗马公约》"来描述该协议对邻接权的保护（郑成思，2001）。

表演者的主要权利包括表演者的人身权利和财产权利。前者包括部门表演者的身份、表演形象不受歪曲；后者包括许可他人从现场直播和公开传送其现场表演、许可他人录音录像、表演者复制发行其表演的录音录像的权利、许可他人通过信息网络手段向公众传播其表演并因此获取报酬的权利（刘春田，2002）。邻接权意义上的表演者，肯定可以是自然人，但能否为公司、企业或法人等，存在争议（胡开忠，2004）。大多数东盟国家版权法对表演者权利的取得条件或内容进行了规定。

马来西亚《版权法》第16A条规定了表演者权利的性质：1. 表演者的权利应是在马来西亚对下列事项的排他性控制权：(1)对把现场表演向公众进行传播的，除非用于该传播的现场表演本身就是一场现场广播表演。(2)对尚未固定的表演予以固定。(3)对现场表演的固定的复制，如果——①该固定本身未经表演者的同意；②进行该复制的目的有别于表演者当初同意的那些目的；③该复制是依据第3款规定制作的，并且进行该复制的目的与第(3)款中规定的诸目的不同。(4)将经固定的现场表演首次向公众公开，或通过销售或所有权的其他转让方式首次公开发行复制品。(5)将经固定的现场表演或其复制品向公众出租，而不论被出租的复制品的所有人为何。2. 一旦表演者已经同意固定其现场表演，就应停止享有第(1)款规定的排他性权利。3. 尽管有第(1)款的规定，依据该款的控制权并不包含对下列情形的控制权——(1)直接或间接的录音或对现场表演的直接摄制——①是仅为制作该录音或电影之人私人和国内使用目的而制作的录音或电影;②是仅为科研使用的目的而制作的录音或电影。(2)对现场表演的直接或间接录音或录影——①为报道新闻或时事目的或与此相关而制作的;②为批评或评论目的而制作的;③仅为司法程序而制作或律师为提供专业建议而制作的。(3)对现场表演的间接录音或摄影——①这是由管理教育机构的机构仅为该机构或另一个教育机构的教育目的而制作的录音或摄影,或代表该机构而制作的;②由或代表管理帮助有书写方面残疾人的机构所制作的录音或电影,且仅为向具有视觉、语言、智力和书写方面残疾人提供帮助的目的。(4)由获得表演者同意广播其现场表演的广播公司制作的直接录音或摄影,这是仅为制作该广播节目目的而制作的录音,且条件是,在为广播该现场表演目的而首次使用上述任何复制件的那天开始的12个月期间末之前销毁该录音。(5)因为向该人作出的欺骗性的或非故意的错误陈述而由合理地相信表演者已授权该人制作录音之人对现场表演制作直接的或间接的录音或间接的摄影。(6)由(1)、(2)、(3)或(4)中规定的录音或摄影的复制品,该复制品仅为上述任何段落中规定的目的而制作的复制品。(7)在(e)段中规定的录音的复制品,这是仅为(e)段中规定的目的而制作的复制品。并且(8)在(6)中规定的录音或摄影的复制品,这是——①由相信表演者已同意制作该复制品的人制作的,且是因为向该人作出了欺骗性或非故意的错误陈述;或者②仅为(1)、(2)、(3)和(4)段所规定目的而制作。4.就本条而言——与现场表演的录音或摄影相关的"直接的"一词是指由现场表演直接制作而成;与现场表演的利益或摄影有关的"间接的"一词是指对现场表演的广播或转播而制作的。

菲律宾《版权法》第7章规定了表演者、录音制品制作者和广播组织的权利。第202条界定了相关词语,包括:表演者、录音、视听作品或固定、录音制作者、已固定的录音或表演的出版、广播、广播组织、向公众传播广播或录音。第203条规定了表演者权利的范围:根据第212条的规定,表演者应享有下列排他性权利:(1)对于其表演,授权将其表演向公众广播或其他传播的权利;以及授权对其未经固定的表演进行固定的权利;(2)授权以任何方式或形式对其被固定在录音中的表演进行直接或间接复制的权利;(3)根据第206条规定,授权通过销售或出租或其他形式的所有权转让方式将被固定在录音中的表演的原件和复制品首次向公众发行的权利;(4)甚至在根据表演者授权而发行之后,授权将被固定在录音中的表演的原件和复制品向公众进行商业出租的权利;(5)授权以公众可以从其个人所选择的地点和时间获得表演的方式,通过有线或无线方式,使其已被固定的表演向公众公开之权利。第204条规定了表演者的精神权利:(1)与表演者的经济权利无关,对于表演者现场口头表演或被固定在录音中的表演,表演者应有权主张其表演者身份,除非对表演的使用习惯所省略,且是为了反对对其表演进行任何的、将有损于其声誉的歪曲、毁损或任何其他修改;(2)如果要求保护的话,则根据第203.1条授予表演者的权利应在其死后50年中由其继承人和在无继承人时由政府来维护和行使。第205条规定了"权利限制":(1)根据第206条的规定,一旦表演者已经授权广播或固定其表演,则第203条应不再进一步适用;(2)第184条和第185条经必要的变更应适用于表演者。第206条规定了"因随后的传播或广播而给予的额外报酬":除非合同中有相反规定,对于广播组织继首次传播或广播后每次向公众传播或广播表演,表演者应有权获得至少相当于他/她因首次传播或广播而获得的最初报酬的5%的额外报酬。第207条规定了"合同条款":本章中的任何规定都不应被解释为剥夺表演者达成关于对其表演的任何使用而对其更为有利的合同条款的权利。

泰国《版权法》第 2 章规定了表演者的权利,共有 10 个条文。第 44 条规定:对于其表演行为,表演者有下列排他性权利:(1)向公众广播或传播表演的声音和视频,除非是从已被录制的录音介质中向公众进行声音和视频广播或传播;(2)对尚未被录音的表演的录制;(3)未经表演表演者同意对已被录音的表演的录音进行复制,或者经表演者的同意制作的表演的录音,或对属于第 53 条规定的对表演者权利的侵权例外的表演的录制。第 45 条规定:将已经为商业目的发行的表演录音或其复制品向公众进行无线广播或直接传播的任何人,应被要求向表演者支付合理的报酬。如果各当事方不能就报酬达成一致,局长应通过考虑这些情形下通常的报酬数额来确定报酬。当事人可以自收到局长发出的通知命令的信件起 90 日内依据第 1 段的规定针对该命令提起上诉。版权委员会的决定应是终局的。第 46 条规定:如果表演或表演的录音中涉及一个以上的表演者,这些表演者可以指定一个共同代理人来维护或行使他们的权利。第 47 条规定:表演者应享有第 44 条中规定的其表演中的权利,如果满足下列条件的话:(1)表演者拥有泰国国籍或在泰国有其惯常居所;(2)表演或表演的主要部分发生在泰国或在与泰国同为《罗马公约》之缔约国的国家。第 48 条规定:根据第 45 条规定,表演者应有资格获得报酬,如果满足下列条件:(1)在对表演进行录音时或在其主张权利时,表演者具有泰国国籍或在泰国具有惯常居所;(2)对表演或表演的主要部分的录音发生在泰国或在与泰国同为《罗马公约》缔约方的国家。第 51 条规定:第 44 条和第 45 条规定的表演者权利应在确定的期间或整个保护期内全部或部分转让。如果涉及到的表演者不止一个,则每个表演者应有权转让明确属于自己的权利。通过继承方式的转让除外,通过其他方式转让权利应以书面方式,且应有让与人和受让人的签名。如果转让合同中没有规定期间,则该转让应被视为持续 3 年。第 52 条规定:未经表演者的同意或未依第 45 条规定支付报酬而实施第 44 条行为之任何人应被视为侵害了表演者的权利。第 53 条规定:第 32—34、36 和 43 条经必要的变更应适用于表演者权利。

2002 年印度尼西亚《版权法》第七章规定了"邻接权"(related rights)。第 49.1 条规定了表演者的权利:"表演者应对于给予同意或制止未经其同意的任何人制作、复制或广播其表演的录音和/或视觉图片享有排他性权利。"越南《民法典》第 34 章第 2 节规定了邻接权问题。第 744 条规定了邻接权的对象:"邻接权的对象应包括表演者的表演、声音录音、录像、广播组织的广播以及携带编码程序的卫星信号。"第 75 条规定了表演者权利的所有人和内容:"(1)对表演享有的权利应包括表演者的个人权利和投资者为实现表演的财产权。(2)表演者的个人权利应包括使其姓名在表演者或传播对表演的录音录像中被提及的权利以及保护表演者形象的完整性之权利。(3)投资者对于表演的财产权利应包括实施以及禁止其他人实施下列行为的权利:①对表演进行录音和录像;②复制、散发对表演的录音或录像的原件或复制件;③以其他方式向公众广播或传播表演。"2005 年越南《知识产权法》第 29 条规定了表演者的权利:"(1)表演者和投资者应对其表演享有精神权利和经济权利。如果表演者并非也是投资者,则表演者对表演应享有精神权利,而投资者对表演应享有经济权利。(2)精神权利包括下列权利:①当表演或传播录音制品、录像制品或广播表演时被告之;②为了保护所表演的人物的完整性,制止其他人以有害于表演者荣誉和声誉的任何方式修改、篡改或歪曲作品;③(3)经济权利包括行使或授权其他人行使下列权利:①将其现场表演固定在录音制品或录像制品中;②直接或间接地复制其已被固定在录音或录像制品中的表演;③以公众可以进入的方式广播或向公众传播其未经固定的表演,但计划将该表演用于广播时除外;④以销售、出租或通过公众可以进入的任何技术手段的方式,向公众发行其最初的表演。(4)利用和使用本条第3款规定的权利的组织和个人应根据法律规定或在无相关法律规定时根据协定向表演者支付报酬。"2005年越南《知识产权法》第二部分第一章第2节规定了邻接权的保护条件。其中第16条规定:"符合邻接权保护条件的适格组织和个人:(1)表演文学和艺术作品的男/女演员、歌手、乐器演奏者、舞者和其他人(下统称为表演者);(2)拥有本法第44.1条所界定的表演的组织和个人;(3)首次将表演或其他声音和形象固定下来的组织和个人(下统称为录音制品和录像的制作者;(4)首次制作、进行广播的组织(下称广播组织)。"第17条规定了符合邻接权保护条件的标的。

新加坡《版权法》第四部分规定了邻接权的保护问题。第82.1条规定了录音制品中的版权性质问题:"就本条而言,充分有相反意图出现,与录音制品有关的版权是实施所有或任何下列行为的专属权利:(1)复制该录音制品;(2)进行关于该录音的商业出租安排;(3)如果该录音尚未出版,出版该录音制品;(4)通过或作为数字音频传播的方式,使得公众能够获得该录音制品。"第83条规定了电影版权的性质:"就本条而言,充分有相反意图出现,与电影有关的版权是实施所有或任何下列行为的专属权利:①复制电影;②在该电影是由视觉形象组成的范围内,使得电影能够在公众场所被观看;③将电影向公众传播。"

柬埔寨《版权和邻接权法》第41条规定了表演者的权利:"表演者享有授权或实施下列行为的排他性权利:(1)向公众广播或传播他/她的表演,但广播由表演者授权的对表演进行固定的录音或通过广播电视转播节目或具有最先广播该表演的第一个广播组织授权除外;(2)将他/她的尚未被固定的表演固定在唱片中;(3)对固定在唱片中的他/她的表演进行复制;(4)通过销售或转让所有权向公众发行经最初固定在唱片中的尚未成为经表演者授权进行任何发行的主题的表演;(5)将最初固定他/她的表演的唱片或其复制品向公众出租或出借。除非没有相冲突的协定,表演者享有下列权利:授权通过任何广播组织进行广播,但是其他的广播组织不被授权广播该表演;通过任何广播组织授权广播,但该广播组织未被授权固定唱片中的该表演。"第42条规定:"与经济权利无关,且甚至在该权利被转让之后,表演者仍享有要求在现场表演或经固定的表演者标示其书面姓名的权利,除非使用的模式使得不提及该姓名成为必要。表演者仍有权利对有害于其声誉的对其作品进行的所有改变、歪曲或其他修改予以反对。"第43条规定:"如果其表演附属于构成一场景或一项工作或一份视听文件的主要主题的一个事件,则表演者不能禁止复制其表演或向公众传播其表演。"

老挝2008年《知识产权法》第79条规定:"对版权或有关版权的权利的通知:当作品被创作出来且没有任何登记的要求,版权或邻接权是自动出现的权利,但是,可以将作品通知负责登记作品的组织,尤其是在发生任何侵权或争端时以作为证据或数据。"第89条规定了表演者的权利:"表演者应享有下列权利:(1)在表演中或在传播该表演的音像碟片或在广播该表演的音像中注明表演者姓名;(2)保护该表演并不允许其他人改变、改编、增加或删减其表演或以损害该表演荣誉和声誉的任何其他方式;(3)将表演者的现场表演录制在音像磁盘上;(4)直接或间接地复制音像磁盘中表演者的现场表演;(5)向公众广播和传播尚未被录制的音像和表演;(6)通过销售、出租或公众可以获得的其他任何技术手段,向公众传播表演的录音或该录音的复制品。"第92条规定了表演中投资者的权利:"表演中的投资者应享有近似于本法第89条规定的表演者的权利。"

文莱《版权法》第二部分规定了"表演中的权利"。第180条规定授权表演者和享有录音权利的个人,并界定了"表演"、"录音"的含义。第181条规定了什么是适格的表演"如果表演是由适用本部分的表演者进行的,就涉及表演者权利的本部分规定的目的而言,表演是适格的表演。"第182条规定录音或广播节目的现场直播要求有表演者的同意:"(1)未经表演者的同意,实施下列行为之人侵害了表演者的权利:①录制适格(qualifying)表演的全部或任何实质性部分,但为其私人和家用目的除外;②向公众现场广播或在有线节目中包含有适格表演的全部或其任何实质性部分,以及向公众传播其现场表演。(2)在本条规定的侵害表演者权利的行为中,如果被告表明在侵权时,他有合理理由相信已经被给予同意了,则不应交付损害赔偿金。"第183条规定了通过使用录音而对表演者权利的侵害:"未经表演者的同意,实施下列行为之人侵害了表演者权利:①在公开场所展示或播放适格表演的全部或任何实质性部分;②未经表演者同意,通过录音方式且该人当时知道或有理由相信未经表演者的同意而广播或在有线节目服务中包含适格表演的全部或任何实质性部分。"第184条规定了通过进口、非法录音方式对表演者权利的侵权:"(1)未经表演者同意之人的下列情形构成对表演者权利的侵害:①非为其私人或家庭使用而进口;②在买卖过程中,拥有、出售、出租或展示,许诺销售或出租、或发行适格表演的唱片,该唱片为非法唱片,且该人当时知道或当时有理由相信是非法唱片。(2)如果依据本条规定提起的对表演者权利的侵权诉讼中,被告表明其或其前辈当时获得非法唱片并非明知,则关于侵权可获得的唯一救济是不涉及被指控行为的不超过合理金额的赔偿金。(3)第(2)款中'并非明知而获得'是指,获得唱片的人当时并不知道且并无理由相信这是一张非法唱片。"第185条规定通过出租方式侵害表演者权利:"未经表演者同意而向公众出租适格表演的全部或实质性部分之唱片的复制品之人侵害了表演者的权利。"第186条规定了通过有线或无线方式使公众能够获得经固定的表演而侵害了表演者的权利:"未经表演者同意,通过无线或有线方法,一个人使公众能够获得经其固定的表演,公众中的成员可以在他们个人选定的时间和地点获得该表演,该人侵害了表演者的权利。"第187条规定通过销售等方法使得公众能够获得被固定的表演方式侵害表演者的权利问题:"未经表演者同意,通过销售或其他转让所有权非法,使得公众获得经固定的表演或该表演的复制品之人侵害了表演者的权利。"

文莱《版权法》第188条规定了表演者的精神权利:"(1)尽管表演者享有经济权利,且即使表演者不再是这些权利的所有人时,对于现场听觉表演和在唱片中被固定的表演,表演者享有下列权利:a.被表明为其表演的表演者,除非使该表演的方式要求忽略其身份;b.对有害于其荣誉或声誉的对其表演进行的任何歪曲、割裂或任何其他的修改予以反对。(2)在表演者一生中,第(1)款提及的权利都不得被转让,但在其死后通过遗嘱处分或通过法律的实施,行使被移交的权利应可被转让。(3)如果弃权者以声明形式并清除地说明所放弃的权利和弃权者所适用的诸情形,以及第(1)款(b)项中提及的权利的任何放弃者说明涉及被放弃的权利的性质和修订的范围或其他的行为,那么,表演者可以放弃第(1)款中提及的任何权利。表演者死亡时,已被移交精神权利之人应有权放弃该权利。"

文莱《版权法》第189条规定了独占性唱片合同和享有唱片权利的人。第194条规定了法庭代表某些表演者给予同意的情形,例如,表演者不合理地不予同意等。第198~201条规定了侵权救济问题。第198条规定作为违反法定义务的可起诉的侵权;第200条规定了扣押非法唱片的权利。第201条规定了非法唱片的含义。

我国《著作权法》第38条规定了表演者的权利:"表演者对其表演享有下列权利:1.表明表演者身份;2.保护表演形象不受歪曲;3.许可他人从现场直播和公开传送其现场表演,并获得报酬;4.许可他人录音录像,并获得报酬;5.许可他人复制、发行录有其表演的录音录像制品,并获得报酬;6.许可他人通过信息网络向公众传播其表演,并获得报酬。被许可人以前款第3项至第6项规定的方式使用作品,还应当取得著作权人许可,并支付报酬。"关于表演者出租权问题,我国国家版权局认为:"表演者出租权是《世界知识产权组织表演和录音制品条约》第9条的规定,我国在2007年加入该条约时国内法未就表演者出租权作出规定,此项权利一直是我国《著作权法》与该国际条约的差距之一。因此,草案增加了表演者出租权的规定,使我国《著作权法》与该国际条约保持一致。"(国家版权局,2012)。

(二)广播组织权

《罗马公约》第3条规定:"'广播'是指供公众接收的声音或图像和声音的无线电传播;'转播'是指一个广播组织的广播节目被另一个广播组织同时广播。"第7.2条规定:"2.(1)如果广播是经演员同意的,则防止转播,防止为广播目的的录音、录像,以及防止为广播目的的此类录音、录像的复制,应当由要求其保护的缔约国的国内法律规定;(2)广播组织使用为广播目的而制作的录音录像的期限和条件,应当根据要求其保护的缔约的国内法律确定;(3)但是,本款第(1)和(2)小款中提到的国内法律不得用来使表演者失去通过合同控制他们与广播组织之间的关系的能力。"该公约第13条规定:"广播组织应当有权授权或禁止:1.转播他们的广播节目。2.录制他们的广播节目。3.复制:(1)未经他们同意而制作他们的广播节目的录音或录像;(2)根据第15条的规定而制作他们的广播节目的录音和录像,但复制的目的不符合该条规定的目的。4.向公众传播电视节目,如果此类传播是在收门票的公共场所进行的。行使这种权利的条件由被要求保护的缔约国的国内法律确定。"《伯尔尼公约》第11条规定了文学艺术作品作者享有的专有权利①。第11条之二的第1款"实际上是规定'广播权'可规制三种行为,分别为无线广播、有线转无线和公开播放接收到的广播。"(王迁,2012)。

TRIPS协议第14条规定了"对表演者、录音制品(唱片)制作者和广播组织的保护"。其第3款规定:"广播组织有权禁止下列未经其授权的行为:录制、复制录制品、以无线广播方式转播以及将其电视广播向公众传播。如各成员未授予广播组织此类权利,则在遵守《伯尔尼公约》(1971)规定的前提下,应给予广播的客体的版权所有权人阻止上述行为的可能性。"根据《罗马公约》和有关国家著作权法的规定,广播组织依法享有转播权、复制权、公开播放权和获得报酬权。我国的广播组织享有传播权和复制权,其范围稍窄(胡开忠,2004)。

马来西亚《版权法》第15条规定了广播中版权的性质:(1)广播中的版权应是在马来西亚对广播的全部或其实质性部分的录音、复制和再广播以及对于在以原版形式或经认可以任何派生方式对电视广播的全部或实质性部分收取许可费的地方,向公众展示或播放的表演,享有排他性控制权利;(2)电视广播中的版权应包括对该广播进行静态拍照的控制权。第16条规定了被包含在电影中的作品的广播问题:(1)如果任何文学、音乐或艺术作品版权所有人授权一个人将该作品纳入电影且广播服务在该所有人与该人之间没有任何明确的相反协定时,广播该电影,则应视为版权所有人授权该广播;(2)尽管有第(1)款到规定,如果广播服务广播里

---

① 《伯尔尼公约》第11条之二第1款规定:"文学艺术作品的作者享有下列专有权利:(1)授权广播其作品或以任何其他无线传送符号、声音或图象的方法向公众传播其作品;(2)授权由原广播机构以外的另一机构通过有线传播或转播的方式向公众传播的作品;(3)授权通过扩音器或其他任何传送符号、声音或图象的类似工具向公众传播广播的作品。"第11条之三第1款规定:"文学作品的作者享有下列专有权利:(1)授权公开朗诵其作品,包括用各种手段或方式公开朗诵。(2)授权用各种手段公开播送其作品的朗诵。"

其中纳入文学、音乐或艺术作品的电影,则对于广播该文学、音乐或艺术作品权利的所有人应有权因该广播服务而获得合理补偿。

第 16B 条规定了"公平报酬":(1)如果为商业目的出版录音或公开表演该录音的复制品,或为广播或以其他方式向公众传播而直接使用该复制品,则应由录音的使用者向表演者为其表演支付公平报酬;(2)不应仅因为通过单一付款方式或在转让出租权时付款而认为报酬是不合理的;(3)本条规定不得被解释为是为了剥夺表演者通过合同约定涉及其现场表演的对他更为有力的条件;(4)就本条而言,"为商业目的的发行"是指录音已经以观众可以从其个人选择的时间或地点可以获得的方式通过有线或无线方法获得。

菲律宾《版权法》第 14 章的标题为"广播组织"。该章第 211 条规定了"权利的范围":根据第 212 条的规定,广播组织应对实施、授权或制止任何下列行为享有排他性权利:(1)对其广播进行转播;(2)为向公众传播相同的电视广播的目的,对其广播以包括制作电影或使用录像带在内的任何方式进行录音;(3)使用该录音以进行最新传输或最新录音。泰国《版权法》没有规定广播组织权,仅在第 4 条界定了"广播作品"的含义:"广播作品是指通过无线广播、通过电视进行的声音或视频广播或通过其他任何类似方法的广播而向公众传播的作品。"2002 年印度尼西亚《版权法》第 49.3 条规定:"对于同意或制止未经其同意的任何人制作、复制和/或通过有线或无线方式或通过任何其他电磁系统转播去广播其作品,广播组织应享有专有权。"

越南《民法典》第 747 条规定:"广播权的所有人及内容:(1)广播权应属于广播组织。(2)广播权应包括实施或禁止其他人实施下列行为的权利:①录音、复制唱片;广播、重播广播的一部分或全部;②发行唱片或复制对广播的录音。"第 748 条规定:"载有编码程序的卫星信号的权利所有人及权利内容:(1)对载送编码程序的卫星信号所享有的权利应属于首次发送该信号之人。(2)对载送编码程序的卫星信号所享有的权利应包括实施、允许或禁止其他人实施下列行为:①生产、装配、修改、进口、销售、出租对编码程序的卫星信号进行解码的设备或系统;②当不被该编码程序信号的持有人允许时,接收、再传播经解码的信号。"2005 年越南《知识产权法》第 31 条规定:"广播组织的权利:1.广播组织应对行使或授权其他人行使下列权利享有专有权:(1)广播或重播其广播节目;(2)向公众发布其广播节目;(c)固定其广播节目;(d)复制其经固定的广播节目;2.当广播组织的广播节目被录制并向公众传播时,广播组织应享有物质利益。"

新加坡《版权法》第 84.1 条规定了电视广播节目和声音广播节目中的版权性质:"就本法目的而言,除非出现相反的意图,涉及广播或声音广播的版权是专属权利——(1)如果电视广播是由视觉音像组成,则将该广播节目制品摄制为电影或复制该电影;(2)如果声音广播或电视广播是由声音组成,则将该广播节目制作为录音资料或复制该录音;(3)对于由视觉影像组成的电视广播节目,如果是被付款的观众看到或听到的话,则使之在公共场所被观看,或如果其是由声音组成,使之在公共场所被听到;(4)对于电视广播节目或声音广播节目来说,为转播或向公众传播该广播节目的专属权利。"第 85 条还规定了有线节目版权的性质问题。

柬埔寨《版权和邻接权法》第 47 条规定了广播组织的权利:"广播组织由电台、电视台和有线电视台组成。这些组织对从事或授权固定其广播节目、向公众传播、转播、复制、发行或首次出租其广播节目的复制品享有专属权利。"第 48 条规定:"为销售、出租、交换、向任何地方的公众广播或传播之目的,复制任何属于广播组织的广播节目都必须要获得该组织的授权。"老挝 2008 年《知识产权法》第 91 条规定了音像广播组织的权利:"音像广播组织应享有下列权利:1.自己经营或授权其他人经营下列事项:(1)广播或转播其自己的音像广播节目;(2)向公众宣传其自己的音像广播节目;(3)录制其自己的音像广播节目;(4)复制其自己的音像广播节目。2.在广播其自己的音像节目、录制、传播或向公众宣传期间获得收益。"

关于广播电台、电视台,我国国家版权局认为:"在广播电台、电视台权利部分,除了将转播扩大为无线和有线两种方式外,草案还增加了广播电台、电视台有权禁止他人以网络方式转播其广播电视节目的权利,主要理由是目前在实践中他人通过网络转播广播电视节目的问题比较突出,如果法律不作出明确规定,实践中将无法处理,但是对于信息网络传播权,考虑到目前《世界知识产权组织广播组织条约》还在讨论中,尚无定论,因此,草案没有作出规定。"(国家版权局,2012)

我国《著作权法》规定了广播组织的义务:1.广播电台、电视台播放他人未发表的作品,应当取得著作权人许可,并支付报酬;2.广播电台、电视台播放他人已发表的作品,可以不经著作权人许可,但应当支付报酬(第43条)。广播电台、电视台播放已经出版的录音制品,可以不经著作权人许可,但应当支付报酬。当事人另有约定的除外。具体办法由国务院规定(第44条)。电视台播放他人的电影作品和以类似摄制电影的方法创作的作品、录像制品,应当取得制片者或者录像制作者许可,并支付报酬;播放他人的录像制品,还应当取得著作权人许可,并支付报酬(第46条)。

关于广播组织的禁止权,《著作权法》第45条规定:"广播电台、电视台有权禁止未经其许可的下列行为:(1)将其播放的广播、电视转播;(2)将其播放的广播、电视录制在音像载体上以及复制音像载体。"

2012年,我国国家版权局发布了《中华人民共和国著作权法》(修改草案)界定了"广播电视节目"并规定了广播电台、电视台的禁止权。本法所称的广播电视节目,是指广播电台、电视台首次播放的载有内容的信号(第37条)。广播电台、电视台有权禁止以下行为:1.其他广播电台、电视台以无线或者有线方式转播其广播电视节目;2.录制其广播电视节目;3.复制其广播电视节目的录制品;4.在信息网络环境下通过无线或者有线的方式向公众转播其广播电视节目。前款规定的权利的保护期为50年,自广播电视节目首次播放后的次年1月1日起算。

(三)录制者权利、义务

2002年我国《著作权法实施条例》第5条界定了相关概念:录音制品,是指任何对表演的声音和其他声音的录制品;录像制品,是指电影作品和以类似摄制电影的方法创作的作品以外的任何有伴音或者无伴音的连续相关形象、图像的录制品;录音制作者,是指录音制品的首次制作人;录像制作者,是指录像制品的首次制作人。

《罗马公约》第3条规定:"'录音制品'是指任何对表演的声音和其他声音的专门录音;'录音制品制作者'是指首次将表演的声音或其他声音录制下来的自然人或法人;'发行'是指向公众提供适当数量的某种唱片的复制品;'复制'是指制作一件或多件某种录音的复版。"

TRIPS协议第14条规定了"对表演者、录音制品(唱片)制作者和广播组织的保护"。其第2款规定:"录音制品制作者应享有准许或禁止直接或间接复制其录音制品的权利。"TRIPS协议第14.4条规定了录音制品的商业性出租问题:"第11条关于计算机程序的规定在细节上作必要修改后应适用于录音制品制作者和按成员法律确定的录音制品的任何其他权利持有人。如在1994年4月15日,成员在录音制品的出租方面已实施向权利持有人公平付酬的制度,则可维持该制度,只要录音制品的商业性出租不对权利持有人的专有复制权造成实质性减损。"① 在俄罗斯联邦、法国、日本、意大利等以邻接权制度来保护唱片的国家,唱片制作者的权利主要有三项,即复制权、公开播放权和广播权。有的国家还规定唱片制作者享有对唱片的销售权、出租权等(胡开忠,2004)。

菲律宾《版权法》第8章的标题为"录音制作者"。该章第208条规定了"权利的范围":根据第212条的规定,录音制作者应享有下列排他性权利:(1)以任何方式或形式授权直接或间接复制其录音的权利,将上述复制品投放市场以及出租权或出借权;(2)通过销售、出租或其他转让所有权的方式,授权将其录音的原版和复制品首次公开发行;(3)甚至在根据录制者的授权而发行之后,授权将其录音的原件和复制品向公众进行商业出租的权利。第209条规定了向公众传播的权利;如果为商业目的发行的录音或该录音的复制品被直接使用于广播或以其他方式向公众传播,或为营利目的而公开表演,则应使用者向表演者或表演者们和录音制作者支付合理报酬,在无任何协定时,表演者和制作者应公平分享之。第210条规定了权利的限制;第184、185条经必要修改应适用于录音制作者。该法第15章规定了"对保护的限制":当第203、208和209条中规定的行为与下列情形有关时则不应适用:(1)自然人专为其私人目的的使用;(2)为报道时事而使用短的摘编;(3)仅为教学或科研而使用;(4)根据第185条规定的条件,对广播的合理使用。

泰国《版权法》没有专门条款规定录制者权利。2002年印度尼西亚《版权法》第49.2条规定表演者的权利:"录音制作者对于同意或防止未经其同意的任何人复制和/或出租录音作品或录音唱片享有专有权利。"越南《民法典》第746条规定:"对录音和录像所享有的权利之所有人和内容:1.对录音和录像享有的权利应属于创制该录音或录像的投资者。2.对录音和录像享有的权利应包括实施和禁止其他人实施下列行为的权利:(1)全部或部分复制录音、录像;(2)发行、进口该录音、录像的原件或复制件;(3)为商业目的出租录音、录像的原件或复制件。"第749条规定了邻接权的转让:"(1)本法典第745～748条中界定的邻接权中的财产权利可以被转让;(2)对邻接权的转让应在合同下以书面形式进行。"2005年越南《知识产权法》第30条规定:"录音和录像制品制作者的权利:(1)录音和录像制品的制作者应对行使或授权其他人行使下列权利享有专属权利:①直接或间接复制其录音或录像制品;②向公众发行其原版录音和录像制品,以及通过销售、出租或以任何可为公众进入的技术方式的发行复制品。(2)录音和录像制品的制作者应在向公众发行该制品时享有物质利益。"

新加坡《版权法》第87～90条规定了唱片版权、电影版权、电视广播和声音广播节目以及有线电视节目版权存在的前提条件。例如,唱片版权存在的要件包括制作者适格、在新加坡制作以及已经出版的唱片在新加坡系首次出版等。该法第97～100条规定了录音唱片版权、电影版权、电视广播节目和声音广播节目版权、有线节目中版权之所有权。第102～116条规定了邻接权侵权保护问题。

柬埔寨《版权和邻接权法》第44～46条规定了唱片制作者的权利。第44条规定:"唱片制

---

① TRIPS协议第11条:出租权——至少就计算机程序和电影作品而言,成员应给予作者及其合法继承人准许或禁止向公众商业性出租其有版权作品的原件或复制品的权利。成员对电影作品可不承担此义务,除非此种出租已导致对该作品的广泛复制,从而实质性减损该成员授予作者及其合法继承人的专有复制权。就计算机程序而言,如该程序本身不是出租的主要标的,则此义务不适用于出租。

作者对于录制、复制或向公众传播他/她的唱片享有排他性权利。"第 45 条规定:"所有的复制、销售、交易、出租和向公众传播唱片都要求有唱片制作者的授权。唱片制作者有权通过销售或通过转让所有权的方式向公众发行尚未受该制作者授权的任何发行所约束的唱片的原件或复制件。唱片制作者也有权为向公众传播的目的而进口他/她的唱片的复制件。"第 46 条规定了录像制作者的权利:"录像制作者是对主动录制有声音或无声音的一系列影像负责任的自然人或法人,该录制导致了录像制作的实现。为向公众传播、销售、交流和出租目的,对录像片进行的所有的复制都要求录像制作者的授权。本条承认的录像制作者的转让权不能单独地与被纳入该录像制作的作品之作者权利和表演者权利分开。"第 50~52 条规定了对邻接权的限制。第 54 条规定了权利的转让问题:"本法第 32~34 条适用于表演者、唱片制作者和广播组织的权利。"

老挝 2008 年《知识产权法》第 90 条规定了音像录音制作者的权利:"音像录音制作者应享有下列权利:(1)自己经营或授权其他人经营下列事项:①直接或间接地复制音像录音;②通过销售、出租或公众可以获得的任何其他技术手段向公众发行音像录音的原版或复制品。(2)在向公众宣传音像录音期间获得收益。"该法第 7 部分(第 95~99 条)规定了版权和邻接权的限制和义务。

《罗马公约》第 12 条规定:"如果某种为商业目的发行的录音制品或此类唱片的复制品直接用于广播或任何向公众的传播,使用者则应当付一笔总的合理的报酬给表演者,或录音制品制作者,或给二者。如有关各方之间没有协议,国内法律可以提出分享这些报酬的条件。"

TRIPS 协议第 14.5 条规定了邻接权的保护期:"本协定项下表演者和录音制品制作者可获得的保护期限,自该固定或表演完成的日历年年底计算,应至少持续至 50 年年末。按照第 3 款给予的保护期限,自广播播出的日历年年底计算,应至少持续 20 年。"在邻接权的保护期方面,TRIPS 协议"规定了实际比罗马公约更长的时间。这是对其中的广播组织权,仍旧按罗马公约的原有水平来规定。"(郑成思,2001)。

关于对邻接权的权利限制,TRIPS 协议第 14.6 条规定:"任何成员可就第 1 款、第 2 款和第 3 款授予的权利,在《罗马公约》允许的限度内,规定条件、限制、例外和保留。但是,《伯尔尼公约》(1971)第 18 条的规定在细节上作必要修改后也应适用于表演者和录音制品制作者对录音制品享有的权利。"①《罗马公约》第 15 条规定了对邻接权的权利限制。其第 1 款规定了使用邻接权所保护的演出、录音制品及广播节目时,可以不经权利所有人同意、也无需付酬的 4 种权利限制:"任何缔约国可以依其国内法律与规章,在涉及下列情况时,对本公约规定的保护做出例外规定:1. 私人使用;2. 在时事报道中少量引用;3. 某广播组织为了自己的广播节目利用自己的设备暂时录制;4. 仅用于教学和科学研究之目的。"此外,公约第 2 款还规定:"尽管有本条第 1 款,任何缔约国对于表演者、录音制品制作者和广播组织的保护,可以在其国内法律与规章中做出像它在国内法律和规章中做出的对文学和艺术作品的版权保护的同样的限制。

---

① 《伯尔尼公约》第十八条:1. 本公约适用于所有在本公约开始生效时尚未因保护期满而在其起源国进入公有领域的作品。2. 如果作品因原来规定的保护期已满而在被要求给予保护的国家已进入公有领域,则该作品不再重受保护。3. 本原则应按照本同盟成员国之间现有的或将要缔结的有关特别公约所规定的条款实行。在没有这种条款的情况下,各国分别规定实行上述原则的条件。4. 新加入本同盟时,以及因实行第七条或放弃保留而扩大保护范围时,以上规定也同样适用。Peter Schuck 认为公法具有 6 种目标:(1)威慑不法行为;(2)推动强有力的决策;(3)补偿受害者;(4)树立道德规范;(5)制度具有合理性和合法性;(6)通过整合基本目标从而实现系统效率。

但是,只有在不违背本公约的范围内才能颁发强制许可证。"为了防止邻接权所有人滥用自己的专有权,该款允许成员国自行以国内法规定颁发强制许可的条件,但不得与公约的基本原则相冲突。该公约第15.2条"准许国内法超出第1款规定的范围,另外规定其他的例外,只要这些法律对著作权也规定了这些例外。第1款规定的四个特别例外在著作权公约中只是用于限制作者权利的主要例外,还有其他次要的例外;而这一款避免了邻接权人在例外方面获得的待遇优于作者。"(刘波林,2002)。

《伯尔尼公约》第18条是"追溯力"条款。它规定:对于在作品来源国尚处于专有领域的作品,新参加公约的成员国应给予追溯保护。而录音制品公约中则有个"第7条"。该条是"无追溯力"条款。它规定新参加公约的成员国,可以对其原先未加保护的录音制品仍旧不予保护,即使该作品在其来源国尚处于专有领域。WTO要求其所有成员均在录音制品保护上适用伯尔尼公约第18条,实质上就等于规定:关贸总协定(GATT)的成员如果也参加了录音制品公约,则不能再援引该公约第7条的"无追溯力"条款。这样一来,没有从正面提及录音制品公约的TRIPS协议,实质上从另一面把该公约完全排除在成员的权利、义务之外了(郑成思,2001)。

此外,《罗马公约》第15条规定了权利限制或权利保护的例外:"1.任何缔约国可以依其国内法律与规章,在涉及下列情况时,对本公约规定的保护做出例外规定:(1)私人使用;(2)在时事报道中少量引用;(3)某广播组织为了自己的广播节目利用自己的设备暂时录制;(4)仅用于教学和科学研究之目的。2.尽管有本条第一款,任何缔约国对于表演者、录音制品制作者和广播组织的保护,可以在其国内法律与规章中做出像它在国内法律和规章中做出的对文学和艺术作品的版权保护的同样的限制。但是,只有在不违背本公约的范围内才能颁发强迫许可证。"

我国《著作权法》第42条规定了录制者的权利及保护期:"1.录音录像制作者对其制作的录音录像制品,享有许可他人复制、发行、出租、通过信息网络向公众传播并获得报酬的权利;权利的保护期为50年,截止于该制品首次制作完成后第50年的12月31日。2.被许可人复制、发行、通过信息网络向公众传播录音录像制品,还应当取得著作权人、表演者许可,并支付报酬。"

2012年,我国国家版权局发布了《中华人民共和国著作权法》(修改草案)规定了"录音制作者":本法所称的录音制品,是指任何对表演的声音和其他声音的录制品。本法所称的录音制作者,是指录音制品的首次制作人(第34条)。"1.录音制作者对其制作的录音制品享有许可他人复制、发行、出租、在信息网络环境下通过无线或者有线的方式向公众提供录音制品使公众可以在其个人选定的时间和地点获得该录音制品的权利;2.前款规定的权利的保护期为50年,自录音制品首次制作完成后次年1月1日起算;3.被许可人复制、发行、出租、通过信息网络向公众传播录音制品,还应当取得著作权人、表演者许可"(第35条)。将录音制品用于无线或者有线播放,或者通过技术设备向公众传播,表演者和录音制品制作者共同享有获得合理报酬的权利(第36条)。

关于对邻接权的限制,我国《著作权法》第23.2条规定:前款规定适用于对出版者、表演者、录音录像制作者、广播电台、电视台的权利的限制。《草案》第46条规定:录音制品首次出版3个月后,其他录音制作者可以依照本法第48条规定的条件,不经著作权人许可,使用其音乐作品制作录音制品。第47条规定:广播电台、电视台可以依照本法第48条规定的条件,不经著作权人许可,播放其已经发表的作品;但播放他人的视听作品,应当取得制片者许可。国务院2006年发布的《信息网络传播权保护条例》第8条规定:"为通过信息网络实施九年制义务教育或者国家教育规划,可以不经著作权人许可,使用其已经发表作品的片断或者短小的文字作品、音乐作品或者单幅的美术作品、摄影作品制作课件,由制作课件或者依法取得课件的远程教育机构通过信息网络向注册学生提供,但应当向著作权人支付报酬。"

该草案的第48条规定:根据本法第44条、第46~47条的规定,不经著作权人许可使用其已发表的作品,必须符合下列条件:1.在使用前向国务院著作权行政管理部门申请备案;2.在使用时指明作者姓名、作品名称和作品出处;3.在使用后一个月内按照国务院著作权行政管理部门制定的标准向著作权集体管理组织支付使用费,同时报送使用作品的作品名称、作者姓名和作品出处等相关信息。该条还规定,使用者申请法定许可备案的,国务院著作权行政管理部门应在其官方网站公告备案信息。著作权集体管理组织应当将第一款所述使用费及时转付给相关权利人,并建立作品使用情况查询系统供权利人免费查询作品使用情况和使用费支付情况。

此外,我国《著作权法》规定了录制者应当承担的义务:1.录音录像制作者使用他人作品制作录音录像制品,应当取得著作权人许可,并支付报酬;2.录音录像制作者使用改编、翻译、注释、整理已有作品而产生的作品,应当取得改编、翻译、注释、整理作品的著作权人和原作品著作权人许可,并支付报酬;3.录音制作者使用他人已经合法录制为录音制品的音乐作品制作录音制品,可以不经著作权人许可,但应当按照规定支付报酬;著作权人声明不许使用的不得使用(第40条)。录音录像制作者制作录音录像制品,应当同表演者订立合同,并支付报酬(第41条)。2002年我国《著作权法实施条例》第27条规定:"出版者、表演者、录音录像制作者、广播电台、电视台行使权利,不得损害被使用作品和原作品著作权人的权利。"

六、邻接权的保护期限

(一)表演者权利的保护期

《罗马公约》第14条规定:"本公约所给予的保护期限至少应当为20年,其计算始于:1.对录音制品和录制在录音制品上的节目——录制年份的年底;2.对未被录制成录音制品的节目——表演年份的年底;3.对广播节目——开始广播的年份的年底。"

泰国《版权法》第49条规定:第44条规定的表演者权利期间自表演发生时起日历年度最后一天起50年。如果该表演已被录音,则表演者的权利期间为自对表演录音时起到日历年度最后一天起的50年。第50条规定:第45条规定的表演者权利应自对表演进行录音之日历年度最后一天起存续50年。2002年印度尼西亚《版权法》第50.1条(a)项规定:"对表演者的保护期应为自作品被表演或被固定在录音或影声媒介之后50年。"越南《知识产权法》第21条规定了电影作品和戏剧作品的版权归属。该法第34.1条规定了表演者权利的保护期:"表演者的权利应自其表演经固定之年的次年起50年内受到保护。"

柬埔寨《版权和邻接权法》第53.1条规定了保护期:"对表演者的保护期应为表演被固定在唱片中的日历年后的50年,或者在没有该固定时,从表演发生之日历年年底起的50年。"老挝2008年《知识产权法》第94条规定了邻接权的保护期:"(1)对于表演者而言,保护期应为自表演日期起到50年。(2)对于音像录音制作者来说,保护期应为自向公众公开该音像录音之日期起到50年。如果作品以被做广告或出版,则音像录音的保护期为自首次出版之日起50

年;(3)对于音像广播组织来说,保护期应为自广播节目之日期起的50年。(4)对于老挝为其缔约方的国际条约或协定,邻接权的保护期应与该国际条约或协定一致。"文莱《版权法》第195条规定了权利保护期:"本部分授予的涉及表演的权利从表演发生时之年底起持续存在至50年年末。"

关于表演者权利的保护期,我国《著作权法》第39条规定:"本法第38条第1款第1项、第2项规定的权利的保护期(即表明表演者身份;保护表演形象不受歪曲)不受限制。本法第38.1条第3～6项规定的权利的保护期为50年,截止于该表演发生后第50年的12月31日。"

(二)广播组织权的保护期

2002年印度尼西亚《版权法》第50.1条(c)项规定:"广播组织的保护期应为作品经首次广播后的50年。"越南《民法典》第34.3条规定了广播组织享有的权利的期间:"广播组织享有的权利从其广播节目制作之年之次年起的50年内应受保护。"新加坡《版权法》第94.1条规定了电视广播节目和声音广播节目中版权的保护期:"(1)该版权的保护期应为广播节目被制作之日历年届满后的50年;(2)如果电视广播节目或声音广播节目是对第89条所适用的先前电视广播节目或声音广播节目的重复(不论是第一次还是嗣后的重复),……如果是在先前的广播节目制作之日历年后的50年期间届满之前被制作的,则其中的任何版权的保护期应在该期间届满时到期;如果是在该期间届满后制作的,则依本部分的规定,版权不应存在。"柬埔寨《版权和邻接权法》第53.3条规定:"对广播组织的广播节目的保护期应为该节目被广播之日历年底后的50年。"

关于广播组织的禁止权,《著作权法》第45.2条规定:"前款规定的权利的保护期为50年,截止于该广播、电视首次播放后第50年的12月31日。"2012年,我国国家版权局发布了《中华人民共和国著作权法》(修改草案)规定:前款规定的权利的保护期为50年,自广播电视节目首次播放后的次年1月1日起算。

(三)录制者权利保护期

2002年印度尼西亚《版权法》第50.1条(b)项规定:"录音制作者的权利保护期应为作品被固定之后的50年。"2005年越南《知识产权法》第34.2条规定了制作者权利的保护期:"录音和录像制品制作者的权利自出版之次年起50年,或自尚未出版的录音或录像制品经固定之次年起的50年中应受保护。"第34.4条规定:"本条第1～3款规定的保护期应在邻接权保护期到期之年的12月31日24点到期。"

新加坡《版权法》第92条规定了唱片版权的保护期:"本部分规定的唱片中的版权应在首次制作唱片之日历年届满后的70年间存续。"第93条规定了电影版权的保护期:"(1)第88.1或第88.2条规定的电影版权应存续至该电影被发行;在电影发行之后,自该电影首次发行之日历年届满后的70年期间;(2)第88.3条规定的电影版权自其首次发现之日历年届满后的70期间内存续。"柬埔寨《版权和邻接权法》第53.2条规定:"唱片制作者的保护期应为自唱片已被出版之日历年后的50年,或者无该出版时,从固定该唱片之年底起的50年。"

我国《著作权法》第42条规定了录制者的权利的保护期为50年,截止于该制品首次制作完成后第50年的12月31日。

第四章 著作权的保护

TRIPS协议第9.1条规定了该协议与《伯尔尼公约》的关系："各成员应遵守《伯尔尼公约》(1971)第1条至第21条及其附录的规定。但是,对于该公约第6条之二(即精神权利)授予或派主的权利,各成员在本协定项下不享有权利或义务。"这是因为美国至今在其最主要的联邦版权法中仍没有保护精神权利的内容。此外,也还有一大批英联邦国家尚未保护精神权利。美国虽然在20世纪90年代初期的"艺术品保护法"中首次以联邦法定形式部分承认了作者的精神权利,但保护期却仅仅到作者死亡之时为止。这显然不符合《伯尔尼公约》第6条之2的第2款(郑成思,2001)。我国《著作权法》第10条规定了作者的四项人身权利,即协议中所称的精神权利,它们是发表权、署名权、修改权和保护作品完整权。

我国国家版权局2012年3月发布的《中华人民共和国著作权法》(修改草案)第2条规定:"1.中国自然人、法人或者其他组织的作品,不论是否发表,受本法保护。2.外国人、无国籍人的作品,根据其作者所属国或者经常居住地国同中国签订的协议或者共同参加的国际条约,受本法保护。3.未与中国签订协议或者共同参加国际条约的国家的作者和无国籍人的作品,首次在中国参加的国际条约的成员国出版的,或者在成员国和非成员国同时出版的,受本法保护。4.中国自然人、法人或者其他组织的版式设计、表演、录音制品和广播电视节目,受本法保护。5.外国人、无国籍人的版式设计、表演、录音制品和广播电视节目,根据其所属国或者经常居住地国同中国签订的协议或者共同参加的国际条约,受本法保护。6.外国人、无国籍人的追续权、实用艺术作品、版式设计、本法第25条以及第36条规定的权利,根据其所属国或者经常居住地国的法律适用对等保护。"《伯尔尼公约》第14条之三规定了"追续权"。第1款规定了权利的范围:美术原作和文字、乐曲原稿的作者,对原作和原稿首次转让后的任何一次转售,均享有不可转让的分享其中收益的权利。作者死亡后,这一权利由国内法授权的个人或机构享有。第3款规定了收取的程序:"转售收益的收取程序和收取数额,依照国内法确定。"

第一节 侵犯著作权和邻接权的行为

侵犯著作权的行为,应当包括两方面的行为:或者是未经著作权人的允许违反法律的规定而擅自行使了著作权人的权利;或者是违反法律的规定妨碍了著作权人权利的实现(胡开忠,2004)。

一、侵犯著作财产权的行为

该类行为包括剽窃和擅自使用。擅自使用是指,未经著作权人许可又无法律上的允许,以复制、发行、表演、播放、展览、摄制电影、电视、录像或以改编、翻译等方式使用他人的作品。在这些行为中,非法复制是最严重的一种侵权行为(胡开忠,2004)。

马来西亚《版权法》第36条规定了版权侵权行为:"1.未经版权所有人许可,任何人实施了或导致其他任何人实施了受本法规定的版权所控制的行为,则侵害了版权。2. 未经版权所有人都同意或许可,为下列目的进口作品至马来西亚的任何人侵害了版权——(1)销售、出租或通过贸易方式,为销售或出租而提供或展示作品;(2)为贸易目的发行作品或以将会损害版权所有人的其他任何目的发行作品;(3)通过贸易方式,公开展览作品,只要该人知道或应当合理地知道当时制作该作品并未获得版权所有人都同意或许可。3. 任何人导致其他任何人规避作者依据本法使用与其行使权利相关的任何有效技术措施,且该技术措施限制未经相关作者授权或法律允许的涉及其作品的行为。4. 故意实施任何下列行为,且知道或有合理原因知道这将引起、使能够、帮助或隐瞒对本法规定的任何权利的侵害之任何人构成对版权的侵害:(1)未经许可,排除或改变任何电子权利管理信息;(2)未经授权,向公众发行、为发行而进口或传播作品或作品的复制品,且知道电子权利管理信息在未经授权情况下已经被排除或改变。5. 就第 4 款和第 41 条目的而言,'权利管理信息'是指,当信息的任何项目附属于作品的复制品或与向公众传播作品有关时出现的信息时,为识别作品、作品的作者、作品中如何权利的所有人或关于作品使用的条款和条件的信息、代表该信息的任何数字或编码之信息。"

2005 年越南《知识产权法》第 28 条规定了版权侵权行为:"(1)盗用文学、艺术或科学作品的版权;(2)冒充作者;(3)未经作者的许可而出版或发行作品;(4)未经合作作者的允许而出版或发行合作作品;(5)以损害作者荣誉和声誉的方式修改、篡改或歪曲作品;(6)未经作者或版权持有人的许可而复制作品,但本法第 25.1 条(1)、(3)规定的情形除外;(7)未经被用来制作派生作品的作品作者或版权持有人的允许而制作派生作品,但本法第 25.1 条(9)规定的情形除外;(8)未经版权持有人的许可、也没有支付本法规定的稿酬、报酬或其他的物质利益而使用作品,但本法第 25.1 条规定的情形除外;(9)未向作者或版权持有人支付稿酬、报酬或其他的物质利益而出租作品;(10)未经版权持有人的许可而复制、再制造、发行、展示或通过通信网络和通过数字手段向公众传播作品;(11)未经版权持有人的允许而出版作品;(12)自愿地撤销或解除版权持有人用来保护其作品的技术方案;(13)自愿地删除或修改电子形式的作品中的权利管理信息;(14)知道或有理由知道该设备可能会撤销版权持有人用来保护其作品版权的技术方案而生产、装配、改造、发行、进口、出口、销售或出租设备;(15)制造并享受带有原版作品作者伪造的签名的作品;(16)未经版权持有人的允许而出口、进口或发行作品的复制品。"

新加坡《版权法》第 31 条规定,非版权所有人且无版权所有人许可之人实施本法第 32~34 条任何行为,构成文学、戏剧、音乐或艺术作品版权侵权。第 32 条规定了为销售或出租却未经版权所有人都许可而进口所构成的侵权。第 33 条规定了未经版权所有人都许可在新加坡通过销售和其他交易方式构成的侵权。第 34 条规定了安装在图书馆和档案室机器复制作品构成的侵权情形:"①如果一个人在机器上通过复印方法,为制作文件的复制品而制作作品或一部已出版作品版本的侵权复制品或两件或更多作品或其一部分的侵权复制品,该机器是由管理图书馆或档案室的结构安装或经其同意安装在图书馆或档案室内,或为使用该图书馆或档案室之人的便利而安装在房屋之外;②在使用机器之人能够看得到的地方,在机器上或紧靠机器的地方有规定尺寸的公告,并符合规定的形式,管理图书馆或档案馆的机构或图书馆或档案馆的负责人员都不应仅因复制品是曾在该机器上制作的理由就有权制作侵权复制品。"

2008 年生效的老挝《知识产权法》第 110 条规定了版权和邻接权侵权:"版权侵权如下:1. 未经权利所有人的同意而使用艺术作品、文学作品或科学作品;……6. 未经创作者或版权所有人都授权而制作其作品的复制件;7. 未经创作者或版权所有人都授权而制作相关作品或使用该相关作品;8.未经版权所有人授权或未向版权所有人支付版权费或其他任何物质利益而将任何作品商业化;9.未向作者或版权所有人支付版权费或其他任何利益而转租任何作品;10.未经版权所有人授权,制作复制件、制作、公开、发行、展示或通过声音或图像广播网络或通过现代技术工具向公众传播任何作品;11.未经版权所有人授权发行任何作品;12.故意取消或阻止保护版权所有人版权作品的任何技术程序;13.故意删除或改变保护版权作品的信息;14.知道或应当知道该是被用来为保护版权所有人都版权作品而具有对技术方法起到阻拦功能的装置,予以制作、收集、改变、发行、进口、销售或出租该设备的任何部分;……16.未经版权所有人的许可而进口、出口任何作品的复制品或对其发布广告。"

我国《著作权法》第47条规定了应当承担民事责任的版权侵权行为:"有下列侵权行为的,应当根据情况,承担停止侵害、消除影响、赔礼道歉、赔偿损失等民事责任:……5.剽窃他人作品的;6.未经著作权人许可,以展览、摄制电影和以类似摄制电影的方法使用作品,或者以改编、翻译、注释等方式使用作品的,本法另有规定的除外;7.使用他人作品,应当支付报酬而未支付的;……9.未经出版者许可,使用其出版的图书、期刊的版式设计的。"

二、侵犯著作人身权的行为

2005年越南《知识产权法》第28.15条规定了侵犯著作人身权的行为:"制造并享受带有原版作品作者伪造的签名的作品。"2008年生效的老挝《知识产权法》第110条规定:"……2.要求在其他人作品上署自己的名字;3.未经权利所有人都同意而发表作品;4.未经其他共同作者同意发表合作作品;5.通过任何会损害创作者声誉和荣誉的方法,改编、部分地增加或删除任何版权作品;……15.通过假冒创作者的签名而制作和销售非法作品。"

我国《著作权法》第47条规定了应当承担民事责任的版权侵权行为:"有下列侵权行为的,应当根据情况,承担停止侵害、消除影响、赔礼道歉、赔偿损失等民事责任:1.未经著作权人许可,发表其作品的;2.未经合作作者许可,将与他人合作创作的作品当作自己单独创作的作品发表的;3.没有参加创作,为谋取个人名利,在他人作品上署名;4.歪曲、篡改他人作品的。"

三、侵犯邻接权的行为

2005年越南《知识产权法》第28条规定了邻接权侵权行为:"(1)盗用录音制品和/或履行制品的表演者和广播组织的权利;(2)冒充录音制品和/或履行制品的表演者和广播组织;(3)未经表演者、录音制品和录像制品的制作者和广播组织的允许而出版、制作和发行经固定的表演、录音制品、录像制品和广播;(4)无论以损害表演者的荣誉和声誉的任何方式修订、篡改或歪曲表演;(5)未经表演者、录像制品和录音制品制作者和广播组织的许可而复制或朗诵经固定的表演、录音、录像和广播;(6)未经权利持有人的许可而分离或修改电子形式的权利管理信息;(7)自愿地撤销或解除邻接权持有人用来保护其邻接权的技术方案;(8)知道或有理由知道未经邻接权持有人的许可,以电子形式存在的权利管理信息已经被分离或修改,出版、发行或为公开销售而进口经固定的表演或录音制品或录像制品的复制件;(9)知道或有理由知道该设备会非法地对经加密的传输节目的卫星信号进行解码而生产、装配、改造、发行、进口、出口、销售或出租这样的设备;(10)自愿地接收或转播经加密的传输节目的卫星信号而该信号的解码并未获得合法经销商的许可。"

柬埔寨《版权和邻接权法》第62条规定:"就本法第64、65条目的而言,下列行为被认为是违法:1. 为销售或出租制作或进口任何专门设计的装置或财产或专门适用于规避任何装置或财产,或旨在限制作品、唱片或广播的复制数量,或旨在损害正在被制作的复制品的质量;2. 为销售或出租制作或进口任何易于帮助未获授权者接收加密的节目之装置或财产,该节目是向公众广播或以其他方式传播的,包括通过卫星的广播;3. 未经权利持有人的许可,压缩或修改与以电子形式呈现的权利机制有关的所有信息;4. 未经授权,为发行、通过广播组织广播、向公众传播或使公众能够获得之目的,发行或进口作品、表演、唱片或广播组织的广播,同时知晓与以电子形式呈现的权利机制有关的信息已经被压缩或修改。""关于权利机制的信息"一语的含义延及:泄露作者身份的信息、作品的特征、表演者的身份、表演者的特征、唱片制作者的身份、唱片的特征、广播组织的身份以及广播组织的特征;使某人能够知晓权利持有人身份的信息或关于作品使用的条件和程序方面的信息,及本法涵盖的其他产品的信息,以及代表该信息的数字或编码的特征。

2008年生效的老挝《知识产权法》第110条还规定了对邻接权的侵权行为:"1. 主张演员、制作者、音像录制者、声音或图像广播组织的名字(称);2. 未经演员、声音或图像录制者或声音或图像广播组织的授权而向公众发表、制作、传播任何表演、声音或图像唱片、音像广播;3. 以任何损害表演者声誉和荣誉的方法改编、增加或删除其任何表演的一部分;4. 未经表演者、声音或图像录制者、声音或图像广播组织的授权而复制、出版、录制表演、声音或图像录音、声音和图像广播;5. 未经邻接权所有人的授权,改变与电子信息保护有关的权利;6. 故意取消或阻止所有人作品中与版权有关的权利的技术方法的功能;7. 向公众销售、为销售而进口、广播声音或图像、传播表演声音的复制件,且知道或应当知道该被录音的表演未经与版权有关的权利所有人的授权已经被改变;8. 将知道或应该知道被非法地用来将通过卫星信号的任何编码进行解码的设备的任何部分进行制作、收集、改变、发行、进口、出口、销售或出租;9. 未经合法销售者的授权而故意商业性地录制或广播通过卫星信号传输的任何经编码的节目。"

我国《著作权法》第47条规定了应当承担民事责任的版权侵权行为:"……8. 未经电影作品和以类似摄制电影的方法创作的作品、计算机软件、录音录像制品的著作权人或者与著作权有关的权利人许可,出租其作品或者录音录像制品的,本法另有规定的除外;……10. 未经表演者许可,从现场直播或者公开传送其现场表演,或者录制其表演的;11. 其他侵犯著作权以及与著作权有关的权益的行为。"

第二节 侵犯著作权和邻接权的救济措施

《伯尔尼公约》第16条规定了扣押侵权复制品。"成员国可以自行确定有关程序,如委托法院或海关执行扣押,并规定谁可以请求扣押。《伯尔尼公约》将所有关于侵权的救济都留给国内法去规定,尽管除了在涉及扣押时它没有这样讲明。救济可以是民事的、刑事的或行政的:例如禁令、损害赔偿、罚金和(或)徒刑。"(刘波林,2002)。

马来西亚《版权法》第37条规定了版权所有人提起诉讼和救济问题:"(1)根据本法,版权所有人应可针对版权侵权提起诉讼,且在针对该侵权的任何诉讼中,原告可以像其他任何涉及所有权的类似诉讼中可以获得的救济一样而获得包括损害赔偿金、禁令、利润在内的所有救济;(2)如果在依据本法提起的诉讼中,版权侵权被证明或得到承认,且除了其他所有的实质性考虑之外,还会考虑到对侵权的明目张胆和被告通过侵权获得的任何利益,法院确信原告尚未能获得有效的救济,则在法院就侵权损害赔偿金进行评估后,应有权力依据本条判定额外的损害赔偿金,就像法院在诸情形中可能认为是适当的一样;(3)在要求拆除已完成或部分完成的建筑或阻止建筑的完成或部分完成的建筑物的版权侵权诉讼中,不应发布任何禁令。"

近几年,由于知识产权所有人起诉的案件不断增多,在处理案件的过程中,马来西亚的法院积累了一定的经验。马来西亚高等法院与上诉法院公布了一些比较典型而且重要的案例,以期对下级法院及以后的案件起到借鉴与指导作用。在 SAP 一案中,原告因为被告侵犯其 SAP R/3 号软件版权而申请对被告采取临时禁令。其中,第一原告是软件的独家发行人,第二原告是该软件的所有人。原告主张,第一与第二被告复制并将 SAP R/3 号软件非法下载到第三方的计算机中,从而将软件售于第三方的行为,已经超出了其与第一原告协议达成的许可使用范围。高等法院考虑了各方的便利性,认为版权侵权的问题比较迫切,应支持原告的请求,同意采取临时禁令。法院指出,如果不采取临时禁令的话,对原告商业声誉的影响是无法补救的,因为原告将不能对其 SAPR/3 号软件进行控制,从而对其版权的价值会造成无法弥补的损害。另一方面,法院认为,被告在未得到原告同意的情况下,不能将许可使用权转让给新的客户。如果被告因为被采取临时禁令而遭受损失,他可另外提起损害赔偿诉讼而得到充分的赔偿。对于被告提出由于原告在寻求临时措施救济时表现迟延,因此,不应允许采取临时措施的抗辩理由,法院认为,确实存在原告迟延的事实而可能使被告遭受不公,但是双方可以继续通过协商的方式来解决他们之间的争议。另外,高等法院拒绝了被告要求对原告申请临时禁令时所提供的证人证词进行交叉询问的请求。法院认为,交叉询问证人是不合适的,因为在这种程序阶段,法院只能确定是否受理,而不能审查案件的实质问题。如果这样做的话,完全有违原告申请采取临时禁令的紧迫性(宋志国等,2010)。

菲律宾《版权法》第 17 章规定了版权侵权问题。第 216 条规定了侵权救济:"(1)侵害受本法保护的权利之任何人应负下列责任:a.发出抑制该侵权的禁令。法院也可以命令被告停止侵权,以阻止涉嫌侵权的进口商品在清关后立即进入商业渠道;b.向版权所有人或其受让人或继承人支付包括成本和其他费用在内的实际损失,由于侵权而可能导致权利人的这些损失,包括侵权人由于侵权而可能获得的利润。在证明利润时,应要求原告仅证明销售额,应要求被告证明自己主张的每个成本要素,或者,法院认为公平的损害赔偿金,以代替实际损失和利润,不应将该损害赔偿金视为罚金;c.在法院可能规定的条款和条件下,经宣誓递交证明销售、所有被声称侵害版权的物品和其包装、销售发票和其他文件和制作它们的工具;d.经宣誓,提交所有的侵权复制品或设备,以及所有的图版、模具或法院可能命令提交的制作该侵权复制品的其他物品,以供无任何补偿地销毁;e.包括法院可能认为是适当的、明智的和公平的精神的和惩罚性的款项在内的其他这样的条款和条件,以及甚至在刑事案件中宣告无罪的情况下销毁作品的侵权复制品。(2)在侵权诉讼中,法院也应有权力命令将可能会在诉讼中起到证据作用的任何物品予以没收和扣押。"

新加坡《版权法》第四部分规定了版权侵权的救济问题。第 118 条是个解释性条款:本部分的"诉讼"是指当事方之间民事性质的程序,并包括反诉。第 119 条规定版权所有人可以提起版权侵权诉讼;法院可以给予的救济类型包括:禁令(如果有的话,为法院所认为适当的期限)、损害赔偿金、利润报告;如果原告已经选定了法定损害赔偿金来取代损害赔偿金或利润,则法定损害赔偿金不超过被侵权的每件作品或标的物 1 万元;但总共不超过 2 万元,除非原告证明其该侵权所造成的损失超过了 20 万元。如果法院根据(2)中(b)项的规定判决任何损害赔偿金,法院也可能根据(2)中(c)项的规定作出与可归因于侵权的且尚未在计算损害赔偿金时予以考虑的任何利润。(2)中(b)、(c)和(d)项中规定的救济类型相互排斥,但2A中的规定除外。在版权侵权诉讼中,如果确认发生了侵权但同时也确定,在侵权发生之时,被告当时并未意识到,且当时没有合理理由怀疑,构成侵权的行为当时就是版权侵权行为,那么,原告不应就该侵权有权向被告主张任何损害赔偿金,但有权主张与侵权有关的利润,而不论是否给予了根据本条规定所授予的任何其他救济。在根据(2)中(d)项规定裁决法定赔偿金时,法院应顾及:侵权行为的性质和目的,包括侵权行为当时是否具有商业性质;侵权的恶劣性;被告是否恶意行为;原告由于侵权所遭受的或可能遭受的任何损失;被告侵权利润;诉讼前和诉讼期间当事方的行为;制止其他类似侵权的需要;所有其他相关事项。第120条规定,除了第119条规定的任何救济外,法院还可以命令将被告拥有的任何侵权复制品或已被用来制作侵权复制品的任何物品移交给原告。第120A条规定,可以向法院提出申请,命令将被移交的侵权复制品或其他物品予以销毁或法院认为适当的处理。

2008年生效的老挝《知识产权法》第113条规定了侵权解决措施:"可以采取下列措施来解决知识产权侵权争端:1.权利所有人和侵权人之间的调解;2.行政解决;3.通过经济争端解决委员会解决;4.将案件提交法院裁决;5.国际争端解决。"第114条规定了调解:"当认为存在对其自己的权利侵权时,知识产权所有人可以与侵权人进行调解。"第115条规定了行政解决:"知识产权所有人可以请求知识产权保护组织解决对其自己的知识产权的侵权。"第116条规定了经济争端解决委员会解决:"当知识产权保护组织不能完成行政解决时,知识产权所有人可以请求经济争端解决委员会进行调查并作出决定。"第117条规定了将案件提交法院裁决:"通过行政程序或通过经济争端解决委员会不能解决与知识产权有关的争端时,知识产权所有人可以将案件提交法院作出裁决。"第118条规定了国际争端解决:"与知识产权有关的国际争端应遵守国际条约和与此相关的国际程序予以解决。"

对于相关侵权救济,我国《著作权法》规定了三种救济途径——民事救济、行政救济和刑事救济。第55条规定:"著作权纠纷可以调解,也可以根据当事人达成的书面仲裁协议或者著作权合同中的仲裁条款,向仲裁机构申请仲裁。当事人没有书面仲裁协议,也没有在著作权合同中订立仲裁条款的,可以直接向人民法院起诉。"此外,当事人还可以申请诉前财产保全、证据保全。人民法院审理案件,对于侵犯著作权或者与著作权有关的权利的,可以没收违法所得、侵权复制品以及进行违法活动的财物。

关于损害赔偿数额的确定,《著作权法》第49条规定:"1.侵犯著作权或者与著作权有关的权利的,侵权人应当按照权利人的实际损失给予赔偿;实际损失难以计算的,可以按照侵权人的违法所得给予赔偿。赔偿数额还应当包括权利人为制止侵权行为所支付的合理开支。2.权利人的实际损失或者侵权人的违法所得不能确定的,由人民法院根据侵权行为的情节,判决给予50万元以下的赔偿。"

《最高人民法院关于审理涉及计算机网络著作权纠纷案件适用法律若干问题的解释》(法释〔2006〕11号)第2条规定计算机网络著作权的保护。

我国国家版权局在《著作权法草案》说明中对合作作品作者的诉权作出了如下的说明:"关于合作作品,增加了合作作品作者的诉权,使得任何一个合作作品作者都可以就整部合作作品提起诉讼,但同时规定其获得的赔偿应当合理分配给其他合作作者。"关于著作权行政管理机关执法手段,该说明指出,我国著作权保护制度实行行政保护和司法保护双轨制,但是现行《著作权法》中没有规定任何行政强制手段,尤其在网络技术迅猛发展互联网上侵权盗版现象普遍甚至在某些地区、领域和环节还十分猖獗的形势下,这种立法上的不足和欠缺已经严重影响和制约了著作权行政保护的有效性和威慑力,不利于打击侵权盗版行为,著作权行政管理部门特别是一线执法部门在实际执法和社会监管中反应强烈。为有效有效打击侵权盗版行为,完善我国著作权行政保护制度,草案借鉴其他知识产权法律的做法(《商标法》第五十五条、《专利法》第六十四条规定),增加了著作权行政管理部门执法手段的规定,特别是增加了查封扣押权(国家版权局,2012)。此外,《修改草案》调整了损害赔偿额度,将侵犯著作权行为的法定赔偿最高额提高为100万元人民币,表现了采取从严的法律责任机制、遏制侵权行为的立法取向。还引入著作权侵权惩罚性赔偿制度:对于两次以上故意侵权的,规定1~3倍的赔偿数额。从国外立法例来看,南非、巴西、俄罗斯、美国等国的著作权法在侵权民事赔偿额的确定上都采取了损失之外的额外损害赔偿(吴汉东,2012)。

2012年,我国国家版权局发布了《著作权法》(修改草案)和《关于"中华人民共和国著作权法"(修改草案)的简要说明》。关于著作权纠纷行政调解,该《简要说明》指出,根据国务院关于推进法治政府建设的要求,结合著作权领域的实际情况(案件量增长最快、规模最大,目前全国法院系统受理的知识产权案件著作权案件占一半以上),草案探索性地规定了著作权案件行政调解制度。主要理由是充分发挥著作权行政管理机关专业性的优点,发挥行政调解高效、便捷的特点,减轻当事人的诉讼成本,释放法院系统的案件压力。考虑到行政调解制度涉及很多程序性规定,因此,草案仅作原则性规定,具体事项另行规定。

第三节 侵权责任

为了扩大贸易和吸引投资,近年来东盟的许多国家纷纷与美国签订《双边贸易协定》或《自由贸易协定》(FTA),在每一双边贸易关系中,美国均试图把一国的知识产权政策与该国进入美国市场的机会之间建立联系,无论是合作的手段还是报复的手段,均在客观上对东盟国家的版权立法与司法带来直接影响。比如,美国和越南于2001年签署了《美国和越南双边贸易协定》,该协定的第二部分即为"知识产权",而按照2003年5月6日新加坡与美国签订的《美国和新加坡自由贸易协定》中关于知识产权的规定,新加坡于2004年全面修订了知识产权法。版权法的修订包括将版权保护年限从作者死后50年延长至70年,并加大了版权侵权行为的法律责任,将盗版行为划为刑事犯罪的范畴,对个人盗版行为作了明确的界定,非法下载歌曲和电影等都属于犯罪行为。这次修订使得新加坡的版权保护水平大大超过了相关的国际版权公约(杨静,2008)。

目前,东盟各国除老挝外均对版权采取民事保护、行政保护和刑事保护的手段。民事手段大概有:公开赔礼道歉(越南《版权法》)、禁令、赔偿损失、扣押或销毁侵权复制品、要求海关中止放行等。总体而言,各国民事救济措施种类繁多,手段齐备(杨静,2008)。

一、民事责任

在各国著作权法中,有关民事救济的具体措施主要有停止侵害、赔偿损失、销毁非法复制物或设备,要求转让非法复制物或设备、恢复名誉等措施(胡开忠,2004)。

2005年越南《知识产权法》第199.1条规定针对知识产权侵权行为的救济:"实施侵害其

他组织和个人知识产权行为的组织和个人应根据其侵权行为的性质和严重性而给予民事、行政或刑事救济。"该法第17章规定了知识产权侵权的民事救济问题。第202条规定了民事救济:"在处理已经实施了知识产权侵权行为的组织和个人中,法院应适用下列民事救济:①强制终止侵权行为;②强制进行公开道歉并纠正;③强制履行民事义务;④强制支付损害赔偿金;⑤强制销毁、为非商业目的发行或使用主要被用来制作或交易侵犯知识产权的物品之货物、原材料、材料和财产,只要该销毁、发行或使用不影响知识产权持有人行使其权利。"第203条规定了所涉诸当事方的权利和举证负担:知识产权侵权诉讼中的原被告应享有《民事程序法典》第79条和本条规定的权利和承担举证责任;原告应举证证明其为知识产权权利持有人;如果原告提出损害赔偿的请求,则原告必须注明其受到的实际损害,并详细说明依据本法第205条确定损害赔偿金的基础。该法第204条规定了确定知识产权侵权损害赔偿金的原则:"1.侵害工业产权的行为所引起的损害赔偿包括:(1)物质损失,包括财产损失、收入和利润的减少、商业机会的丧失、为防止和救济该损害支出的合理费用;(2)精神损害,包括对文学、艺术和科学作品的作者造成荣誉、尊严、威望、声誉和其他精神损失;对发明人、工业设计人、布图设计者以及植物新品种的培育者造成的精神损害。2.损害赔偿金的范围应依据知识产权持有人因知识产权侵权行为而遭受的实际损失来确定。"第205条规定了确定知识产权侵权损害赔偿金的依据:"1.如果原告能够证明知识产权侵权行为已经导致其物质损害,则其应有权请求法院在下列诸依据之一的基础上决定赔偿水平:(1)如果原告被减少的利润数额尚未被计入该全部物质损失,则以一定金额计算的全部物质损失加上作为知识产权侵权行为结果而由被告获得的利润;(2)假定被告已经获得原告的许可在已实施的侵权行为范围内依据许可合同使用该知识产权,为该知识产权许可的价格;(3)如果在本款(a)、(b)规定基础上不可能确定物质损害赔偿水平,则应由法院根据损害程度来确定该赔偿水平,但不得超过5亿越南盾。2.如果原告能够证明知识产权侵权行为已经对其造成精神损害,则原告应有权请求法院依据损害程度,作出5百万~5千万越南盾的赔偿金的裁决。3.除了本条第1、2款规定的损害赔偿外,工业产权权利持有人也应有权请求法院强制已经实施工业产权侵权行为的组织或个人支付合理的律师费。"公开赔礼道歉的救济手段在东盟诸国目前仅见于越南《知识产权法》。

柬埔寨《版权和邻接权法》第66条规定:"在本法第64、65条所涉的每个情形下,法院可以作出下列裁决:命令将通过侵权行为获得的收入的全部或部分以及为实施该违法行为而专门安装的设备予以没收;命令将被没收的材料或设备交还给版权或邻接权的所有人,且并不损害其获得任何精神损害赔偿;"命令销毁所没收的材料或设备。老挝《知识产权法》第133条规定了民事措施:"违反本法给其他人造成损害的人或组织应就所造成的损害进行赔偿。"第135条规定了处罚措施的增加:"除本法第130~134条规定的违法行为外,知识产权侵权者还应受到诸如停止或撤回运营许可或没收货物、财产和工具以及与犯罪有关的设备。"马来西亚《版权法》第44条规定如法官得到经举报者发誓的信息,称有充分理由怀疑某处房屋或场所存有侵权复制品、设备、交通工具、书籍或文件,则可以签发搜查令指定相关人员不论日夜在必要的时间进入房屋或场所收藏、扣押;如有充分理由认为取得搜查令会拖延时间,相关人员还可以不经申请搜查令而强行进入调查。……除了《版权法》明文规定的民事的、行政的及刑事的救济措施,为了对付盗版,自救行为在东盟各国也是比较常见的。如在马来西亚,权利人可以组织自己的监督机构加强自我保护力度,或雇佣私人侦探进行经常性查访、防范(杨静,2008)。

关于民事责任,2012年我国国家版权局在《关于〈中华人民共和国著作权法〉(修改草案)

的简要说明》中指出,草案在民事责任部分的修改主要有:(1)简化了民事责任的规定,主要理由是既然前文规定了明确的权利边界,那么只要是未经权利人许可使用擅入就构成侵权,承担民事责任不言而喻,因此,承担民事责任的具体情形无列举之必要;(2)明确规定提供纯技术服务的网络服务商不承担与著作权和相关权有关的审查义务,概要规定了通知移除程序,其具体内容还规定于《信息网络传播权保护条例》中;(3)对于现实中已经向著作权集体管理组织支付过使用费又被诉至法院的,草案规定豁免使用者的损害赔偿责任,但是要停止侵权并支付费用,主要理由是通过疏堵结合引导权利人运用著作权集体管理制度,鼓励合法使用作品,减少当事人恶意诉讼,促进作品的合法传播和使用;(4)调整了损害赔偿的规定,在现行《著作权法》实际损失、违法所得的基础上,借鉴《专利法》规定,增加了权利交易费用倍数的规定,同时对法定赔偿增加了限定条件——即必须进行著作权或相关权登记、专有许可合同登记或转让合同登记,此外,对于两次以上故意侵权的增加了1~3倍的惩罚性赔偿规定(国家版权局,2012)。

该《草案》第71条规定:计算机程序的复制件持有人不知道也没有合理理由知道该程序是侵权复制件的,不承担赔偿责任;但是应当停止使用、销毁该侵权复制件。如果停止使用并销毁该侵权复制件将给复制件使用人造成重大损失的,复制件使用人可以在向计算机程序著作权人支付合理费用后继续使用。

第72条规定:侵犯著作权或者相关权的,侵权人应当按照权利人的实际损失给予赔偿;实际损失难以计算的,可以按照侵权人的违法所得给予赔偿。权利人的实际损失或者侵权人的违法所得难以确定的,参照通常的权利交易费用的合理倍数确定。赔偿数额应当包括权利人为制止侵权行为所支付的合理开支。权利人的实际损失、侵权人的违法所得和通常的权利交易费用均难以确定,并且经著作权或者相关权登记、专有许可合同或者转让合同登记的,由人民法院根据侵权行为的情节,判决给予100万元以下的赔偿。对于两次以上故意侵犯著作权或者相关权的,应当根据前两款赔偿数额的1~3倍确定赔偿数额。

第78条规定:著作权人或者相关权人有证据证明他人正在实施或者即将实施侵犯其权利的行为,如不及时制止将会使其合法权益受到难以弥补的损害的,可以在起诉前向人民法院申请采取责令停止有关行为和财产保全的措施。第79条规定了诉前证据保全的申请。

二、行政责任和刑事责任

东盟国家在其民族独立、经济发展、对外开放的过程中纷纷建立起有利于促进、鼓励创作,丰富民族文化遗产,吸引外国投资的版权制度。在经济全球化、版权保护国际化的趋势下,东盟各国努力执行国际公约、国际协定的基本规定,各国版权制度体现出协同化的趋势,版权保护的总体水平得到较大的提升,但目前仍面临着如何有效执法的问题。……行政措施方面,各国均规定了通过相应行政机关或法律授权的裁判组织来处理版权侵权纠纷的途径(杨静,2008)。著作权人可以申请海关中止放行涉嫌版权侵权的进出口复制品。

马来西亚《版权法》第43条规定了刑罚处罚:"实施本法规定的犯罪行为或根据本法制定的任何规章没有规定特殊处罚之任何人应被处以不低1万林吉特的罚金,以及不超过5年的监禁或者并处罚金和监禁。"

马来西亚《版权法》第41条规定了侵权犯罪:"1.在作品版权或表演者权利存续期间,实施下列行为的任何人应被确定有罪,除非侵权人能够证明已经善意行事且没有合理理由假定版权或表演者权利将会或或许会受到侵害:(1)为销售而制作或出租任何侵权复制品;(2)销售、出租或通过贸易方式展示或承诺销售或出租任何侵权复制品;(3)发行侵权复制品;(4)除为私人和家用外而拥有任何侵权复制品;(5)通过贸易方式,公开展览任何侵权复制品;(6)非为私人或家人使用而向马来西亚进口侵权复制品;(7)制作或拥有可被使用或旨在使用于制作侵权复制品的任何装置;(8)规避或导致对第 36.3 条规定的任何有效技术措施的规避;(9)未经授权移除或改变任何电子权利管理信息;(10)未经授权发行、为发行而进口或向公众传播未经授权电子权利管理信息已被移除或改变的作品或作品的复制品。侵权人经定罪后应承担下列责任:(1)实施 a~f 中规定的犯罪的,处以不低于 2 千林吉特罚金和每件侵权复制品处以不高于 2 万林吉特的罚金,或者处以不超过 5 年的监禁或处以并罚。对于任何随后的犯罪行为,处以不低于 4 千林吉特的罚金和对每件侵权复制品处以不高于 4 万林吉特吨罚金或处以不超过 10 年的监禁或并处;(2)在实施 g 段规定的犯罪时,处以不超过 4 千林吉特岛罚金和对与犯罪有关的每件工具处以 4 万林吉特的罚金或不超过 10 年的监禁或并处。对于任何嗣后的犯罪行为,处以不超过 8 千林吉特的罚金,对于与犯罪有关的每件工具处以不超过 8 千林吉特的罚金或不超过 20 年的监禁或并处;(3)在实施 h、i 和 j 段中规定的犯罪行为时,处以不超过 25 万林吉特吨罚金或不超过 5 年的监禁或并处;对于嗣后的犯罪,处以不超过 50 万林吉特的罚金或不超过 10 年的监禁或并处。2. 就第(1)款中 a~f 段的目的而言,拥有、保管或控制三件或更多侵权复制品或相同形态的唱片之任何人,除非有相反证明,应被推定非为私人或家庭使用而持有或进口该复制品。3. 致使文学或音乐作品被公开表演的任何人根据本款应被认定有罪,除非该人能够证明他当时已经善意行为且没有合理依据假定版权将或可能由此受到侵害。4. 如果法人或是公司合伙人实施本条规定的犯罪行为,则该法人的每个主管、秘书或经理或公司的其他每个合伙人应被认为有罪,除非他能够证明犯罪行为的实施未经其同意或默许,且他为了防止该犯罪已经进行了所有的应当的注意。"

菲律宾《版权法》第 17 章第 217 条规定了"刑事处罚":"1. 侵害本法第四部分规定的任何权利或教唆实施该侵权的任何人应被判定有罪并可被处以:(1)对于首次版权侵权犯罪,处 1~3 年监禁和 5 万~15 万比索的罚金;(2)对于第二次犯罪之人,处 3 年零 1 天~6 年的监禁和 15 万~50 万比索的罚金;(3)对于第三次及以后的犯罪,处 6 年零 1 天~9 年的监禁加上 50 万~150 万比索的罚金;(4)在所有情况下,如果无力偿还,则处监禁。2. 在决定监禁的年数和罚金的金额时,法院应考虑被告已经制作或生产的侵权材料的价值和版权所有人因该侵权所受到的损害。3. 任何人在版权保护期知道或应当知道所持有的物品为作品的侵权复制品,且是为了以下三个目的:(1)出售、为出租而出租或通过贸易承诺销售或展出或出租该物品;(2)为贸易目的或为将会损害作品版权所有人权利的任何其他目的而发行该物品;(3)在公开场所对该物品进行贸易展览,则应认定该人构成犯罪且处以上述规定的监禁和罚金。"

泰国《版权法》第 8 章规定了对版权侵权的法律救济——刑罚。第 69 条规定:"侵害第 27、29、30 或 52 条规定的版权或表演者权利的任何人应被处以 2 万~20 万泰铢。如果通过贸易方式实施上述犯罪,违法者应被处以 6 个月~4 年的监禁或 10 万~80 万的罚金,或并处监禁和罚金。"第 70 条规定:"实施第 31 条规定的版权侵权行为之任何人应被处以 1 万~10 万泰铢的罚金。如果通过贸易方式实施上述犯罪,违法者应被处以 3 个月~2 年的监禁或 5 万~40 万泰铢的罚金,或并处监禁和罚金。"第 71 条规定:"未能依据第 60.3 按照委员会或附属委员会的要求证明或提交任何文件或材料的任何人应被处以不超过 3 个月的监禁或不超过 5 万泰铢的罚金或并处监禁和罚金。"第 72 条规定:"妨碍或未能向依第 67 条规定行使其职责的官员提供协助、或藐视或忽视第67条规定的官员之任何人,应被处以不超过3个月的监禁或不超过5万泰铢的罚金或并处监禁和罚金。"第73条规定:"曾经实施了版权犯罪并已依办法受到制裁的任何人,在刑罚执行完毕后的5年内又实施了办法规定的犯罪,应加倍处罚。"第74条规定:"如果法人实施了本法规定之罪行,则该法人的所有的董事或经理应被视为法人的共犯,除非他们能够证明他们并不知晓或同意该法人实施的犯罪。"第75条规定:"对于制作或进口到菲律宾的所有构成本法规定的对版权或表演者权利的侵权之所有物品,且仍属于第69、70条规定的违法者所有,应交给版权或表演者权利所有人,用于侵权的物件应全部没收。"第76条规定:"法官所处罚款的一半应支付给版权或表演者权利的所有人;版权所有人或表演者权利的所有人提起损害赔偿金的民事诉讼的权利,即使数额超过了版权或表演者权利的所有人已经收到的上述罚款,该权利也不应受到损害。"第77条规定:"局长应有权依据第69.1条、第70.1条确定对违法行为的罚款。""在泰国,虽然新版权法增加了警方查抄活动的权威性,然而其他法律原则要求受到侵害的一方要采取积极行动来保护自己的版权、商标和专利。因为在查抄上还没有通用的法规,所以警方只能对某一具体的案件做出反应。一旦诉讼开始,起诉人必须在查抄与诉讼中发挥积极作用,帮助警方确认盗版商品或伪造货物。泰国新的版权法规定的罚款数额由10万泰铢增加到了80万泰铢并将盗版商品做没收处理。然而至今很少有违法者被判罚高额罚金,也没有人根据知识产权法律的判决被送入监狱服刑。"(杨静,2008)

2002年印度尼西亚《版权法》第72条规定:"1.故意且无权实施第2.1条或第49.1条、第49.2条规定的任何行为的任何人,应被处以至少1个月的监禁和/或至少100万卢比的罚金,或至多7天的监禁和/或最多500万卢比的罚金;2.故意向公众广播、展览、发行或销售前款规定的版权或邻接权的侵权作品或货物的任何人,应被处以最多5年的监禁和/或最多5亿卢比的罚金;3.故意地但尚未为商业目的复制使用计算机程序的任何人应被处以最多5年的监禁和/或最多5亿卢比的罚金;4.任何故意违反第17条规定之人应被处以最多5年的监禁和/或最多10亿卢比的罚金;5.任何故意违反第19、20或49.3条规定之人应被处以最多2年的监禁和/或最多1.5亿卢比的罚金;6.故意且不享有权利的任何人违反第24条或第35条规定,应被处以最多2年的监禁和/或最多1.5亿卢比的罚金;7.故意且不享有权利、违反第25条规定之任何人应被处以最多2年的监禁和/或最多1.5亿卢比的罚金;8.故意且不享有权利、违反第27条规定之任何人应被处以最多2年的监禁和/或最多1.5亿卢比的罚金;9.任何故意违反第28条规定之人应被处以最多5年的监禁和/或最多10.5亿卢比的罚金。

2005年越南《知识产权法》第18章规定了知识产权侵权的行政和刑事救济以及对进出口的控制问题。第211条规定:"应受行政制裁的工业产权侵权行为:1.下列工业产权侵权行为应受到行政制裁:(1)实施了损害消费者或社会的知识产权侵权行为;(2)尽管知识产权持有人已经发出书面通知要求终止知识产权侵权行为,但未能终止该侵权行为;(3)制作、进口、运输或买卖本法第213条规定的假冒知识产权的货物,或指使其他人这样做;(4)制作、进口、运输或买卖载有与受保护的商标或地理标志相同或易混淆的商标或地理标志的物品,或指使其他人这样做。2.政府应规定应受行政制裁的知识产权侵权行为、制裁形式和水平以及制裁该行为的程序。3.实施知识产权不正当竞争行为的组织和个人应根据竞争法规定受到行政制裁。"该法第213条规定了知识产权假冒货物的认定问题。

2005年越南《知识产权法》第212条规定了应受到刑事制裁的工业产权侵权行为:"实施

涉及构成犯罪要件的知识产权侵权行为的个人应根据刑法规定对其刑事责任进行审查。"第214条规定："行政制裁和主要救济的形式：1.实施本法第211条第1款规定的知识产权侵权行为的组织和个人应被强制地终止其侵权行为并实施下列主要制裁之一：(1)警告；(2)罚金；2.根据其侵权的性质和严重性，侵害知识产权的组织或个人也应还受到下列额外制裁措施之一：没收假冒知识产权的货物、原材料、主要被用来制作或买卖该假冒知识产权货物的原料和财产；3.除了本条第1、2款规定的制裁外，实施知识产权侵权行为的组织和个人也还应受到下列一个或数个主要救济的制裁：(1)强制销毁或为非商业目的发行或使用知识产权假冒货物以及主要用来制作或买卖该假冒货物的原材料、物料和财产，条件是该销毁、发行或使用并不会影响知识产权持有人行使权利；(2)在消除货物上的侵权因素后，将侵害知识产权的过境物品强制运出越南领土或者强制再出口假冒知识产权的货物以及进口的主要用于制作或买卖该假冒知识产权的货物的财产、原材料和物料；4.本条第1款(b)中规定的罚金的等级的确定应至少与查处的侵权货物的价值相当，但不得超过该价值的5倍。政府应规定确定侵权货物价值的方法。"

柬埔寨《版权和邻接权法》第64条规定："正如本法所规定，不论通过什么方式，侵害作者权利的所有制作、复制或表演或向公众传播作品的所有的行为是必须根据法律受到惩罚的违法行为。制作或复制构成的侵权是该罚的，处以6～12个月和/或500～2500万瑞尔的罚金。在反复违法情形下并处。对于进口或出口源自复制的侵权行为之产品，处以6～12个月和/或200～1000万瑞尔的罚金。在反复违法情形下并处。对表演的侵权或向公众传播表演的侵权，处1～3个月或100～500万瑞尔的罚金。"第65条规定："未经表演者或产品制作者或录像制作者或广播组织的授权而制作或复制（作品）处以6～12个月的监禁和/或500～2500万瑞尔的罚金。在多次违法时，适用双重处罚。未经表演者或录音制作者或录像制作者或广播组织的授权进口或出口唱片、盒带或录像带，处1～3个月和（或）200～1000万瑞尔的罚金。在多次违法时，适用双重处罚。未经表演者或唱片制作者或录像制作者或广播组织的许可而由广播组织进行的广播，处1～3个月和/或200～1000万瑞尔的罚金。在多次违法时，适用双重处罚。"

2008年生效的老挝《知识产权法》第7章规定了"知识产权侵权和不正当竞争"。第132条规定了罚金措施："故意违反或第二次非故意违反涉及知识产权法规且尚未构成犯罪的人或组织应被处以所造成损害的价值的两倍罚款。"第134条规定了刑事措施："进行给其他人造成损害的知识产权侵权、假冒、虚假陈述、欺诈或不公平竞争之人应被处以3个月至2年，以及50～500万基普(KIP)①罚金。在实施其他刑事违法情形下，违法者应根据相关刑法的规定受到惩罚。"

文莱《版权法》第204条规定了制作或处理侵权物品等行为的刑事违法行为及其刑事责任："1.未经版权所有人都许可而实施下列违法行为之人——为销售或出租而制作；非为其私人和家庭使用而进口；向公众传播作品；在经营过程中，为实施任何版权侵权行为而拥有；在经营过程中——销售或供出租的出租、为销售或出租而提供或公开、公开展览；除在经营过程中以外，知道或有理由知道是版权作品的侵权复制品的物品而予以发行，并对版权所有人产生了损害性影响；2.实施下列违法行为之人——为制作特定版权作品的复制品而明确地设计或适

---

① 老挝货币单位，1000基普(KIP)≈0.8元人民币。

合于该目的的物品之制作;其占有该物品,如果他当时知道或当时有理由相信该物品被用于制作供销售或出租或供经营中使用的侵权复制品;3.只要版权遭到侵权,通过接收广播或有线节目除外——(1)通过公开表演文学、戏剧或音乐作品的方式;(2)通过在公共场所播放或放映录音或电影的方式,由此导致如此表演、播放或放映的作品之任何人,如果他当时知道或有理由信息版权会受到侵害,则已构成犯罪;4.第106~108条并不适用于本条所规定的违法行为的诉讼,但适用于申请第209条规定的命令之诉讼中;5.犯有第1款(1)或(2)、(5)段(iv)或(6)中规定的罪行之人应被定罪并处以不超过2年监禁、罚金或并处;6.实施本条规定的任何其他犯罪行为之人应被处以不超过6个月的监禁、超过5000美元罚金或并处。"第205条规定了实施非法制作唱片等违法行为的刑事责任:"……5.犯有第1款(1)或(2)、(5)(iii)中规定的罪行之人应被处以不超过2年的监禁、罚金或并处;6.实施本条规定的任何其他犯罪行为之人应被处以不超过6个月的监禁、不超过5000美元的罚金或并处。"第207条规定了对获得授权的虚假陈述的处罚:"1.虚假陈述其被任何人就表演进行授权之人构成犯罪,除非他有合理的理由相信他被如此授权;2.犯有前款规定罪行之人应被处以不超过6个月底监禁、不超过5000美元的罚金或并处。"第208条规定了法人团体和合伙企业实施的知识产权犯罪行为的刑事责任的承担问题,对实施犯罪行为的董事、经理、秘书或该组织的其他类似管理人员以及该法人组织本身予以定罪处罚;对于犯罪的合伙企业,除被证明或并不知晓或已试图阻止实施犯罪的合伙人外,每个合伙人也都构成犯罪并应受到相应惩罚;对于法人组织的事务是由其诸成员来管理的情况,第1款规定的"董事"是指该法人组织的任何成员。

除了立法之外,新加坡严格的执法也让盗版行为"无所遁形"。2005年9月,新加坡警方展开行动,突袭了一家室内设计顾问公司的办公室,起获该公司使用的盗版软件。这也是新的《版权法令》生效之后,警方首次展开的针对盗版软件使用者的突袭行动。2006年2月17日,新加坡两名青年因为在互联网上非法下载和传播大量歌曲,分别被判处入狱三个月和四个月。由于这是新加坡第一起在网上非法传播歌曲而不从中牟利、只因侵犯《版权法令》而被起诉的案例,因此,具有特别重要的意义和示范效应。新加坡针对使用、下载、分发盗版软件的一系列行动,极大地震慑了侵犯知识产权的个人和组织(张雯雯,2006)。

我国《著作权法》第48条则规定了应当承担行政或刑事责任的版权侵权行为:"有下列侵权行为的,应当根据情况,承担停止侵害、消除影响、赔礼道歉、赔偿损失等民事责任;同时损害公共利益的,可以由著作权行政管理部门责令停止侵权行为,没收违法所得,没收、销毁侵权复制品,并可处以罚款;情节严重的,著作权行政管理部门还可以没收主要用于制作侵权复制品的材料、工具、设备等;构成犯罪的,依法追究刑事责任:1.未经著作权人许可,复制、发行、表演、放映、广播、汇编、通过信息网络向公众传播其作品的,本法另有规定的除外;2.出版他人享有专有出版权的图书的;3.未经表演者许可,复制、发行录有其表演的录音录像制品,或者通过信息网络向公众传播其表演的,本法另有规定的除外;4.未经录音录像制作者许可,复制、发行、通过信息网络向公众传播其制作的录音录像制品的,本法另有规定的除外;5.未经许可,播放或者复制广播、电视的,本法另有规定的除外;6.未经著作权人或者与著作权有关的权利人许可,故意避开或者破坏权利人为其作品、录音录像制品等采取的保护著作权或者与著作权有关的权利的技术措施的,法律、行政法规另有规定的除外;7.未经著作权人或者与著作权有关的权利人许可,故意删除或者改变作品、录音录像制品等的权利管理电子信息的,法律、行政法规另有规定的除外;8.制作、出售假冒他人署名的作品的。"

2002年我国《著作权法实施条例》第36条规定:"有著作权法第47条所列侵权行为,同时损害社会公共利益的,著作权行政管理部门可以处非法经营额3倍以下的罚款;非法经营额难以计算的,可以处10万元以下的罚款。"

2003年我国国家版权局发布的《著作权行政处罚实施办法》规范了著作权行政管理部门的行政处罚行为。其第4条规定了处罚种类:"对本办法列举的违法行为,著作权行政管理部门可以依法给予下列种类的行政处罚:1.责令停止侵权行为;2.没收违法所得;3.没收侵权复制品;4.罚款;5.没收主要用于制作侵权复制品的材料、工具、设备等;6.法律、法规、规章规定的其他行政处罚。"

2011年《关于办理侵犯知识产权刑事案件适用法律若干问题的意见》第10条规定了"关于侵犯著作权犯罪案件'以营利为目的'的认定问题":"除销售外,具有下列情形之一的,可以认定为'以营利为目的':1.以在他人作品中刊登收费广告、捆绑第三方作品等方式直接或者间接收取费用的;2.通过信息网络传播他人作品,或者利用他人上传的侵权作品,在网站或者网页上提供刊登收费广告服务,直接或者间接收取费用的;3.以会员制方式通过信息网络传播他人作品,收取会员注册费或者其他费用的;4.其他利用他人作品牟利的情形。"关于"未经著作权人许可"的认定问题,第11条规定:"1.'未经著作权人许可'一般应当依据著作权人或者其授权的代理人、著作权集体管理组织、国家著作权行政管理部门指定的著作权认证机构出具的涉案作品版权认证文书,或者证明出版者、复制发行者伪造、涂改授权许可文件或者超出授权许可范围的证据,结合其他证据综合予以认定。2.在涉案作品种类众多且权利人分散的案件中,上述证据确实难以一一取得,但有证据证明涉案复制品系非法出版、复制发行的,且出版者、复制发行者不能提供获得著作权人许可的相关证明材料的,可以认定为"未经著作权人许可"。但是,有证据证明权利人放弃权利、涉案作品的著作权不受我国著作权法保护,或者著作权保护期限已经届满的除外。"

关于刑法第217条规定的"发行"的认定及相关问题,《意见》第12条规定:"'发行',包括总发行、批发、零售、通过信息网络传播以及出租、展销等活动。非法出版、复制、发行他人作品,侵犯著作权构成犯罪的,按照侵犯著作权罪定罪处罚,不认定为非法经营罪等其他犯罪。"关于通过信息网络传播侵权作品行为的定罪处罚标准问题,第13条规定:"以营利为目的,未经著作权人许可,通过信息网络向公众传播他人文字作品、音乐、电影、电视、美术、摄影、录像作品、录音录像制品、计算机软件及其他作品,具有下列情形之一的,属于刑法第217条规定的'其他严重情节':1.非法经营数额在5万元以上的;2.传播他人作品的数量合计在500件(部)以上的;3.传播他人作品的实际被点击数达到5万次以上的;4.以会员制方式传播他人作品,注册会员达到1千人以上的;5.数额或者数量虽未达到第(一)项至第(四)项规定标准,但分别达到其中两项以上标准一半以上的;6.其他严重情节的情形。实施前款规定的行为,数额或者数量达到前款第1~5项规定标准5倍以上的,属于刑法第217条规定的'其他特别严重情节'。"

关于多次实施侵犯知识产权行为累计计算数额问题,《意见》第14条规定:"1.依照《最高人民法院、最高人民检察院关于办理侵犯知识产权刑事案件具体应用法律若干问题的解释》第12条第2款的规定,多次实施侵犯知识产权行为,未经行政处理或者刑事处罚的,非法经营额、违法所得数额或者销售金额累计计算。2.两年内多次实施侵犯知识产权违法行为,未经行政处理,累计数额构成犯罪的,应当依法定罪处罚。实施侵犯知识产权犯罪行为的追诉期限,适用刑法的有关规定,不受前述 2 年的限制。"关于为他人实施侵犯知识产权犯罪提供原材料、机械设备等行为的定性问题,第 15 条规定:"明知他人实施侵犯知识产权犯罪,而为其提供生产、制造侵权产品的主要原材料、辅助材料、半成品、包装材料、机械设备、标签标识、生产技术、配方等帮助,或者提供互联网接入、服务器托管、网络存储空间、通讯传输通道、代收费、费用结算等服务的,以侵犯知识产权犯罪的共犯论处。"第 16 条规定了"关于侵犯知识产权犯罪竞合的处理问题":"行为人实施侵犯知识产权犯罪,同时构成生产、销售伪劣商品犯罪的,依照侵犯知识产权犯罪与生产、销售伪劣商品犯罪中处罚较重的规定定罪处罚"

中国、东盟诸国国内版权法中规定的对版权侵权追究公法上的责任,增加了对版权侵权/犯罪行为的威慑性,符合公法所追求的目标(Carol Harlow, 2009)。2014 年 6 月 12 日,我国国家版权局、国家互联网信息办公室、工业和信息化部、公安部正式启动第十次打击网络侵权盗版专项治理"剑网行动"。此次"剑网行动"把保护数字版权、规范网络转载作为重点任务,引发了传统媒体和网络媒体的广泛关注,广大权利人对此也高度关注。从目前投诉和举报的情况看,文字、影视、音乐、游戏等作品依然是网络侵权盗版的重点。因此,这次"剑网 2014"专项行动把保护数字版权作为工作重点,加大对互联网网站、网络销售平台、移动智能终端应用软件商店的监管力度,严厉打击各种网络侵权盗版行为,以版权管理促进网络治理,以版权保护维护网络安全。对于那些案情重大、具有典型性的大案要案,国家版权局将直接查办。其余案件将按照属地管理的原则移转地方版权行政执法部门。各级版权行政机构一定会加大力度,敢于碰硬,通过案件查处推进网络版权保护,切实维护广大权利人的合法权利。对于涉嫌触犯刑律的网络侵权盗版案件,将及时移送司法机关追究刑事责任。从 2009 年开始,国家版权局就加强视频网络版权管理采取主动监管措施,如约谈有关网络企业,要求相关企业按月提交相关作品的版权证明文件,未取得合法授权的作品不得上线等。各地版权管理部门实施主动监管的重点网站达到了 3000 多家,包括淘宝、百度、搜狐、新浪、迅雷、优酷等具有全国影响的知名网站。通过版权主动监管,改变了视频网站版权混乱的局面,大幅提高了视频网站的正版率。不论是视频网站,还是影视产业都因此而受益①。

三、程序上的特别规定、临时保护措施

侵害著作权的民事责任一般需要经过民事诉讼来确定。诉讼过程执行民事诉讼法的规定。为了强化对著作权的保护,法律作了一些特殊的规定,涉及诉前临时措施、财产保全、证据保全以及民事制裁等(吴汉东,2004)。《巴黎公约》第 13.3 条规定了扣押进口复制品:根据本条第 1、2 款制作的录制品,如果未经有关当事人授权而进口到视其为侵权录制品的国家,可以进行扣押。

2002 年印度尼西亚《版权法》第 11 章规定了法庭发布的临时决定。第 67 条规定:"在收到可能遭受到了损失的当事方提出的请求时,商事法院可以立即发布临时决定,以有效地:1. 制止对版权侵权的持续,特别是制止被控侵害版权或邻接权的产品进入贸易渠道,包括进口;2. 保存与侵害版权或邻接权有关的证据,以防止证据的灭失;3. 请求可能已遭受到损失的当事方提供其确实是版权或邻接权的权利人以及该权利正在遭受侵害的证据。"第 68 条规定:"如

---

① 《国家版权局:正对"今日头条"网进行立案调查》,资料来源:http://news.ifeng.com/a/20140623/40845053_0.shtml,访问日期:2014 年 6 月 23 日。

果法院已经发布临时决定,则应通知所涉及的诸当事方,包括会受该决定影响的当事方的听证的权利。"第 69 条规定:"1.如果商事法院的法官已经发布了临时决定,则该法官应在自发布相关临时决定之日起最迟 30 天的期间内决定是否修正、取消或再确认第 67 条(1)和(2)中规定的决定;2.如果在 30 天的期间内,法官尚未实施第 1 款规定,则法院的临时决定应无任何法律效力。"第 70 条规定:"如果临时决定被取消,可能受到损失的当事方可以向请求发布临时决定的当事方提出主张其由于该决定所导致的损害赔偿金。"

印度尼西亚《版权法》第 12 章规定了"调查",本质上乃版权和邻接权的行政保护措施。第 71 条规定:"1.除了印尼州警察局中的调查官员外,政府部门中的其职能范围包括监管知识产权的某些公务员应被授予《关于刑事诉讼的 1981 年第 8 号法令》中规定的作为调查人的权力,以对版权领域的刑事违法进行调查。2.前款规定的公务员担任的调查者应被授予下列权力:(1)对版权领域有关刑事犯罪的报告或信息的真实性进行审查;(2)对被怀疑实施了版权领域刑事犯罪的人或法人实体进行审查;(3)从与版权领域刑事犯罪相关的人或法人实体收集信息;(4)对与版权领域刑事犯罪有关的书、唱片和其他文件进行审查;(5)对发现的证据、书、唱片和文件的位置进行调查;(6)通过与警察一起协作,对于能够被用于版权领域刑事审判证据的、作为侵权结果的材料和货物予以没收;(7)在履行调查版权领域刑事犯罪的义务范围内,请求专家的协助;3.第 1 款中规定的公务员担任的调查者应依《关于刑事诉讼的 1981 年第 8 号法令》,将调查的发起和结果通知印尼州警察局中的调查人员。"第 73 条规定:"1.源于版权或邻接权犯罪的作品或货物,包括被用来实施这些行为的工具,应由国家扣押并销毁;2.第 1 款规定的艺术领域且性质上是唯一的的作品可以不被销毁。"

2005 年越南《知识产权法》第 199.2 条规定:"遇必要时,国家有权机构可以根据本法和其他法律的相关规定而采取临时性紧急措施、控制与知识产权有关的进出口措施或防止和保全行政制裁的措施。"第 215 条规定了确保行政制裁的预防性措施:"1.在下列情形中,组织和个人应有权请求有权力的机构为确保本条第 2 款规定的行政制裁而采取预防性措施:(1)知识产权侵权行为有可能给消费者或社会导致严重的损害;(2)侵权物证可能会消失或侵权人或组织显示出逃避其责任的迹象;(3)为确保行政制裁决定的实施。2.根据知识产权侵权行为的行政程序规定,确保行政制裁的预防性措施包括:(1)对人进行临时拘留;(2)临时扣押侵权物品、物证和财产;(3)搜身;(4)搜查运输工具和物品;对隐藏侵权货物、物证和财产的地点进行搜查;(5)根据处理行政违法的法律规定,其他的行政预防性措施。"

2005 年越南《知识产权法》规定了边境措施——控制与知识产权有关的货物的进出口。第 216 条规定:"控制与知识产权有关的进口和/或出口:1.控制与知识产权有关的进出口措施包括:(1)对被怀疑侵犯知识产权的货物暂停海关程序;(2)对有知识产权侵权迹象的货物进行监管。2.应知识产权持有人的请求,暂停被怀疑侵害知识产权的货物的海关程序,旨在收集货物的信息和证据,以使知识产权持有人那行使其请求处理侵权行为的权利和请求适用临时紧急措施或预防性措施以确保行政制裁的权利。3.对涉嫌知识产权侵权的货物的检查和监督是指应知识产权持有人的请求,为收集信息目的,以使该持有人那行使请求暂停海关程序的权利之措施。4.在适用本条第 2、3 款规定的措施过程中,如果根据本法第 213 条发现了任何假冒知识产权的货物,海关应有权和有责任根据本法第 214、215 条规定适用行政救济以处理该货物。"第 217 条规定了请求适用控制与知识产权有关的进出口措施之人的义务,包括通过提供相关证据和文件以证明其是知识产权持有人、提供担保。第 218 条规定了适用暂停海关程序措施的程序。第219条规定了对涉嫌知识产权侵权货物的检查和监督。第206条规定了知识产权持有人享有在规定情形中向法院请求适用临时紧急措施的权利,包括存在对知识产权不可挽回的损害、相关货物或证据可能会消失或毁灭,除非受到及时保护。第207条规定了临时紧急措施的种类——没收、扣押、封存、禁止改变最初状态、禁止移动、禁止转让所有权。此外,还可依据《民事程序法典》的规定适用其他临时紧急措施。第208条规定了请求适用临时紧急措施之人的义务:提交相关文件和证据证明其请求权的存在;在不存在侵权时,支付损害赔偿金;提供担保。第209条规定了取消对临时紧急措施的适用:债务人能够证明没有合理理由适用该措施;如果取消该临时紧急措施,法院应考虑退款给请求人;如果没有充分理由请求适用了临时紧急措施而给债务人带来了损害,法院应强制请求人支付损害赔偿金。第210条规定:"对于适用临时紧急措施的权限和程序应遵守《民事程序法典》第一部分第八章的规定。"

新加坡《版权法》第140B条规定了对作品复制件进口的限制,版权所有人或被许可人可以向局长提交书面通知,以陈述权利及对进口的反对。第140C条规定了抵押责任和没收费用问题。第140E条规定了没收通知。第140H规定了被查封的复制品必须交给进口商的情形,包括保存期到期而异议人尚未提起诉讼、尚未通知局长已经提起诉讼。柬埔寨《版权和邻接权法》第63条规定:"在版权所有人或邻接权所有人提出书面申请的基础上,海关当局可以在其商品控制框架下留存权利持有人认为构成侵权的货物。应该毫不迟延地由海关当局将本机构对该货物的没收通知法院、作为申请人的主管当局以及货物的管理者。根据与本规定相冲突的海关立法,在10个工作日期间,该措施可被正当地取消,该期间从通知货物被留存之日期起算。申请人未能向海关当局提出关于下列事项的任何正当证据,如果申请人的申请被证明没有事实根据,则申请人对扣留货物所造成的损害负责任:请求法院发布本法第59条规定的扣押措施;为了涵盖(cover)任何最后责任,向法院提出的担保申请。《关于商标、商号和不公平竞争行为的法律》中规定的边境措施规定必须作为本条的补充而适用。"

文莱《版权法》第210条规定了搜查证:"1.如果地方法官对警官提供的下列信息满意——存在合理理由相信:(1)存在第204条(e)段(iv)(a)或(b)或第205条第1款(e)段(iv)(a)、(b)规定的违法行为在任何地方已经或即将实施;(2)在该地方这样的违法行为已经或即将实施的证据,则地方法官可以发布搜查令,授权警官进入并搜查该地方,必要时使用正当武力。2.依据第1款发布的搜查令——(1)可以授权人员协同警官实施搜查令;(2)从其被发布日期起,有效期为28天。3.在实施根据本条规定的搜查令中,如果警官有合理理由相信存在证据证明第204.1条或第205.1条规定的违法行为已经即将被实施,则警官可以扣押任何物品。"

东盟国家中目前尚有缅甸、柬埔寨和老挝三个国家未加入《伯尔尼公约》,而除了老挝还只是世界贸易组织的观察成员外,其他国家均已成为WTO的成员,受到TRIPS协议的约束。根据TRIPS协议的相关条款,WTO的成员必须遵守《伯尔尼公约》(1971年文本)除了第6条以外的第1~21条及附件的规定,因而,缅甸和柬埔寨也必须达到《伯尔尼公约》规定的最低保护水平,为符合条件的各国国民的作品提供版权的国际保护。所以对东盟的大多数国家而言,实施《伯尔尼公约》和TRIPS协议是势在必行的(杨静,2008)。

在版权保护现代化、协同化的进程中,东盟大多数国家目前版权法的执行情况仍然是一大难题,尽管可供选择的救济措施不可谓不多,处罚不可谓不严厉,而版权侵权行为仍然难以得到有效的震慑和遏止。印度尼西亚、菲律宾、马来西亚、泰国和越南被美国政府列为2003年、

2004年度的"301条款"重点观察名单和观察名单。而据2005年商业软件联盟(BSA)发布的"全球软件盗版研究报告"列表中,越南的盗版率为90%,印度尼西亚为87%,在全球盗版率最高的国家中分别居于第一位和第三位。即使在盗版率较低的新加坡,这一数字也达到了60%～70%(杨静,2008)。互联网的兴起与发展使得建立在传统媒介基础上的权利保护制度体系暴露出缺陷和不足亟待完善。传统民法、民事诉讼法等相关规定难于对权利人提供充分的救济。例如在举证责任的问题上,权利人如何证明权利遭受损害的事实、如何证明加害人主观上存在过错,以及如何计算损失等在网络环境下都面临新的难题。此外,单个个体主张权利的成本与收益之间存在巨大悬殊,在一定程度上阻碍了权利人行使权利,而加害人从中获益,并陷入恶性循环。应当从法律规范、行业自治等方面建立和完善网络环境下知识产权的实体保护和程序保障制度,树立尊重知识产权、鼓励知识创新的新风尚(郑维炜,2012)。

参考文献

M·雷炳德(德),张恩民(译).2005.著作权法.北京:法律出版社.
Carol Harlow(英).2009.国家责任:以侵权行为法为中心展开.北京:北京大学出版社,40.
陈宗波.2006.东盟传统知识保护的法律政策研究.广西师范大学学报(哲学社会科学版),(2):35.
曹新明.2012.论"著作权法"第5条第2项之修改.法商研究,(4):17.
高富平.2011.寻求数字时代版权法的生存法则.知识产权,(2):10.
国家版权局.2012.关于《中华人民共和国著作权法》(修改草案)的简要说明.
胡开忠.2004.知识产权法比较研究.北京:中国人民公安大学出版社.
黄玉烨.2012.著作权合理使用具体情形立法完善之探讨.法商研究,(4):181.
霍伟东.2005.中国—东盟自由贸易区研究.成都:西南财经大学出版社,144.
李琛.2013.禁止知识产权滥用的若干基本问题研究.http://www.iprcn.com/IL_Lwxc_Show.aspx?News_PI=2171.
李明德,许超.2003.著作权法.北京:法律出版社,62-127.
李明德.2012.论作品的定义.甘肃社会科学,(4):151.
李顺德.2006.WTO的TRIPS协议解析.北京:知识产权出版社,79-90.
廖冰冰.2011.涉东盟著作权民事纠纷若干问题分析及法律适用初探.http://gxfy.chinacourt.org/public/detail.php?id=2062.
刘波林(译).2002.保护文学和艺术作品伯尔尼公约指南.北京:中国人民大学出版社.
刘春霖.2013.追续权的立法构想.河北法学,**31**(4):48.
刘春田.2002.知识产权法.北京:中国人民大学出版社,37-130.
刘春田.2012.《著作权法》第三次修改是国情巨变的要求.知识产权,(5):12.
柳福东,蒋慧.2005.中国和东盟诸国知识产权制度协调模式研究.广西师范大学学报(哲学社会科学版),(2):76.
麻巧妮.2007.中国—东盟自由贸易区知识产权法律保护研究.重庆:西南政法大学2007年硕士学位论文.
彭学龙.2010.论著作权语境下的获取权.法商研究,(4):118.
申华林.2005.东盟知识产权法律的一体化:问题与前景.桂海论丛,**21**(1):88.
沈任干,钟颖科.2003.著作权法概论.北京:商务印书馆,64-110.
史文清,梅慎实.1990.简述普通法著作权法系与大陆法著作权法系的哲学基础及其主要区别//版权参考资料,4.
宋志国,高兰英.2010.马来西亚知识产权法在21世纪的新发展.东南亚纵横,(6):71-72.
汪涌.2009.网络侵权案例研究.北京:中国民主出版社.
王迁.2012.著作权法借鉴国际条约与国外立法:问题与对策.中国法学,(3):28-37.
王一流.2008.东盟知识产权保护法制一体化之思考.知识产权,(7):91.
韦凤巧.2010.东盟知识产权保护新动向——以AANZFTA协定为视角.黑龙江省政法管理干部学院学报,(8):121.
吴汉东.2004.知识产权法.北京:法律出版社.
吴汉东.2012a.《著作权法》第三次修改的背景、体例和重点.法商研究,(4):6.
吴汉东.2012b.《著作权法》第三次修改草案的立法方案与内容安排.知识产权,(5):14.
吴汉东.2012c.试论知识产权限制的法理基础.法学杂志,(6):2.

熊琦.2012.著作权私人许可的创制与法定安排.政法论坛,(6):98.
杨静,于定明.2007.东盟国家商标制度之比较.河北法学,(5):164.
杨静.2008a.东盟国家版权制度之比较.河北法学,(7):176-182.
杨静.2008b.TRIPs协议下东盟专利法协调的困境与出路.东南亚纵横,(5):32-35.
杨静.2008c.东盟国家知识产权立法与管理的新发展.东南亚纵横,(2):69.
约格·莱因伯特(德),西尔克·冯·莱温斯基.万勇,相靖(译).2008.WIPO因特网条约评注.北京:中国人民大学出版社,57-130.
张楚.2007.知识产权法.北京:高等教育出版社.
张今,郭斯伦.2012.著作财产权体系的反思与重构.法商研究,(4):13.
张雯雯.2006.新加坡:多管齐下保护知识产权.检察日报,7月25日,第4版.
张晓君.2011.第四届"中国—东盟法律合作与发展高层论坛"学术综述.西南政法大学学报,(1):131.
赵玉焕,等.2007.区域经贸集团.北京:对外经济贸易大学出版社,152-153.
郑成思.1990.著名版权案例评析.北京:专利文献出版社,149.
郑成思.2001.WTO知识产权协议逐条讲解.北京:中国方正出版社.
郑成思.2003.知识产权法.北京:法律出版社,252-352.
郑维炜.2012.社会主义文化产业发展中的民商事法律制度研究.中国法学,3:19-27.

作者简介

冯寿波,江苏东海人,毕业于华东政法大学国际法学院,获国际法学专业博士学位。南京信息工程大学公共管理学院、气候变化与公共政策研究院副教授,硕士生导师,主要研究方向为国际(经济)法。2012年美国宾夕法尼亚州立大学访问学者。已在《法学》《政治与法律》《太平洋学报》《湖北社会科学》《南洋问题研究》等学术期刊上发表论文三十余篇。其中《TRIPS协议公共利益原则条款的含义及效力——以TRIPS协议第7条能否约束其后的权利人条款为中心》和《论条约序言的法律效力——兼论TRIPS序言与"WTO协定"及其涵盖协定之序言间的位阶关系》两篇论文为中国人民大学复印报刊资料《国际法学》全文转载。已出版专著两部:《论地理标志的国际法律保护——以TRIPS协议为视角》(北京大学出版社2008年出版,本书于2010年获"安子介国际贸易研究奖"优秀著作奖三等奖);《"WTO协定"与条约解释:理论与实践》(知识产权出版社2014年出版;该书入选由中国法学会WTO法研究会为庆祝WTO成立二十周年组编的《WTO法与中国研究丛书》)。参著/译四部。